课程思政
融合探索

主 编　冯军

副主编　冯兆蕙

WUHAN UNIVERSITY PRESS
武汉大学出版社

图书在版编目(CIP)数据

课程思政融合探索/冯军主编.—武汉:武汉大学出版社,2024.3
ISBN 978-7-307-23972-2

Ⅰ.课… Ⅱ.冯… Ⅲ.高等学校—思想政治教育—教学研究—中国
Ⅳ.G641

中国国家版本馆 CIP 数据核字(2023)第 170397 号

责任编辑:张　欣　　　责任校对:汪欣怡　　　版式设计:韩闻锦

出版发行:**武汉大学出版社**　　（430072　武昌　珞珈山）
　　　　（电子邮箱:cbs22@whu.edu.cn 网址:www.wdp.com.cn）
印刷:武汉科源印刷设计有限公司
开本:787×1092　　1/16　　印张:14.75　　字数:349 千字　　插页:1
版次:2024 年 3 月第 1 版　　　2024 年 3 月第 1 次印刷
ISBN 978-7-307-23972-2　　　　定价:68.00 元

前　言

习近平总书记指出："要用好课堂教学这个主渠道，思想政治理论课要坚持在改进中加强，提升思想政治教育亲和力和针对性，满足学生成长发展需求和期待，其他各门课都要守好一段渠、种好责任田，使各类课程与思想政治理论课同向同行，形成协同效应。"课程思政就是要挖掘、发挥各门课程自身所蕴含的思想政治教育元素，有机融入教学中，将思政教育贯穿于教育教学全过程，将教书育人的内涵落实在课堂教学主渠道，让所有课程都上出"思政味道"、都突出育人价值，让立德树人"润物无声"。

河北政法职业学院党委高度重视课程思政建设。通过课程思政教学改革，重点围绕价值塑造、能力培养、知识传授三位一体的课程建设目标，立足践行和弘扬社会主义核心价值观，在课程内容中寻找与理想信念、家国情怀、国际视野、法治信仰、创新思维、工匠精神、人文素养和专业伦理、学习伦理等相关德育元素的"触点"和"融点"，通过典型案例等教学素材的设计运用，以"润物无声"的方式将正确的价值追求、理想信念和家国情怀有效地传递给学生。充分发挥课堂主渠道，统筹落实思政理论课程与专业课程的育人功能，实现思政课教师和专业教师的合力育人，全面开展"课程思政"改革创新，实现专业课教学与思想政治理论课教学紧密结合、"三全育人"协同推进。

在课程思政建设具体措施上，一方面，学院牢牢抓住教师这个关键因素，对标"四有"好老师标准，着力加强教师队伍建设，提升教师的理想信念、道德情操、扎实学识、仁爱之心，教育引导教师坚守"为党育人、为国育才"的初心使命，树立"躬耕教坛、强国有我"的志向抱负。另一方面，学院强化教学改革和创新，注重在价值传播中凝聚知识底蕴、注重在知识传播中强调价值引领，构建以思想政治理论课为核心，综合素养课为支撑，专业课程为辐射的"三位一体"思想政治理论课程体系；大力加强教学资源建设，建好用好"课程思政"资源库，加强交流合作和资源共享；进行合理的教学设计，将课程思政贯穿教育教学全过程，在教学方法、教学形式、教学内容等方面进行全面改革，提升课程思政的亲和力、感染力，增强课程思政教学的针对性、实效性。

本书是学院按照"一本双健三养四知"立德树人工作思路，为加强思政课程与课程思政深度融合，推动思政课教师与专业课教师"结对子"，实现课程思政与思政课程同向同行、同频共振，打造学院课程思政品牌，由 2021 年、2022 年学院 34 个优秀课程思政案例结集而成。每个案例都经过任课教师的精心设计，并由课程思政专家苗旺、肖中俊、李海斌、曹殿波、王强军、高通、孟新颖、高露进行细致指导。本书的出版得到武汉大学出版社的大力支持。在此，对积极参与学院课程思政建设的各位老师、指导专家和武汉大学出版社表示衷心感谢。

本书在编写中难免会有疏漏和不当之处，恳请广大读者批评指正。

目　录

论价值观教育在高校课程思政教育中的作用

李君奇

立德树人，既是高校的根本任务和立身之本，又是大学生思想政治教育的根本目的。课程思政作为一种教育教学理念和思维方式，是大学生思想政治教育的重大创新和重要途径，具体体现在教师的教书育人过程之中。因此，教师作为立德树人的直接实施者，应首先对教育的本质和目的、教书育人的历史渊源以及课程思政的时代要求，有一个清晰认识，真正担当起教师的使命责任，促进学生成长为国家需要的栋梁之材。

一、正确的价值观教育是根本性教育

爱因斯坦曾讲过："如果一个人忘掉了他在学校里所学到的每一样东西，那么留下来的就是教育。"

作家三毛曾说："读书多了，容颜自然改变，许多时候，自己可能以为许多看过的书都成过眼烟云，不复记忆，其实他们仍是潜在的，在气质里、在谈吐上、在胸襟的无涯，当然也可以显露在生活和文字中。"

我们也常说，要教给学生学习的方法。

无论是爱因斯坦所说的"留下来的"，还是三毛所说的"潜在的"，抑或是我们常说的"学习方法"，其实都是指通过知识的学习所养成的科学的思维方式和习惯，以及由此所形成的健康身心、健全人格。

教育是塑造新人的事业，是一种价值观和思维方式的传授。它是以智慧启迪智慧、以价值引领价值、以思维引导思维的过程。其贵在引导学生养成正确的积极的思维方式——学会思维——学会站在正确的角度去思考、分析和解决问题。

毛泽东在《论持久战》中说过："很多人对于官兵关系和军民关系弄不好，以为是方法不对，我告诉他们是根本态度（或根本宗旨）问题，这态度就是尊重士兵和尊重人民。从这态度出发，于是有各种的政策、方法、方式。离了这态度，政策、方法、方式也一定是错的，官兵之间、军民之间的关系便决然弄不好。"在此，毛泽东强调了人的态度的重要性。这个"态度"反映的是人的思维方式，而人的思维方式则是由其价值观所决定的。因为"价值观念作为思维方式的内在灵魂，规定了思维活动的价值取向。"因此，"人们对于认识对象的选择，对于客观规律的把握，对于实践目标的确立，对于方法手段的采用，都是在一定的价值观念引导下进行的"。价值观引领思维和行动，既是出发点也是落脚点，决定了人们的胸怀、视野、格局，乃至成功。在《论持久战》中，毛泽东反对单纯战争与军事思维，他以积极的态度和价值观，从政治与价值的视野看问题，运用价值思维观察、研究抗日战争，准确找到并明确指出了抗日战争的政治目的（驱逐日本帝国主义，建立自由平等的新中国）、根本目的（保存自己，消灭敌人）以及崇高目的（为争取世界永久和平而战），得出了"抗日战争是持久的，最后胜利是属于中国的"正确结论，为动员全民族的力量进行伟大的抗日战争指明了方向。而在中国历史上第一次农民起义中，起义发起者陈胜因缺乏一个正确价值观的引领，思维受到局限，没有看到当时的历史趋势是国家需要统一。陈胜说过三句千古名言："苟富贵，无相忘。""燕雀安知鸿鹄之志哉！""壮士不死则已，死即举大名耳。王侯将相宁有种乎？"从中可以看出陈胜的价值追求和人生目标，就是"富贵""鸿鹄之志""举大名"和"王侯将相"。因此，在揭竿而起一个月后，便迅速称王，建立了"张楚"政权，此后再无远大目标，同时也背离了"无相忘"的价值追求，落得个"骤起骤落"的结局。

由此可见，价值观决定着一个人的思维方式、思维习惯和认知能力。思维方式是看待事物的角度、方式和方法，它对人们的言行起决定性作用，影响着一个人能否实施科学思维、价值思维和战略思维，并做出正确的价值判断和选择。

青少年时期是价值观、人生观和祖国观、民族观形成的关键期。2017 年 5 月 3 日，习近平总书记在中国政法大学考察时指出："青年时期是培养和训练科学思维方法和思维能力的关键时期，无论在学校还是在社会，都要把学习同思考、观察同思考、实践同思考紧密结合起来，保持对新事物的敏锐，学会用正确的立场观点方法分析问题，善于把握历史和时代的发展方向，善于把握社会生活的主流和支流、现象和本质。要充分发挥青年的创造精神，勇于开拓实践，勇于探索真理。养成了历史思维、辩证思维、系统思维、创新思维的习惯，终身受用。"在 2019 年学校思政理论课教师座谈会上习近平总书记再次强调，要"引导学生树立正确的理想信念、学会正确的思维方法。"

由此可见，通过积极、正确的价值观教育，让学生学会用正确的立场观点方法分析解决问题应是根本性教育。

二、传统文化中价值观教育的理论与实践

"古之教者，教以人伦。"中国的教育历史悠久，早就积淀形成了一套育人的方式方法。在长期的教育实践中，古人早就认识到了读书实践和品德教育在人的成长过程中的重要作用，清晰规划出了一个有道德、有成就的人的成长路径，强调了正确价值观与科学思维方式养成的重要性。

（一）闻道与问学

在《礼记·大学》中，儒家有"三纲领""八条目"之说。"三纲领"，即"大学之道，在明明德，在亲民，在止于至善。""八条目"，即格物、致知、诚意、正心、修身、齐家、治国、平天下，被后儒视为人生的"舟楫阶梯"。"明明德"就是要学习、宣扬显明的、最基本的道德——"至善"，找到立世做人之本，并以此去影响他人，尽好本分和责任。而要"明明德"就需要做到格物、致知、诚意、正心，学习实践、净

化心灵、端正态度，从而实现身修，然后才能"亲民""止于至善"，做到齐家治国平天下。而且要将修身贯穿始终、持续一生，以保证始终能够做到"明明德"，初心不变、价值观正确。

在"八条目"中，"格物、致知、诚意、正心"就是使人通过读书实践，从物理中悟事理、道理，以学习和掌握"明德"，以"诚其意""正其心"，树立和养成良好的思维方式和思维习惯，然后才能去正确认识理解和体悟实践"修身、齐家、治国、平天下"的意义，并达到相应的格局和层次。

因此，孔子始终将价值观等的道德教育作为重要内容，《论语·述而篇》记载："子以四教：文①行忠信。"强调读书实践和品德教育的统一。

《荀子·劝学篇》中讲："能定能应，夫是之谓成人。"能做到坚定不移和随机应对，那就是成熟完美的人了。怎么才能做到呢？需要德行操守。而这个德行操守是怎么形成的？荀子认为，就是要通过读书学习，端正自己的内心，保证自己不断接受正能量，形成积极价值观和正确思维方式，始终保持积极向上的状态。他是这样讲的：君子知道学得不全不精就不算是完美，所以诵读群书以求融会贯通，用思考和探索去理解，效仿良师益友来实践，去掉自己错误的习惯性情来保持养护。使自己的眼睛除了积极、正确的就不想看，使耳朵除了积极、正确的就不想听，使嘴巴除了积极、正确的就不想说，使心里除了积极、正确的就不想考虑。等达到完全醉心于向上向善、积极的理想境地，就如同眼好五色、耳好五声、嘴好五味、一心有利于天下一样。如果做到了这般地步，有了这样的价值观和思维方式，那么，在权利私欲面前就不会受到诱惑，人多势众也不会屈服，天下万物都不能动摇信念。这就是至死不渝（活着是这样、到死也不变）的立身之本。这就是德行、操守。有德行和操守，才能做到坚定不移，能够坚定不移然后才能随机应对。简言之，就是要通过学习，首先做到"胸中正"。孟子讲："胸中正，则眸子瞭焉；胸中不正，则眸子眊焉。"（《孟子·离娄上》）内心坚守中正，就能做到"对青天而惧，闻雷霆不惊；履平地而恐，涉风波不疑"。

所有这些，都来自于一个人基于正确的价值观所形成的科学的思维方式和思维习惯。所以，《礼记·大学》讲："修身在正其心"。

由上可知，古人治学有"问学"与"闻道"之分，但二者之间又有内在的联系性，亦即"闻道"贯穿于"问学"之始终。北宋政治家、史学家司马光主张"读书在得道利民"，他在《与薛子立秀才书》中谈道："士之读书岂专为利禄而已哉？求得位而行其道以利斯民也。国家所以求士者，岂徒用印绶粟帛富宠其人哉？亦欲得其道以利民也。"司马光认为，读书要超越一己私利，明大道、求利民，既要有高尚的情怀，还要有高远的志向。因此，古人认为，读书治学的目的，绝不是仅仅以学术图一官半职、一身衣食，也不仅仅是"问学"——学习掌握具体的专业知识，而是在知识的学习积累过程中，探索古

---

① "功力是个功夫活，需要长时间的积累。一方面是看基本典籍。所有成功的学者一定要阅读本方向的基本典籍，在这方面，前辈学者留下了非常多的论述。带有经典性质的书是必读书。一些基本典籍必须要看，不看肯定不行，内行一眼就能看出你的欠缺。"参见王学典：《治学的功力与见识》，载《山东大学研究生学志》2006 年第 17 期。

今治乱之源来阐明治国平天下的基本原理，也就是"闻道"。可见，"问学"和"闻道"是治学的两个阶段。"问学"是"闻道"的基础，"闻道"才是治学的高级阶段。亦即，为了"闻道"，必须首先要"问学"，读书学习，求得必要的知识，在"问学"的过程中做到"闻道"。

（二）经师与人师、问学与传道

如上所述，君子问学治学的目的在于"闻道"——"明明德"，即学习、掌握、宣扬"至善"之要求。而"闻道"之后，则应"传道"——"亲民""止于至善"。即以"止于至善"的行动和追求，化育影响周围，以使大家都能做到"至善"，从而实现"天下大同"。

韩愈《师说》中讲："师者，所以传道授业解惑也。""传道"，即传为人之道——要"明明德"，可以理解为正确"三观"，教给学生科学的思维方式和方法。"授业"，就是要授立世之业、立世技能——要"亲民"，明确并掌握有利于人民和社会的事业与技能。"解惑"，即解成长（人生）之惑——做到"止于至善"，尽到做人的本分。其中，"传道"是第一位的，是思想、行动的逻辑起点和价值基点。

习近平总书记曾明确指出："'经师易求，人师难得。'教师承载着传播知识、传播思想、传播真理，塑造灵魂、塑造生命、塑造新人的时代重任。"因此，教师应要坚持价值性和知识性相统一，知识是载体，价值是目的，寓价值观引导于知识传授之中，通过满足学生对知识的渴求加强价值观教育。一个优秀的老师应该是"经师"与"人师"、"问学"与"传道"的统一，注重教书育人、思政育人，坚守以习近平新时代中国特色社会主义思想铸魂育人的职责和使命，让学生不仅要成人成才，而且要成为党之人和国之才。

三、课程思政重在塑造学生正确的"三观"

2014年青年节，习近平总书记在北京大学师生座谈会上特别指出："要树立正确的世界观、人生观、价值观，掌握了这把总钥匙，再来看看社会万象、人生历程，一切是非、正误、主次，一切真假、善恶、美丑，自然就洞若观火、清澈明了，自然就能作出正确判断、作出正确选择。"可见，"三观"是人生的总开关、"总钥匙"，是人们思维、思考的基点或起点。正确的"三观"形成了，好的思维方式自然也就形成了，也就有了正确的立场、观点和方法。正确的思维方式形成了，内心的定力也就有了。有定力才能够积极应对，成为真正的人。正如《荀子·劝学篇》所说："德操然后能定，能定然后能应，能定能应，夫是之谓成人。"这里的"德操"就是正确的"三观"。

对于我们来说，正确的"三观"就是马克思主义立场观点方法。

第一，马克思主义立场观点方法是"科学的思想基础"。"要坚持不懈传播马克思主义科学理论，抓好马克思主义理论教育，为学生一生成长奠定科学的思想基础。""要抓好马克思主义理论教育，深化学生对马克思主义历史必然性和科学真理性、理论意义和现实意义的认识，教育他们学会运用马克思主义立场观点方法观察世界、分析世界，真正搞懂面临的时代课题，深刻把握世界发展走向，认清中国和世界发展大势，让学生深刻感悟马克思主义真理力量，为学生成长成才打下科学思想基础。"

第二，马克思主义立场观点方法是"强大思想武器"。"我们要坚持和运用辩证唯物主义和历史唯物主义的世界观和方法论。" 只有熟练掌握马克思主义基本原理和立场观点方法，才能拥有一双观察世界的慧眼、应对各种乱象的静气和定力，才不会迷惑彷徨、五心不定，胸无定见、随波逐流，跟着错误的东西跑，成了错误言论的传播者。"马克思主义立场、观点、方法是做好工作的看家本领，是指导我们认识世界、改造世界的强大思想武器。"

总书记的重要论述，深刻阐明了马克思主义基本原理和立场观点方法的极端重要性，强调了马克思主义基本原理和立场观点方法是人们认识世界、思考人生、解决问题的重要思想武器。为课程思政乃至高校思政工作指明了方向。

高校育人的重要目的不只在于培养学生系统的专业知识，还要把做人做事的基本道理、把社会主义核心价值观的要求、把实现民族复兴的家国情怀融入各类课程教学之中，并和社会现实紧密结合，① 使学生通过系统专业知识的学习，掌握蕴含其中的科学的思维方式，尤其是马克思主义的立场观点方法，找到观察分析世界和人生、做出正确价值判断的角度和切入点。因此，高校的课程思政，应是知识传授、价值塑造和能力培养的多元统一，旨在通过运用马克思主义方法论，培养学生积极的"三观"，使其形成科学的思维方式，从而掌握看世界、看人生、做出正确的道德判断和道德选择的正确方法，真正学会正确做人做事。

课程思政对学生科学思维方式的培养应包含这样三点：一是正确的"三观"；二是思考力，尤其是独立思考的能力；三是洞察力，善于观察，并有所见解（创新）。其实施具体体现在：一是在课程安排上，要做到其它各类课程和思想政治理论课的结合，做到"文行忠信"综合施教。二是每位教师都应做到"教书"与"育人"的统一。注重在传授知识的同时，运用蕴含其中的科学原理和与社会、国家、人生等相关联的点并与之结合进行立世做人教育，培养学生积极正确的"三观"。三是将传道育人作为学校及教师的价值追求和使命责任，融入学校各项工作和每位教师的行为习惯之中，做到全员、全程、全方位育人。

综上所述，课程思政重在培养学生积极的"三观"和科学的思维方式，引人以大道、启人以大智，使学生成长为栋梁之材。作为新时代教师，必须坚守教书育人的本分，坚持用习近平新时代中国特色社会主义思想铸魂育人，注重对青年大学生的世界观、人生观、价值观教育，使学生熟练掌握并善于运用马克思主义立场观点方法观察社会、思考人生，

---

① "一个人连自己生活的社会都认识不清楚，你怎么能指望他能认识清楚 2000 多年前的先秦社会呢？对现实政治的关注及现实生活可以磨炼你对历史的洞察力。说这些，就是希望大家不要上"不食人间烟火"的当，一定要保持对现实生活的热情，保持对现实生活的高度关注，不要对生活麻木不仁。如果外界的变动引不起你内心的一点波澜，那表明你已经未老先衰。保持对现实生活的关注，不影响你对学问的热爱。这是训练洞察力的绝佳机会。"参见王学典：《治学的功力与见识》，载《山东大学研究生学志》2006 年第 17 期。

形成科学、正确的思维方式；充分发挥大学生思想政治教育的主阵地作用，切实加强课程思政建设，实现知识传授、价值塑造和能力培养的多元统一，真正担当起"为党育人，为国育才"的初心使命。

《宪法》课程思政教学设计
——以"社会主义民主选举制度"为例

行政法务系　张卓玉　等

课程类型：专业课程

专家评注：

案例选用《宪法》课程"国家基本制度"一章内容开展了课程思政教学设计。实施方案中综合采用混合式教学、仿真模拟的教学模式和教学手段，实现教师讲解、学生自学、网络互动相结合，拓展了传统课堂教学时间空间，努力形成立体化、持续性的"课程思政"，实现全员全过程、全方位育人目标。该设计对于培养学生的知识、能力、素养具有较大潜力。

延安大学　曹殿波

课程及案例简介：

《宪法》是高职法律类专业的专业核心课、基础理论课程，面向法律类大一学生。主要包括宪法总论、公民基本权利与义务、国家制度三个知识集群。课程的总体目标是使学生掌握系统、扎实的宪法知识，全面的法律技能、树立坚定的宪法自信。

本案例选自《宪法》课程国家基本制度一章，选举制度是社会主义民主的重要实现形式，其理论性强，中外制度对比鲜明，教学设计中充分利用网络平台，建构课程思政与在线微课堂相结合的立体化育人机制，将价值塑造、知识传授和能力培养三者融为一体。通过师生线上线下双重互动进行持续性的思政教育，强化学生的政治认同，坚定制度自信，促进学生思想的全面发展。

1　教学与育人目标

1.1　知识传授目标

通过本节课的学习，理解我国选举制度的原则，即普遍性原则、平等性原则、直接选举与间接选举并用原则、无记名投票原则；掌握选举的组织与程序。

1.2　能力培养目标

①通过本节课的学习，引导学生独立思考，体会民主选举的意义；了解民主程度和民主性质之间的关系，初步理解民主建设是与社会进步和经济发展相适应的。

②体会选举权和被选举权对于公民的意义；能评价、权衡各国选举方式的利弊。

③通过"投票与宣布选举结果"的模拟选举，熟悉间接选举的程序。

1.3　思政育人目标

①通过中外选举制度的比较，让学生进一步认识到中国特色社会主义制度所具备的优势，从政治建设角度深入理解了中国共产党坚持以人民为中心的发展理念。

②珍惜来之不易的选举权与被选举权，认真投出自己的一票，选出人民满意的代表，努力提高自己参与民主政治的意识，增强自己的政治素养。

③本节课从理论深度和政治高度展开，同时激发学生学习主动性，提升学生自学能力和小组合作能力。

2　教学策略与课程思政教学实施过程设计

2.1　教学策略

本节课教学采用"线上线下结合""分组讨论""仿真模拟"相结合的立体化育人授课方式和比较政治的讲授方法，教师讲解、学生自学、网络互动三者有机结合，有效拓展了传统课堂空间的边界，形成立体化、持续性的"课程思政"，实现全员、全过程、全方位育人。在授课过程中牢牢把控"立德树人"的根本任务，深入挖掘课程的思政元素，注重由知识掌握到内生情感态度价值观的融入，培育制度优势和制度自信意识。

2.2　课程思政教学实施过程设计

2.2.1　课前预习，知识铺垫

学生在高中政治课中有相关选举制度的知识储备，但对于民主理论、西方政治制度等理论没有系统学习，对我国民主政治的实践缺乏认知。所以希望学生对我国选举制度首先有一个初步认识，便于学习过程中的理解。课前预习环节，在职教云平台发布作业任务。

任务一：搜集资料，了解我国选举制度的历史发展及历次修改内容。

任务二：搜集"选民证图片"，思考"图片中人们采用什么选举方式？"（见图1）

任务三：职教云推送学习强国文章美国迎来大选选举日：美国总统选举到底是怎么一回事？（xuexi. cn），学生自行阅读该美国选举事例，启发学生独立思考。

任务四：熟悉我国间接选举的组织与程序，为模拟选举做准备（见图2）。

图1

模拟选举操作程序及要求

按照人大代表选举程序的流程,把模拟选举程序分为选举前的准备、组织选举委员会、划分选区、选民登记、提名候选人、候选人演讲、确定候选人、投票八个模块,其中第一模块的任务在课外完成。第二模块至第八模块的任务在课堂内完成,按90分钟的课内实践设计其所占课时的比例:

第一模块:选举前的准备,时间4个小时左右。具体内容:准备选民证、候选人推荐表、投票卡、投票箱等材料;摆放桌椅;培训班委会成员等。

第二模块:组织选举委员会,时间5~10分钟。具体内容:教师宣布由班委会成员组成选举委员会,并宣布其职责内容。

第三模块:划分选区,时间5~10分钟。具体内容:按照宿舍划分选区,并选出本组组长。

第四模块:选民登记,时间10~15分钟。具体内容:由各选区的组长登记本选区的选民,未满18周岁的学生不予登记,然后,在本组宣布选民名单,并发放选民证。

第五模块:提名候选人,时间15~20分钟。具体内容:由各选区在组长的主持下,各推荐一名代表候选人,并将候选人名单交选举委员会。

第六模块:候选人演讲,时间15~20分钟。具体内容:由各选区推荐的候选人上台发表竞选演讲。

第七模块:确定候选人,时间10~15分钟。具体内容:按照直接选举人大代表的差额选举的比例,由各选区组长投票选出正式候选人。

第八模块:投票,时间20~25分钟。具体内容:由选举委员会成员发放选票,然后,全体选民投票,由选举委员会成员选出监票、唱票和画票人员,最后,公布选举结果。

宪法课程组

人民代表大会代表选票

符号								
候选人姓名								

说明:1. 投赞成票的在候选人姓名上端的空格内写"○",投反对票的在候选人姓名上端空格内写"✕",不写符号的为弃权,2. 要另选他人的,在姓名栏的空格内写上另选人的姓名,并在其姓名上端的空格内写"○",不写"○"的不计得票。3. 本选票应选代表人数 名,投赞成票的人数,多于规定应选代表人数的作废,等于或少于规定应选代表人数的有效,所画的符号不清楚或无法辨认的为无效。

图2

【设计意图】通过课前学习任务，促使学生利用网络和线上资源主动学习，对将要开展的教学活动有所了解，并带着问题进入课堂，使学习更有效率。初步认知我国选举制度，为课上有关思政元素的思考与深入，提供基础，进行铺垫。案例图片和文章选择以政治性为主，进行隐性课程思政教育，如美国大选等。

2.2.2　课中

1. 初步探索

课前引导，观看视频后教师对选举法做简单介绍，快速将学生带入民主制度与公民政治权利的双重视野中。对民主权利的保障，人民主权的宪法原则进行勾勒（见图3）。

图3

视频来源：历史上今天的人民日报：65年前，新中国第一部选举法诞生（people.com.cn）

【设计意图】小视频有助于提升学生的学习兴趣，强化学生对选举的直观认识，更好地理解这部法律是如何保障和实现人民当家做主的价值期许，使学生获得强烈的对选举制度的学习动力。视频导入参与式课堂活动的方法，将学生带入亲身的经历体验中，历史事件加深学生对本讲选举制度与制宪史、党史的结合，不露痕迹地将学生带入价值思考中，为后面的课程思政的开展做好准备。

2. 强化重点，突破难点

观看视频后思考并通过职教云回答问题（见图4）。

视频来源：[百家讲坛]《党史故事100讲》首届人大　奠定国本　选举法_CCTV节目官网-CCTV-10_央视网（cctv.com）

职教云头脑风暴：①新中国第一部选举法的特点？②我国第一次选举前的人口普查工作反映出什么问题？

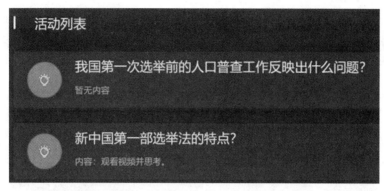

图 4

教师讲解：从介绍选举基本概念和历史发展出发，帮助学生了解选举理论和制度，并将选举法的历史发展与我国制宪史、党史有机结合，理解中国共产党坚持以人民为中心的发展理念。针对学生答题，筛选典型代表性言论进行点评，并切入本节课重点内容，即选举制度的普遍性原则和平等性原则，再展开选举制度和中国社会发展进步的讲授专题，从历史—制度—国情出发延伸拓展课程内容，理性客观地展示我国选举制度的真实图景。

【设计意图】将第一部选举法的历史与宪法史和党史有机结合，将党的民主实践与宪法学原理有机结合，在学习选举制度的普遍性原则和平等性原则的同时，体会党的领导、人民当家作主和依法治国的有机统一。努力突出中国特色社会主义制度体系尤其是党的领导、人民当家作主、依法治国有机统一的政治制度展现出的强大优势，引导学生树立制度自信。

3. 进一步深化

学生活动：针对课前布置的任务一，即搜集资料，了解我国选举制度的历史发展及历次修改内容，分组讨论"你最关注选举法修改的那些方面"之后各组派代表发言。

教师活动：针对学生发言，进行点评。

点评一：在历次选举法修改中，城乡按相同人口比例选举人大代表，从等额到差额选举的变化等均体现出我国选举制度的进步。民主制度的发展与社会历史进程和经济发展密切相关。

点评二：受政治、经济、文化等状况发展的制约，权利的实现是一个阶段性、渐进式的过程，以选举权为核心的政治权利更是如此，既不可能超越历史阶段一步到位，更不可能裹足不前。只有兼顾社会发展、民众诉求和平等精神，选举权平等的历史进程才是稳定的、可预期的、能接受的。

【设计意图】通过对课前搜集的资料进行分析归纳，然后学生以"你最关注选举法修改的哪些方面"为题展开讨论。让学生进一步从民主制度的角度深入理解民主制度的发展与社会历史进程和经济发展的密切关系，了解中国共产党坚持以人民为中心的发展理念，使得课程既有理论深度，又有政治高度，同时激发了学生学习主动性，对于提升学生主动思考和小组合作能力都起到了积极的促进作用。

4. 模拟选举，整体推进

环节一：学生通过对职教云任务三的课前自主学习，已经了解美国选举制度。此环节教师播放中世纪教皇选举和介绍美国选举制度和实际运作的两个视频，之后教师系统梳理中外选举制度的特点，对比中外民主模式，阐明不同选举制度安排会带来不同的政党体系和执政模式。揭露西方伪民主，树立我国制度优势、制度自信（见图5）。

图 5

环节二：通过对任务四及和前面内容的学习，学生已经熟悉并掌握我国选举制度。此环节教师通过微课视频展示"人大代表是如何选举出来的"（见图6）。

图 6

之后，学生以"投票与宣布选举结果"为题，模拟间接选举的程序。

环节三：教师针对学生模拟选举程序，重点就"完善民主选举制度作为深化改革的突破口"进行分析，通过提问互动、文件解读、案例分析等方式，引导学生思考当前深化改革面临的主要问题以及完善民主选举制度在解决这些问题中可能发挥的积极作用。

【设计意图】插入与教学选举制度相关的短视频链接，如中世纪教皇选举和介绍美国选举制度和实际运作的两个视频，活跃课堂气氛，进行直观性的思政教育。并通过对我国间接选举的模拟程序和别国选举的视频观摩，剖析西方国家选举制度、比较中外民主体制运作，从历史—制度—实践的逻辑延伸拓展课程内容，从知识、能力、情感态度和价值观三方面影响学生。同时，在选举实践中珍惜选举权利、认真负责地投票，依法有序地进行政治参与。

5. 在线答题，夯实基础

在职教云 App 上发布随堂测验，要求学生在线现场答题，学生提交答题后，现场实时分析答题情况，并对测验成绩较差的学生进行二次测验。

【设计意图】教师和学生都可以第一时间了解对知识点的掌握程度，做到有的放矢。

2.2.3 课后：课后拓展，进行持续性思政教育

利用职教云、微信群随时推送专业新闻和会议讲座，开展在线课后思政教育。

例如，特殊时期及时推送十三届全国人大常委会第十七次会议采用现场和网络视频方式举行，并转发专家学者对在线人大会议的学术性探讨。

再如，推送各国选委会应对突发事件的报道世界主要国家应对突发事件和管控重大危机的经验及启示（chinado.cn），比较说明中国共产党作为使命型政党具有应对社会突发事件的社会情怀与责任担当。

【设计意图】建立实名制微信群，充分利用主流社交平台扩展学习广度和深度，实现线上线下与课前课中课后教学相结合。让学生认识到在党政体制的政制结构框架下，全国人大采取直接选举与间接选举相结合的制度，具有广泛代表性、包容性和调适性的制度优势。

3 课程思政教学实施成效与反思

3.1 课程思政教学实施成效

1. 价值塑造成效

①课程思政效果评价的落脚点是学生的思想政治素质发展，通过本节课的学习，学生从总体上认识到，选举制度是国家制度体系的重要组成部分，坚持制度自信是国家得以成长和巩固的最基本的精神基础与政治基础，直接决定着国家的内聚力与竞争力，将国家兴衰与个人责任意识相结合，增强了政治学学科的使命感、价值感。同时，使学生进一步认识到中国特色社会主义制度所具备的优势，尤其是党的领导、人民当家作主、依法治国有机统一的政治制度的强大优势，从政治建设角度深入理解了中国共产党坚持以人民为中心的发展理念。思政与专业知识浸润相融，强化了国家制度认同，坚定了制度自信。

②培养学生的公民意识，增强学生的政治素养。珍惜来之不易的选举权与被选举权，不断提高参与民主政治的意识。

2. 知识传授成效

本次教学内容通过课前课中课后三个阶段的高效衔接，从学生自主学习到教师分析阐述再到沉浸式体验，做到了知识学习和价值认同的浸润相融。学生反映本节课补充了选举制度理论知识在实践层面的观照，将民主、权利、政治制度等概念放在选举实践中，使学生循序渐进地掌握了我国选举制度的知识点，更好地理解理论知识的同时，形成正确的政治观、良好地专业素养、理性的行为习惯。通过在线答题，实时评测，本课学生随堂测验通过率达到了98%。

3. 能力培养成效

认识到民主选举以及选举权和被选举权对于公民的意义；能客观评价、权衡中外选举方式的利弊；通过"投票与宣布选举结果"的模拟选举，熟悉我国间接选举的组织与程序。

3.2　课程思政教学实施反思

1. 课程思政反思

学生整体上掌握了我国选举制度的基本原则和运行程序，但对我国选举制度的发展逻辑和完善民主选举制度仍领会不深，将在后续教学中结合其他国家制度持续进行指导与深化，引导学生思考当前深化改革面临的主要问题以及完善民主选举制度在解决这些问题中可能发挥的积极作用。保持宪法课程教学的正确的政治方向和价值取向，并体现鲜明的时代特色和中国特色。

2. 知识传授反思

①学生普遍对选举领域的专业问题很感兴趣，但由于知识结构、学习背景参差不齐，学习能力与学习效果具有差异性。部分学生对于民主制度、中外选举制度对比等需要深入拓展。

②本节课通过模拟选举，让学生充分体验政治权利的行使，学生们全情投入学习、积极性非常高。今后，要将这种"体验式学习"经验推广到其他模块学习，同时加大理论、实践、时事热点的深度结合，不断丰富思政教学素材，结合学生兴趣点深入挖掘思政元素，引导学生主动思考、积极讨论，使课程思政外化于行、内化于心。

3. 能力培养反思

本次课程既有理论深度，又有政治高度，同时激发了学生学习主动性，对于提升学生自学能力和小组合作能力都起到了积极的促进作用。但个别学生的参与意识和能力仍需提升，合作习惯养成方面的教育仍需要加强。

《宪法》课程思政教学设计
——以"集智聚力彰显优势：中国新型政党制度"为例

行政法务系　王　谨　等

课程类型： 专业基础课程

专家评注：

宪法是课程思政元素最为丰富的课程，本课程设计是以宪法中的"中国新型政党制度"为单元。对于中国政党制度的理解，要想让学生能够全面了解、理解和接受中国新型政党制度，就需要从中国新型政党制度的初衷，为人民服务的根本宗旨来讲授，同时对中国政党制度和西方资本主义国家的政党制度进行比较，既包括政党制度运行模式的比较，也包括不同政党制度在抗疫等具体社会问题上的表现进行对比，从而让学生掌握中国新型政党制度的优势。

南开大学　王强军

课程及案例简介：

《宪法》是高职法律类专业的专业核心课、基础理论课程，面向大一学生。主要包括宪法总论、公民基本权利与义务、国家制度三个知识集群。宪法作为国家的根本法，是治国安邦的总章程，是党和人民意志的集中体现。因此，课程的总体目标是使学生树立坚定的宪法理念和宪法自信，掌握系统、扎实的宪法知识和全面的法律技能。

本案例选自《宪法》课程国家制度知识集群，主要展现中国新型政党制度——中国共产党领导的多党合作与政治协商制度的内涵、运行规律及独特优势。此内容的学习能够进一步加深学生对我国政党制度特色的理解，深刻认识党的领导是中国之治的最大优势，强化学生的政治认同，坚定制度自信；同时开拓学生视野，避免褊狭，促进其思想的全面发展。

1　教学与育人目标

1.1　知识传授目标（见图1）

掌握：世界各国政党制度的基本类型；

掌握：中国共产党领导的多党合作与政治协商制度的内涵及运行原理。

15

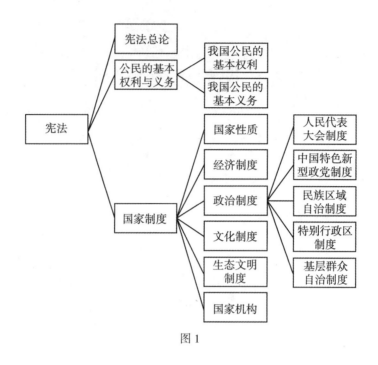

图 1

1.2　能力培养目标

理解中国共产党领导的多党合作与政治协商制度的建立、发展历程及特色，能够客观分析中国共产党领导的多党合作和政治协商制度在我国政治生活中的作用与地位。

1.3　思政育人目标

（1）正确把握政党制度优劣的客观评价标准；

（2）深刻领会中国特色新型政党制度对国家治理的重大意义；

（3）认同并拥护中国共产党的领导，强化学生的政治认同，坚定制度自信。

2　教学策略与课程思政教学实施过程设计

2.1　教学策略（见表 1）

（1）通过中西方政党制度对比和评价国家政党制度优劣基本标准的研讨，找准突破口，避免单向灌输，并结合政治实例，引导学生对政党制度的重大误解进行辨析，破除对西方多党制的迷信，打破西方话语遮蔽。

（2）坚持恰当、自然渗透的原则，以无缝对接和有机互融的方式，做到"基因式"融合，强化学生的政治认同，坚定制度自信。

（3）把握青年人话语，提升教学共鸣。

表1

	知识点	思政融入点	特色活动设计
中国新型政党制度	世界各国政党制度的基本类型	中国制度特色与优势 政党制度自信	专题：中外政党制度对比 视频：《焦点访谈》抗疫"美国第一"的真相
	中国新型政党制度的内涵及运行原理		小组研讨一：我国政党制度与西方多党制的差异
	政党制度优劣的客观评价标准	认同并拥护党的领导	小组研讨二：如何客观评价一国政党制度的优劣

2.2 课程思政教学实施过程设计

2.2.1 课前：课前预习

学生：根据教师职教云 App 发布的预习任务，完成我国政党制度的相关知识的预习，各组通过图书资料查询、网络搜索、交流等多种途径准备各自探究主题的研讨。

教师：布置分组讨论任务：围绕我国政党制度与西方多党制的差异和如何客观评价一国政党制度的优劣两个主题，课上进行分组讨论。

【设计意图】

①通过对相关知识和资料的预习，为中西方政党制度的比较分析做好充分准备，并思考如何客观地评价一国政党制度的优劣。

②通过课前任务布置，促使学生运用网络教学平台、小组讨论等方式主动学习，并提出疑问。带着问题有针对性地进入一堂课的学习（见图2、图3）。

图 2

图 3

2.2.2　课中

1. 温故知新，导入新课

教师：①针对上节课知识点，选择两个问题（如何理解我国人民代表大会制度的独特优势？对于人民代表大会制度的坚持和完善，你有什么建议？）进行提问。

②观看视频《焦点访谈》——抗疫"美国第一"的真相并讨论问题一：你如何看待彭博社关于"美国抗疫全球第一"排名？问题二：美国两党制度与抗疫现状之间有何关联？

学生：观看视频并对上述两个问题进行思考讨论，看清美国政府一直以来"置普通美国人民生命不管不顾"的现实，看清美国"民主与自由"外衣包裹下的真实政治生态。

教师总结升华：疫情成为美国两党政治角力的工具，党争之下的联邦体制相互掣肘、层层推诿，最终造成了美国抗疫全面失败的格局。

【设计意图】

①复习巩固上节课知识点；②调动学生的情感，激发学生学习动机，自然导入新课。

2. 师生互动，整体推进

教师：组织研讨一："我国政党制度与西方多党制的差异"。

学生：各组学生应用辩论的方式对我国政党制度与西方多党制的差异进行有效讨论，每组推选一名学生作为代表进行本组观点发言，在此过程中，其他组可对某观点进行反驳，表述不足之处亦可由本组其他学生补充。

教师总结升华：西方政党为"部分利益党"，往往代表部分群体利益；而中国共产党为"整体利益党"，是代表中国人民整体利益的使命党，这是中西方政党制度最本质的差异。

【设计意图】

①破除对西方多党制的迷信，打破西方政党制度话语遮蔽；②导入学习重点，引发学生思考。

3. 启发讲授，掌握重点

教师：对相关知识进行启发式讲解，并进行穿插式提问："我国多党合作有哪些形式？民主党派在国家政治生活发挥了哪些不可或缺的作用？"（应用职教云 App "提问"功能）

学生：听教师讲解，学习相关知识点，并思考回答教师所提问题。

【设计意图】

①理性对比中外政党制度，解开"中国之治"的制度密码，树立基本的制度自信；

②教师的讲解结合提问，引发学生思考，一方面完成基础理论的学习，另一方面能够激发学生探究问题的积极性。

4. 聚集疑点，破除难点

教师：组织研讨二：如何客观评价一国政党制度的优劣。

学生：①各小组讨论，并选出发言人阐述本组观点；②各组完成观点阐述后，其他组可对某种观点进行反驳辩论；③其他同学亦可发表意见，提出个人观点。在此过程中教师应注意引导学生讨论由线入深，逐层推进。

教师总结升华：首先，任何一个政党制度都是在一个国家历史传承、文化传统、经济社会发展等特殊国情的土壤中生长出来的。在中国特定时空规定的土壤中，孕育萌发了中国共产党领导的多党合作和政治协商制度这一新型的政党制度。

要客观评判一国政党制度是否具有优势，实践是检验真理的唯一标准，中国共产党能够在短短 90 多年中领导国家实现翻天覆地变化，就是最好的检验。

【设计意图】

①辩证认识，正确把握政治制度优劣的客观评价标准，进而能够理性对待和分析各类政治问题与事件。

②对知识难点进行突破，强化学生运用宪法知识分析和解决实际问题的能力；

③通过教师与学生的互动讨论、点评，查漏补缺，加深学生对难点知识的理解。

5. 在线答题，夯实基础

学生：①学生通过职教云 App 参与随堂测验，现场答题并在规定时间提交；②其中测验成绩较差的学生要完成二次测验。

教师：根据学生答题情况，现场实时分析答题情况，并对测验成绩较差的学生进行二次测验。

【设计意图】教师和学生都可以第一时间了解对知识点的掌握程度，做到有的放矢（见图 4、图 5）。

2.2.3 课后：课后拓展，促进持续发展

教师：①发布作业：结合抗疫谈谈为什么要坚持和加强党的领导？②通过职教云APP 推送下次课学习任务与学习要求，发布相关学习课件和视频资源。

学生：①以学习小组为单位对作业所提问题进行讨论分析，并准备下次课上发言；②运用多种途径获取教学材料，并积极与老师，同学交流。

【设计意图】使学生深刻认识中国共产党是中国特色社会主义事业的领导核心，并进一步强化其政治认同，坚定制度自信。

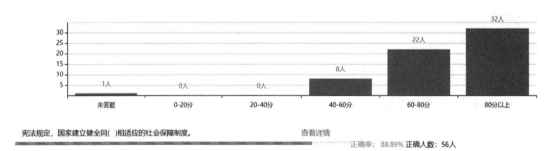

图 4

统计分析　学生详情

平均分：74.92分　　　平均时长：687.66秒　　　全部总人数：63人

图 5

3 课程思政教学实施成效与反思

3.1 课程思政教学实施成效

1. 价值塑造成效

即时评价：通过课堂提问、举例分析等方式感知学生能够深刻领会中国共产党领导的多党合作和政治协商制度作为我国一项基本政治制度，是中国共产党、中国人民和各民主党派、无党派人士的伟大政治创造，是从中国土壤中生长出来的新型政党制度，彰显出独特的优势。

短期评价：在此基础上，通过调查问卷和学生的心得体会等方式感知学生认同并坚定拥护中国共产党的领导，进一步深刻认识中国新型政党制度对国家治理的重大意义；强化了政治认同，坚定了制度自信。点亮了学生心中的理想信念之光，用真理的光辉和信仰的力量引领学生做立大志明大德成大才担大任的时代新人。

长期评价：关注课程思政持续性的实践维度评价，可以通过学生日常管理、综合测评等手段关注在校期间有无行为失范等方面，探索整合更多深度数据评价课程思政的有效性。

2. 知识传授成效

通过研讨、讲解、互动、随堂测验等方式使学生掌握了中国共产党领导的多党合作与政治协商制度的内涵及运行原理，认识了其独特优势。

3. 能力培养成效

认识到中西政党制度体系的本质区别，能够正确把握政治制度优劣的客观评价标准，并能够客观分析中国共产党领导的多党合作制度在我国政治生活中的作用与地位，能够理性对待和分析各类政治问题与事件。

3.2　课程思政教学实施反思

1. 课程思政反思

学生基本走出了对政党制度尤其是多党竞争制度的认识误区，但对中国特色新型政党制度的历史发展逻辑仍领会不够深刻。中国共产党领导的多党合作和政治协商制度作为我国一项基本政治制度，是中国共产党、中国人民和各民主党派、无党派人士的伟大政治创造，是从中国土壤中生长出来的新型政党制度。

对于这一点将在后续教学中结合其他国家制度持续进行指导与深化，并坚定保持宪法课程教学的正确的政治方向和价值取向，体现鲜明的中国特色和时代特色。

2. 知识传授反思

教师在检验预习成果和组织主题研讨过程中，学生普遍能够完成教材中的预习内容，但同时也发现不少学生获取的有关资料和信息十分有限，且重复性高。通过与部分学生交流得知，很多学生基本的信息搜集检索能力较差，遇到问题均通过百度进行搜索，如找不到就会放弃。

因此，教师应在教学过程中有意识地对学生信息检索能力进行培养和强化，提升其信息素养，这也是知识传授过程中极重要的一方面。

3. 能力培养反思

一方面，该案例的学习较成功地引导学生运用辩证思维、历史思维和实践思维，理性客观地分析社会现实问题和需求，提升了学生思想政治素质和能力。

另一方面，个别学生的参与意识和能力仍需提升，合作习惯养成方面的教育仍需要加强，因此，如何进一步调动学生课堂参与的积极性主动性，仍然是教学环节进行不得不深思的问题，以后还应继续探究，力争有较大的突破。

《法理学》课程思政教学设计

——以"建设中国特色社会主义法治体系"为例

应用法律系　郜金泰　等

案例题目：建设中国特色社会主义法治体系，护航中国梦实现

课程类型：专业课程

专家评注：

　　课程案例围绕"建设中国特色社会主义法治体系，建设法治中国"，让学生掌握法的基本原理和知识，培养法律思维、法治思维、法理思维，为走上工作岗位奠定职业素养基础，护航中国梦实现。讲授模式以学习自然科学方式，科学探究视角来讨论社会发展、国家治理的方法与模式问题。教学设计围绕知识点脉络，逻辑推进，步步引出，有效引导了学生对"法→法律→方法→治国方略"的接续的、逐层递进的学习阶段和领悟能力。

齐鲁工业大学　肖中俊

课程及案例简介：

　　课程定位：法律专业课、核心课、基础课、理论课。

　　开设对象：大一新生。

　　课程内容：六大部分：法学导论、法本体论、法价值论、法史论、法运行论、法社会论。

　　课程总体目标：让学生掌握法的一般原理和基础知识，培养法律思维、法治思维、法理思维，为走上工作岗位奠定职业素养基础。

　　案例选取章节内容：教材第15章"全面依法治国、建设法治中国"，主要内容：建设中国特色社会主义法治体系，建设法治中国（见图1）。

　　案例选取章节作用：此案例讲授我们为什么要全面依法治国，如何全面依法治国，使学生对党和国家的方针政策形成正确认识。

1　教学与育人目标

1.1　知识传授目标

让学生了解法治的一般原理，深刻认识全面依法治国的政治方向，掌握全面依法治国

图 1

的工作布局与重要任务、全面依法治国的重要保障，知晓建设法治中国的伟大目标，了解国家治理现代化及伟大征程的历史意义。

1.2 能力培养目标

让学生了解法治的内涵，正确认识全面依法治国为什么必须要坚持党的领导、人民中心、中国特色社会主义法治道路，掌握我国当前全面依法治国的总抓手、工作布局和重要任务，使学生深刻理解我国开启全面依法治国征程的伟大意义。

1.3 思政育人目标

以"建设中国特色社会主义法治体系"为案例，通过"全面依法治国、建设法治中国"章节的法理讲解，使学生树立正确的国家观、法律观、价值观和人生观，更加坚定党的领导，更加遵纪守法，努力学习，圆满完成学业，也为三年后走上工作岗位积极工作奠定思想政治基础。

2 教学策略与课程思政教学实施过程设计

2.1 教学策略

思政教育一定不能纯粹说教。

"法理学"讲授应以学习自然科学方式，科学探究视角来讨论社会发展、国家治理的方法与模式问题。

通过讲解法治的内涵与原理，学生深刻认识到我国当前全面依法治国的伟大意义；通过我国人民当家作主的国家性质的讲解，学生深刻认识到坚持党的领导、坚持以人民为中心、坚持中国特色社会主义法治道路的重要性；通过对我国当前形势、国内发展现状的讲解，学生深刻认识到我国当前全面依法治国的工作布局与重要任务；通过对我国发展、改革、探索、创新困难与阻力的讲解，学生深刻认识到全面依法治国组织保障、人才队伍保障、科技支撑的重要性。同时，让学生明白法治中国是我国社会主义法治建设的伟大目标、法治中国建设伟大征程是实现伟大复兴中国梦的必由之路。

要让学生明白：以人民幸福、民族复兴为目标的党领导全国人民实现现代化强国梦的伟大实践，是新时代我们要学习、认识和掌握的最大法理。这个法理归结为一点，就是：建设中国特色社会主义法治体系，建设法治中国。

2.2 课程思政教学实施过程设计（见图2）

图2

2.2.1 第一节 法治的一般原理

1. 法治的内涵

详细讲解法治的内涵（见图3、图4）。

在一般意义上，法治是以民主为前提，以严格依法办事为核心，以确保权力正当运行为重点，以保障人权和维护正义为根本价值的国家和社会治理原则和方式。

【设计意图】

民主、严格依法办事、权力正当运行（关在笼子里、依法行政等）、人权、正义、法治为治国方略等从观念到制度已是社会现实，让学生认识到当前我国已经具备了全面实行法治的前提和基础。

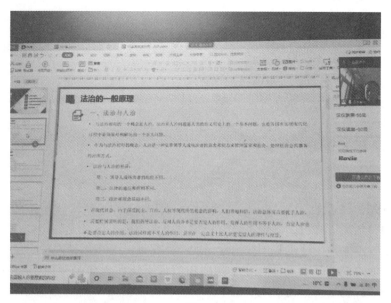

图 3

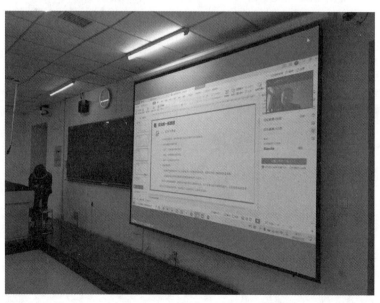

图 4

2. 人治、法制、德治

将法治与人治、法制、德治进行比较,让学生深刻认识法治的优越性。

【设计意图】

以科学探究视角,让学生了解法治优于人治、法制、德治。

第一,法治为社会力量参与治理提供制度基础;

第二，法治为政府的治理行为提供基本规范；

第三，法治为治理行政与行为提供程序保障；

第四，法治为治理的良性推进提供救济路径；

第五，法治保证治理的服务本质。

2.2.2 第二节 全面依法治国的政治方向

四个政治方向分别为：

①坚持党的领导；

②坚持以人民为中心；

③坚持习近平法治思想指导；

④坚持中国特色社会主义法治道路。

【设计意图】

让学生明白全面依法治国的根本宗旨是为人民谋幸福，这是党的初心和使命；让学生明白党的领导的重要性，这是我国法治建设的根本保证，是中国特色社会主义最本质的特征，是我国法治建设的基本经验；让学生明白习近平法治思想是全面依法治国的指导思想、根本遵循和行动指南；让学生明白中国特色社会主义法治道路是建设社会主义法治国家的唯一正确道路。

2.2.3 第三节 全面依法治国的工作布局与重要任务（见图5、图6、图7）

图5

（1）建设中国特色社会主义法治体系主要有以下内容：

一是形成完备的法律规范体系；

二是形成高效的法治实施体系；

三是形成严密的法治监督体系；

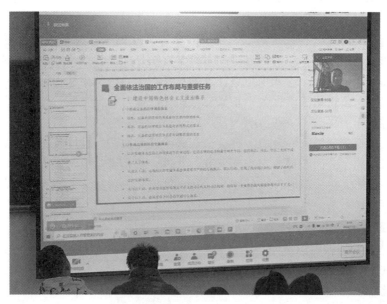

图 6

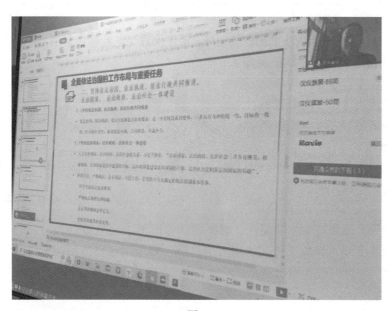

图 7

四是形成有力的法治保障体系；

五是形成完善的党内法规体系。

【设计意图】

让学生认识到建设中国特色社会主义法治体系是全面依法治国的总目标和总抓手，同时也是全面依法治国、实现有法可依和良法善治的前提。

（2）坚持依法治国、依法执政、依法行政共同推进，法治国家、法治政府、法治社会一体建设。

科学立法、严格执法、公正司法、全民守法，是党的十八大确定的依法治国基本任务。这四个环节是相互依存、前后递进的。科学立法是前提，严格执法是关键，公正司法是重点，全民守法是基础。这四项重点任务的意义在于：科学立法保证良法善治，严格执法维护法律权威，公正司法确保公平正义，全民守法提升社会文明。

【设计意图】

让学生认识到党、国家、政府、社会公众必须彼此协调、共同推进、形成合力，依法治国必须着眼全局、全面布署，努力确保齐头并进。就是说党、各级人民政府、各个社会机构、组织、全体人民，都心往一处想，劲往一处使，朝着法治的目标，共同推进法治的进步发展。

2.2.4　第四节　全面依法治国的重要保障

1. 全面依法治国的组织保障

第一，党组织机构的领导作用；

第二，党领导的制度和工作机制；

第三，党员的带头作用；

第四，政法委员会是党委领导政法工作的组织形式。

【设计意图】

让学生认识到实现全面依法治国党的领导是根本保证，党的领导是通过组织保障实现的。

2. 全面依法治国的人才队伍保障

第一，建设高素质专门法治队伍；

第二，加强法律服务队伍建设；

第三，创新法治人才培养机制。

【设计意图】

让学生认识到我国实现全面依法治国，人才队伍保障是前提和关键，一切建设和活动最终都是由人来实施和完成的。

3. 发挥"关键少数"的保障作用

第一，领导干部要带头学法用法，精确把握习近平法治思想；

第二，领导干部"谋划工作要运用法治思维，处理问题要运用法治方式"；

第三，领导干部要带头尊法敬法，守法护法。

【设计意图】

让学生了解到在我国各项建设中，领导干部具有标杆和示范作用，代表了党和政府的形象，领导干部做得好，人民群众才会信法用法守法，社会才能形成良好法治风尚。

2.2.5　建设法治中国（见图8、图9）

1. 法治中国是社会主义法治建设的伟大目标

2. 法治中国与国家治理现代化

国家治理现代化要求国家治理法治化。

国家治理现代化必须依赖法治中国建设。

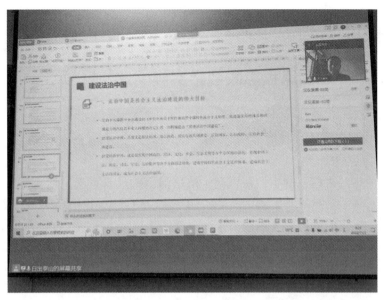

图 8

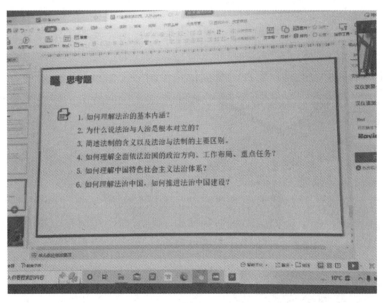

图 9

3. 法治中国建设的伟大征程

到 2035 年基本实现社会主义现代化，基本建成社会主义法治国家、法治政府、法治社会。到本世纪中叶把我国建设成为富强民主文明和谐美丽的社会主义现代化强国，实现中华民族伟大复兴的中国梦。

【设计意图】

让学生认识到中华民族伟大复兴、中国梦的实现、党和全国人民奋斗的第二个百年目标的实现必须依赖国家治理的法治化。

3 课程思政教学实施成效与反思

3.1 课程思政教学实施成效

1. 价值塑造成效

通过法治原理的讲授，学生们认识到了依法治国的重要意义，形成了正确的法治观；通过讲解国家治理活动是一种宏观的、主动的自觉目的行为而不是微观的、消极、自由个体的任意行为，学生们认识到了国家治理需要党的领导这个根本保证，坚定了党性原则立场；通过讲解须有良法，才能善治，学生们认识到了建设中国特色社会主义法治体系的重要意义，形成了正确的法律观；通过讲解全面依法治国，学生们认识到了为什么要坚持依法治国、依法执政、依法行政共同推进，法治国家、法治政府、法治社会一体推进，形成了正确的国家观；上述讲授，最终使学生们认识到了为什么我们要建设法治中国，形成正确的价值观和人生观。

2. 知识传授成效

学生们了解了法治的内涵和意义，法治与人治、德治、法制等治理方式的不同；深刻领悟了全面依法治国必须要坚持党的领导、坚持以人民为中心、坚持习近平法治思想和坚持中国特色社会主义法治道路；掌握了全面依法治国的工作布局和重要任务，首要任务和总抓手是建设中国特色社会主义法治体系；正确理解了全面依法治国必须要有党的领导组织保障和人才队伍保障。

3. 能力培养成效

首先，学习通过学习，提高了认识能力，认识到了全面依法治国，建设法治中国和党的领导是根本保证的重要意义；其次，提高了知法敬法依法守法能力，认识到了建设中国特色社会主义法治体系、法律体系的重要意义，为以后主动学法、带头守法，形成依法办事记好习惯奠定基础；最后，提高了将法理知识学习与当代法治实践结合起来、理论联系实际的能力，认识到了拥护党的领导、积极投身到我国当下法治建设实践，才是真正学懂了法理，践行了法理。

3.2 课程思政教学实施反思

1. 课程思政反思

法理学课程内容思政元素较多。但归于一点，一定要与我国当下的发展建设实践相联系。全面依法治国、建设法治中国是目前我国一切法治建设的焦点和落脚点。而"建设中国特色社会主义法治体系"是我国全面依法治国的总目标和总抓手。这是本人选题的初衷和原因。选取这个案例题目，思政主题鲜明，作用非常明显。

2. 知识传授反思

优点：选题法理鲜明，找准了课程内容与思政元素结合点。

以"建设中国特色社会主义法治体系"为例，讲解全面依法治国，建设法治中国，切入点好。其实，法理学课程的全部章节都具备思政元素。建设中国特色社会主义法治体系最契合我国全面依法治国建设法治中国的当代实践，具有鲜明的思政作用。

缺点：本章知识点多，阶段性强，把握不好易使学生理解偏离主题。

除了建设中国特色社会主义法治体系一节外，还有法治原理、全面依法治国的政治方向、组织保障及中国特色社会主义法治建设的目标等内容。需要教师恰当掌握节奏，讲解详略得当，将主题与整章其他内容很好串联起来，做到过渡自然。

3. 能力培养反思

优点：

（1）本章讲解能够让学生明白全面依法治国、建设法治中国的前提是建设中国特色社会主义法治体系，即首先要做好有法可依的问题。所谓良法善治，须先有良法。培养学生对新时期为什么要"建设中国特色社会主义法治体系"的理解能力。

（2）通过讲解建设中国特色社会主义法治体系的具体内容，学生就能够深刻理解我国要进行的法治建设是全方位的，对学生理解坚持依法治国、依法执政、依法行政共同推进，法治国家、法治政府、法治社会一体建设有更深层的理解和认识。

缺点：

学习法理学的主旨之一就是要让学生深刻理解依法治国是我国的基本方略，法理上的理解即是法的原本意旨是方法的内涵。理解到这个层次需要教师深刻领会法是时代精神的体现，而法理学是时代精神的精华。需要学生对"法→法律→方法→治国方略"有一个接续的、逐层递进的学习阶段和领悟能力的要求，需要学生有前期学习的深厚积垫。

《民法》课程思政教学设计
——以"侵害英雄烈士人格利益的责任"为例

应用法律系　许建苏　等

课程类型：专业课程

专家评注：

　　课程围绕学校与专业定位，使学生系统掌握民法的基本知识，并能实现融会贯通，具备一定分析与解决民事实际问题的能力，以维护公民合法权益、促进社会和谐稳定。课程思政案例以英雄烈士人格利益的责任为载体，采用了六步骤启发式教学，引导学生对热点案例进行道德层面、法律层面的辩论和剖析，塑造学生形成尊敬英雄、保护英烈的正确价值观，树立对英烈的法律保护意识，案例选取得当，内容丰富，较好的实现了三维育人目标的有机统一。

齐鲁工业大学　肖中俊

课程及案例简介：

　　民法课程是我院应用法律系、司法实务系、国际法商系、行政法务系法律类专业的专业基础课，面向法律事务各专业开设。

　　与《民法典》的体例相一致，民法课程内容包括总则、物权、合同、人格权、继承、侵权责任六编。本课程旨在使学生系统掌握民法的基本知识，并能实现融会贯通，具备一定分析与解决民事实际问题的能力，以维护公民合法权益、促进社会和谐稳定。案例选自总则编中民事责任一章，该章内容包括民事责任的分类、民事责任的方式、民事责任的抗辩事由、因见义勇为受损害的责任承担、侵害英雄烈士人格利益的民事责任。英雄烈士是民族精神的载体，本知识点采用六步骤进行教学，引导学生对热点案例进行道德层面、法律层面的辩论和剖析，最终使学生形成尊敬英雄、保护英烈的正确价值观。加强对英烈的法律保护，对于促进全社会尊崇英烈、弘扬社会主义核心价值观具有特别重大的意义。

1　教学与育人目标

1.1　知识传授目标

（1）解释英烈的含义；

（2）明晰《民法典》第 185 条英烈条款的立法目的、立法逻辑；

（3）掌握英烈条款的主要内容以及侵犯英烈肖像等人格权所应承担的侵权责任。

1.2 能力培养目标

（1）能准确界定"英雄烈士"；

（2）会判断向侵害英烈人格利益的行为行使请求权的主体；

（3）能提出请求侵权人承担侵权责任的方式。

1.3 思政育人目标

（1）使学生德法兼修，明法笃行，自觉培养爱国主义精神、树立正确的世界观、人生观、价值观。

（2）培养学生崇尚先烈、尊崇英雄、弘德向善的社会主义道德风尚，守护英烈精神，捍卫民族荣光。

（3）使学生知法守法，自觉保护英烈名誉和荣誉。

2 教学策略与课程思政教学实施过程设计

2.1 教学策略

2.1.1 教学策略

教学中采用指导性发现学习教学策略，通过六个教学环节，即：

（1）老师列举具体案例，提出引导性问题启发学生思考；

（2）学生分小组查阅相关法律规定、分析讨论；

（3）学生提出解决问题的方案和依据；

（4）老师提供法院对案例的判决结果，引出对知识点的归纳讲解及此类案件的分析解决思路；

（5）教师给出学生相类似案例；

（6）由学生总结为什么要保护英雄烈士的人格利益，将知识点内容与思政内容内化于心。

2.1.2 教法学法

教学中采用案例教学法、问题导入法、归纳讲解法，学生组成小组合作学习。

2.2 课程思政教学实施过程设计

教学环节如表 1 所示：

表 1

环节	老师活动	学生活动	设计意图	信息化手段
课前预习 2.2.1	发布案例 提出问题	小组查阅资料，讨论	引出学习内容，启发学生思考	职教云

续表

环节	老师活动	学生活动	设计意图	信息化手段
课中学习 2.2.2		回答问题	验证学生的理解是否正确、回答是否偏颇，引出学习内容，尤其是引导学生对判决书所阐述的英烈事迹和精神的情感认同。	ppt
	给出判决			
	讲解、点评		引导学生正确理解英烈的含义、掌握谁来保护英烈的人格利益及侵害英烈的人格利益应承担何种法律责任等法律规定，理解保护英雄烈士人格利益的意义。	
课后延学 2.2.3	给出类似案例，提出问题，学生反思	提交书面作业	使学生深刻理解对英雄烈士人格利益保护的意义。	职教云

教学过程实施情况：

2.2.1 课前预习

课前通过职教云将案例引入，供学生思考。

老师：发布销售侮辱黄继光、董存瑞贴画的案例，提出问题（见图1）。

图1

【设计意图】引出学习内容，启发学生思考，死者是否还有名誉权？是否应当受到保护？另外，董存瑞、黄继光是否等同于普通人？英烈的含义？如何保护他们的人格利益？

谁来保护？对于此种行为应承担什么法律责任？

学生：小组查阅资料、进行讨论。

【设计意图】小组成员之间互相合作，通过检索相关法律规定（《民法典》第994条和第185条、《中华人民共和国英雄烈士保护法》）分析探讨等方式找到解决问题的答案，参与式学习提高学生的学习兴趣、加深对所学知识的理解。

2.2.2 课中学习

2.2.2.1 各小组推荐本组成员，结合案例一一回答上述问题。

【设计意图】通过学生的回答，一方面促使学生主动学习、合作学习，培养团队意识和集体荣誉感；另一方面掌握学生的学习和对相关知识的理解程度，以便老师随时调整教学内容。

2.2.2.2 老师提供该案件的法院判决

法院经审理后认为，英雄烈士是国家的精神坐标，是民族的不朽脊梁。英雄烈士董存瑞在"解放战争"中舍身炸碉堡，英雄烈士黄继光在"抗美援朝"战争中舍身堵枪眼，用鲜血和生命谱写了惊天动地的壮歌，体现了崇高的革命气节和伟大的爱国精神，是社会主义核心价值观的重要体现。任何人都不得歪曲、丑化、亵渎、否定英雄烈士的事迹和精神。英雄烈士的名誉神圣不可侵犯。对侵犯英雄烈士名誉的行为，英雄烈士的近亲属可以依法向人民法院提起诉讼。英雄烈士没有近亲属或者近亲属不提起诉讼的，检察机关依法对侵害英雄烈士名誉、损害社会公共利益的行为向人民法院提起诉讼。西湖区人民检察院要求被告瞿某某停止侵权、并在国家级媒体公开赔礼道歉、消除影响，于法有据，应予支持。

【设计意图】验证学生的理解是否正确、回答是否偏颇，引出学习内容，尤其是引导学生对判决书所阐述的英烈事迹和精神的情感认同。

2.2.2.3 老师进行讲解、点评。

老师结合《民法典》第994条（对死者人格利益的保护）、第185条（保护英烈条款）对如下问题进行讲解，对同学们的回答进行点评。

其一，"英雄烈士"的主体范围

英雄本身并不必然包含牺牲之意，与烈士为交叉关系。

对烈士的认定，可以参照《烈士褒扬条例》第八条。

凡是为国家和民族事业的发展作出了杰出贡献，且已经作为民族精神的象征、成为中华民族的精神支柱、可以唤起国人对国家和民族、文化认同的人，无论是历史上，还是近现代的已逝英雄，都应纳入"英雄烈士等"的范围。

其二，请求权的行使主体

在侵权人侵害了英雄烈士等的生前人格利益，但并未构成对社会公共利益的损害时，由英雄烈士等的近亲属作为原告提起诉讼。

在侵权人侵害了英雄烈士等的生前人格利益，同时构成了对社会公共利益的损害时，英雄烈士等的近亲属和公益诉讼主体都可以作为原告提起诉讼。

其三，承担何种法律责任（拓展）

《民法典》第185条规定，侵害英雄烈士等的姓名、肖像、名誉、荣誉，损害社会公共利益的，应当承担民事责任。《中华人民共和国英雄烈士保护法》第 26 条规定，以侮辱、诽谤或者其他方式侵害英雄烈士的姓名、肖像、名誉、荣誉，损害社会公共利益的，依法承担民事责任；构成违反治安管理行为的，由公安机关依法给予治安管理处罚；构成犯罪的，依法追究刑事责任。2020 年 12 月 26 日通过的《中华人民共和国刑法修正案（十一）》第 35 条增设了侵害英雄烈士名誉、荣誉罪。

【设计意图】引导学生正确理解英烈的含义、掌握谁来保护英烈的人格利益及侵害英烈的人格利益应承担何种法律责任等法律规定，理解保护英雄烈士人格利益的意义。

2.2.3 给出类似案例，提出问题，学生反思

（1）给学生典型案例："狼牙山五壮士"后人起诉侵害名誉权案的案情及人民法院的判决（略）。

邱少华诉孙杰、加多宝（中国）饮料有限公司一般人格权纠纷案的案情及人民法院的判决（略）。

【设计意图】使同学们通过学习法院判决的内容，理解保护英烈的意义，加深对保护英雄烈士条款的理解，培养爱国主义精神与对英雄烈士的景仰、尊敬的情感。

（2）提出问题：对英雄烈士生前人格利益的倾斜保护，是否有违法律面前人人平等原则？是否会因对英雄烈士生前人格利益的保护，而不当限制言论自由？你如何理解保护英雄烈士条款及《英雄烈士保护法》的规定？

（3）学生通过职教云提交书面作业如图 2、图 3 所示。

图 2

【设计意图】使学生深刻理解：英雄烈士等因其生前突出的表现和对国家、民族的杰

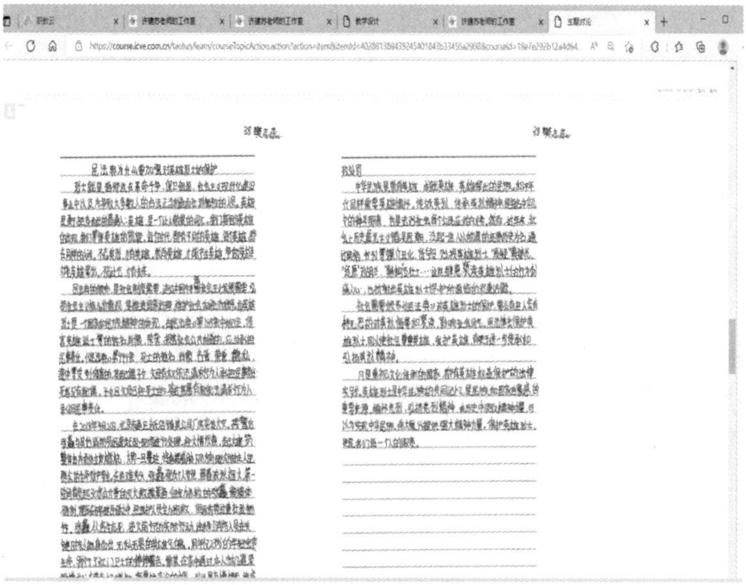

图 3

出贡献，其人格和精神已经凝聚为民族精神，成为国家和民族认同的基本元素，社会公众可以从其人格中汲取精神力量，因此，其生前人格利益可能已上升为社会公共利益，具有双重法益，在此场合，对英雄烈士等的姓名、肖像、名誉、荣誉实施倾斜保护，并未违反民事主体法律地位平等原则。

单纯的历史考证、学术研究等得出的对英雄烈士的不同评价，与对英烈的恶意抹黑行为并非同一性质。

对于英雄烈士人格权益的保护，维护的是以民族记忆、民族精神以及社会主义核心价值观所共同凝聚的社会公共利益，"英烈条款"，有利于传承和弘扬英雄烈士精神、爱国主义精神，培育和践行社会主义核心价值观，进而激实现中华民族伟大复兴中国梦的强大精神力量。

3 课程思政教学实施成效与反思

3.1 课程思政教学实施成效

（1）价值塑造成效：通过本次课教学，使同学们深刻认识到：正是英烈们的牺牲和奉献，才换来了我们和平、安稳的幸福生活；捍卫英雄烈士的荣誉与尊严，就是捍卫民族尊严、捍卫国家的前途命运；英雄烈士是中华民族的脊梁，是国家崇高理想和民族精神的体现。培养了学生尊崇英烈、扬善抑恶、敬仰革命英雄、追随革命英雄价值观和爱国主义精神。

（2）知识传授成效：学生全面、深刻理解英雄烈士的含义，掌握了《民法典》第185条英烈条款的内容，知道英烈的近亲属、公益诉讼机关均可提出侵权诉讼以及侵犯英烈肖像等人格权所应承担的侵权责任，加深对"英雄烈士的人格利益不容亵渎、不容诋毁"的理解。

（3）能力培养成效：能够判断某种行为是否侵害了英雄烈士的人格利益，能够确定维权主体，知道通过何种途径、提出何种诉讼请求以保护英雄烈士的人格利益。

3.2 课程思政教学实施反思

（1）课程思政反思：民法课程中能与思政融合的知识点随处可见，但由于受到教学课时的限制，不能充分融入思政内容，只能有重点地进行融入。以后的教学中，应拓宽专业教学与课程思政有机融合思路，融合方式和教学组织等方面更加系统。

（2）知识传授反思：案例教学对于案例的选择和学生发表观点的质量要求比较高，如果学生不能在规定时间将案例的核心内容展示出来，将影响进一步的课堂讨论环节。在今后的教学中，教师要加强对学生书面与口头表达的平时指导。

（3）能力培养反思：学生的主体性作用仍然发挥得不够充分，学生的思路仅限于民事法律规定；今后的教学中，要提醒学生放宽思考范围，学习思考如何解决实际问题的途径，提高运用法律知识解决实际问题的能力；另外，由于班级人数多，很多同学没有发言表达的机会，今后要鼓励学生多在本组内发言表达，培养学生的案件分析能力和语言表达能力。

和谐解决纠纷　坚定制度自信
——以"普通民事案件代理方案分析"为例

司法实务系　霍改霞　等

课程类型： 专业核心课程

专家评注：

　　该案例选取了《民事诉讼法》课程中的"普通民事案件代理案例分析"这一内容开展了课程思政教学设计。设计了以立德树人、德法兼修、明法笃行的总体目标，以习近平法治思想为指导，将平等、公正、法治、和谐、诚信、友善等社会主义核心价值观融入教学任务点，助力学生秉承客观公正职业精神，坚守诚信尽责职业道德，形成崇法尊法法治思维，坚定民事司法制度自信。创造性地采用"理实一体二元五步"教学模式实施教学，达到了较好的成效。

延安大学　曹殿波

课程及案例简介：

　　民事诉讼法课程是法律事务专业（律师方向）的专业核心课，本课程依托人才培养方案和课程标准，以律师助理职业能力为出发点，主要通过讲授简单、普通、复杂及疑难民事案件代理所包含的管辖、诉讼参加人、证据、审判程序等民事诉讼理论知识，提升案情分析、文书制作、庭审参与等民事代理实践技能，培养能够保障当事人合法权益、维护社会公平正义、开展法制宣传教育、多元化化解矛盾纠纷的法治人才。

　　课程以立德树人、德法兼修、明法笃行为总体目标，以习近平法治思想为指导，将平等、公正、法治、和谐、诚信、友善等社会主义核心价值观融入教学任务点，助力学生秉承客观公正职业精神，坚守诚信尽责职业道德，形成崇法尊法法治思维，坚定民事司法制度自信。

　　本案例选自模块二普通民事案件代理中的第一次课，即普通民事案件代理案例分析。教学设计坚持任务驱动，学生从自主分析继承纠纷案例入手，明确本次课学习目标。教师为学生提供学习帮助，最后学生再将本次课所学应用于实践，为当事人提供法律咨询，以此检验学习效果。整个教学过程注重培养学生严谨敬业的工作态度，增强切实为当事人解决纠纷的职业使命感，深入理解和谐、友善、平等的社会主义核心价值观，通过学习法院调解的相关规定，感受其在解决民事纠纷中发挥的重要功能，了解西方国家学习引进这一极具中国特色的法律制度的现状，增强世界范围内传播东方经验的自豪感，坚定制度自信（见图1）。

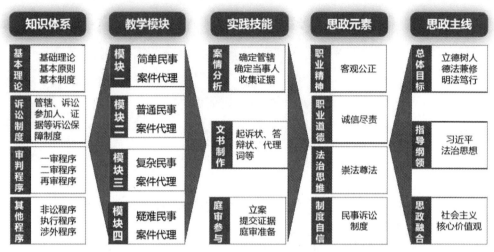

图1　课程思政育人模式

1　教学与育人目标

1.1　知识传授目标

①举例说明共同诉讼的含义；
②熟记专属管辖的三种情形；
③解释反诉的目的；
④说明多元化化解纠纷方式以及法院调解的作用和意义。

1.2　能力培养目标

①能够准确确定共同诉讼案件当事人；
②能够准确确定继承案件管辖法院；
③能够针对类似案件，提出合理化建议，本着最有利于当事人的原则解决争议。

1.3　思政育人目标

①培养严谨敬业的工作作风；
②理解平等、和谐社会主义核心价值观的深刻含义；
③增强为当事人化解矛盾，解决纠纷的职业使命感；
④弘扬友善相处，构建和谐社会的精神，主动宣传中国司法制度。

2　教学策略与课程思政教学实施过程设计

2.1　教学策略

秉持"学一课，成一事"的教学理念，以学生为中心，让学生在完成咨询任务的过程中巩固基础知识、提升工作技能。采用"理实一体二元五步"教学模式，二元是指案例和法律，即"以案学法、依法策案"，五步是指按照"引导—探究—学习—检测—应用"教学流程实施"理实一体化"教学（见图2）。

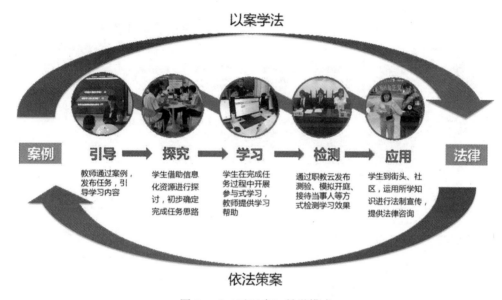

图2　"二元五步"教学模式

采用任务驱动法、情境教学法、案例教学法等教学方法，依托省司法厅批准设立的法律援助中心，结合当事人实际到访情况，以"十三五"职业教育国家规划教材为总体纲要，将省级法律事务资源库、智慧职教、智能机器人、微课等资源相结合，为学生打造多平台、沉浸式、真实的学习资源和环境。学生采用卡干合作学习，小组成员之间互相合作，通过辩论、探讨、对比、分析等方式找到解决问题的办法，从而使知识和技能得到提升。

教学过程始终以"德法兼修"为思政引领，融入"平等、和谐、友善"社会主义核心价值观，学生在理解法院调解基础上为当事人提供法律咨询，强化了解决实际问题的责任感、使命感，深化了对这一充满中国智慧，满载中国特色的法律制度的认识，有效达成教学目标。

2.2 课程思政教学实施过程设计（见图3）

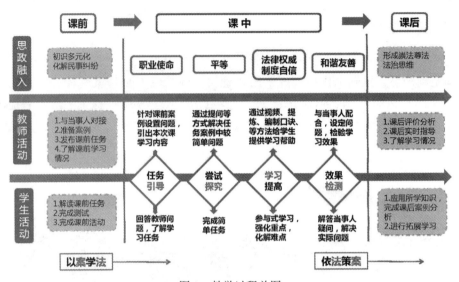

图3 教学过程总图

具体实施过程如表1所示：

表1

环节	预学内容	教师活动	学生活动	设计意图
(一) 课 前				
课前预习	1. 共同诉讼法律规定； 2 专属管辖的法律规定； 3. 法院调解的法律规定。	【发布课前任务】 1. 职教云发布继承案件案例； 2 职教云发布课前小测试。 【与当事人对接】 1. 了解案情； 2. 设计教学环节。 【了解学生课前学习情况】 1. 查看学生职教云课前测试成绩； 2. 线上引导讨论，解答学生疑问。 【教学环境与教学资料准备】 1. 布置法律援助中心桌椅； 2. 检查信息化教学设备； 3. 教学案例、判决书、调解书、PPT	【解读课前任务】 解读教师职教云发布的课前任务，解读不清的通过班级微信群，由教师引导解读任务。 【完成课前学习任务】 1. 完成职教云课前测试； 2. 了解教师课前发布的案例内容，完成与简单民事案件的对比。	1. 学生通过课前学习任务清单，聚焦学习内容，完成课前知识储备； 2. 学生通过了解案情，思考预习任务，感受本模块与前一模块学习内容的变化，初步认识多元化化解民事纠纷的意义。 3. 教师通过课程测试分析学生起点、调整教学策略。

续表

环节	预学内容	教师活动	学生活动	设计意图
		(二)课　中		
导入任务	根据真实继承纠纷改编的教学案例。原告起诉按遗嘱继承房产，二被告反诉要求平分遗产。律师建议并由法院主持双方调解解决纠纷。	【要求签到】 1. 职教云发布签到，上课铃声响，关闭签到。 2. 掌握学生签到状况。 【衔接课前案例，引出任务】 1. 展示案例； 2. 提出问题，检测预习效果。	【到课签到】 提前进入课堂，手机静音，职教云签到。 【回答问题】 1. 根据案例利用课前所学知识，回答教师提问； 2. 明确本次课学习任务。	通过教师引导学生回答本案律师建议并由法院调解结案，让学生体会律师在其中所起的作用，体会职业使命感。
尝试探究	共同诉讼的含义、分类，共同诉讼人的确定；反诉的目的。	【引导学习】 分析案例，讲解共同诉讼、反诉。 【提问】 结合小案例分析被告之间的关系 【职教云检测】 共同诉讼的分类 【总结】 对学生回答情况进行总结 【思政教育】 当事人法律地位平等、诉讼权利平等	【思考聆听】 思考案例，聆听讲解，学习并记忆相关法律规定。 【回答】 使用小律机器人，查阅法律规定，分析二被告之间的关系。 【完成检测】 在职教云完成测验。 【接受思政教育】 理解平等的含义	通过案例及教师讲解，帮助学生理解共同诉讼的含义、分类，共同诉讼人的确定；反诉的目的。 【思政元素】 体现社会主义核心价值观中的平等。
化解重点	讲解记忆 案例检测 总结提高	专属管辖的含义、法定情形、与其他地域管辖的关系。	【提问】 1. 本案的管辖法院是哪？确定的依据是什么？ 2. 专属管辖的其他法定情形？ 【归纳讲解】 1. 不动产纠纷； 2.《民诉法司法解释》第28条； 3. 如何确定主要遗产。 【帮助记忆】 1. 提炼法条； 2. 编制口诀。 【检测】 1. 记忆性检测； 2. 案例检测。 【点评总结】 1. 对案例分析情况总结； 2. 总结学生表现。 3. 总结判断专属管辖的方法。	【小组讨论】 1. 讨论问题； 2. 小组成员回答。 【聆听】 1. 专属管辖的内容； 2. 做笔记。 【记忆】 1. 个人记忆； 2. 小组互助。 【接受检测】 小组共同完成： 1. 回答提问； 2. 案例分析。

通过提炼法条、编制口诀、分析案例，帮助学生理解与记忆专属管辖的法律规定，化解教学重点。理解排他性，让学生体会法律的严肃性及权威性。

环节	预学内容		教师活动	学生活动	设计意图
突破难点	样例展示	法院调解的原则、效力、作用。	【给出案例】 1. 播放判决结案、调解结案的两个视频片断; 2. 提出问题。 【引导学习】 1. 提问:法院调解的作用; 2. 引导学生分析法院调解应当遵循的原则。 3. 展示、对比判决书与调解书的结尾,帮助学生掌握法院调解的效力。 【实际应用】 1. 给出案情; 2. 要求学生提出最佳解决方案。 【比较、总结】 1. 逐一点评学生的解决方案; 2. 给小组打分。	【观看、讨论】 1. 观看视频; 2. 小组讨论两种结案方式的优劣; 3. 展示讨论结果。 【参与式学习】 小组共同完成: 1. 抢答法院调解的作用。 2. 分析法院调解应当遵循的原则; 3. 对比分析判决书与调解书结尾部分的表述。 【完成任务】 1. 小组分析案情; 2. 提出初步解决方案; 3. 展示解决方案; 4. 完善解决方案。	通过观看视频、分析样例裁判文书、解决实际问题三步骤,让学生从感性到理性、从法律规定到实际操作,逐步拓宽解决纠纷方式的视野,强化对法院调解的理解。从聆听律师对法院调解的感悟,营造和谐解决纠纷的氛围,感染学生情绪,使学生认识法院调解这一东方经验在解决民事纠纷中的重要作用,增强制度自信。
	对比分析				
	实际应用				
学习效果检测		课堂测验、为当事人提供法律咨询	【课堂测验】 1. 职教云发布测验; 2 查看测验结果。 【组织接受法律咨询】 1. 接待当事人; 2. 归纳当事人所提的问题; 3. 组织学生小组讨论; 4. 组织学生回答咨询问题; 5. 职教云发起讨论; 6. 请当事人点评。 【思政教育】 和谐、友善价值观。 【课后作业】 职教云发布案例。	【完成测验】 职教云按时完成测验。 【提供法律咨询】 1. 聆听案情; 2. 小组讨论; 3. 选派代表; 4. 解答疑问; 5. 职教云完成讨论; 6. 小组互评。 【接受劳动教育】	通过实际接触当事人,为当事人提供法律帮助,参与解决实际问题,增强学生职业使命感、责任感,并在提供服务的过程中渗透认真接受咨询、尽职尽责为当事人服务的职业道德教育。最后通过学生提出调解解决纠纷的建议,将和谐、友善的价值观深化于心。

续表

环节	预学内容	教师活动	学生活动	设计意图
		(三)　课　后		
课后延学	案例分析	【批改作业】 1. 查看学生案例分析报告，反思本次课教学效果。 2. 批改作业。 【课后指导】 线上答疑 【汇总成绩】 1. 汇总课上、课后成绩，记入评分表； 2. 分析学生学习数据、学习效果评价，为教学反思与改进提供数据来源。	【提交作业】 1. 完成案例分析报告； 2. 如有问题，线上提问或发起讨论。	巩固本次课知识，强化学习效果，帮助学生养成及时复习、总结的学习习惯。

3　课程思政教学实施成效与反思

3.1　课程思政教学实施成效

(1) 价值塑造成效：学生通过课堂上为当事人提供真实案例的法律咨询，表达对平等、和谐、友善社会主义核心价值观的认同，体现出尽职尽责为当事人提供法律服务的工作作风，在理解中国特色法律制度——法院调解制度的基础上，为当事人提出合理化建议，增强了职业责任感及使命感，体会到我国司法制度的优越性，增强了制度自信。学生在后期参加法律实务技能大赛以及为社会提供法律服务等工作中表现地更为自信，能够为当事人提供有效帮助，能够主动进行法制宣传。

(2) 知识传授成效：通过课堂检测，班级平均分达到 95 分，有 60% 同学满分。全体同学均能理解共同诉讼的含义，掌握了专属管辖的法定情形，熟知法院调解的效力与作用。

(3) 能力培养成效：能够准确确定共同诉讼案件的当事人、继承案件的管辖法院，多数同学能够知道多元化解纠纷方式，为当事人提出解决纠纷的合理化建议。

3.2　课程思政教学实施反思

(1) 课程思政反思：没有实现对课程思政的量化评价。

改进措施：将思政纳入教学评价体系，学生的敬业精神等作为考核指标。

(2) 知识传授反思：帮助学生学习、理解和记忆法条的方法比较传统和单一，今后要探索更为新颖有效的方式。

改进措施：将知识传授与真实案件、当事人结合更深入一些。

（3）能力培养反思：本次课着重培养的是学生的案情分析能力，重点针对的是继承案件，大多数同学对于同类案件如何处理能够得心应手，但换案例后有无法应对的情形。

改进措施：充分发挥小组合作学习的作用，探讨不同的小组适用不同案例的形式。

《刑法》课程思政教学设计
——以"价值观引领下自首与立功的认定与适用"为例

应用法律系　董静洁　等

课程类型：专业课程

专家评注：

　　该课程思政建设通过刑法中自首和立功制度的讲授，让学生充分掌握我国刑法中的宽严相济刑事政策，彰显刑法对于被告人权利的保障，自首制度的宗旨和目的在于给犯罪人架设的"黄金桥"，能够让犯罪人幡然悔悟从而实现道德上的自我忏悔。立功制度也是从心理层面促使罪犯自我忏悔，真诚悔罪，从而实现积极的自我改造。同时也彰显刑法为了防止犯罪行为所可能导致的危害后果的扩大而在立法层面做出的努力和规定。从而让学生全面掌握刑法的社会保护和人权保障二元机能。

南开大学　王强军

课程及案例简介：

　　《刑法》课程是高职高专法律事务专业开设的专业技能课程。依据人才培养方案，结合学生特点，创新性地重构教学内容，进行了"课政融通""岗课赛证"相融合的教学内容体系设计，本课程内容体系四个学习模块，分别是刑法基本原则和效力范围、犯罪的识别与认定、刑罚适用、个罪的司法处理。旨在培养学生爱国敬业、恪守信用等品质，具有主体意识、政治意识、大局意识、核心意识、看齐意识、责任意识，使学生树立公平、正义的法治理念，培养学生具备法治思维能力，法律表达能力及探知具体犯罪的能力和职业使命。本案例选自法律事务专业《刑法》课程中第三个任务模块的第五课"价值观引领下自首与立功的认定与适用"。

1　教学与育人目标

1.1　知识传授目标

（1）掌握自首与立功的法律规定；
（2）掌握自首与立功的量刑标准；
（3）掌握自首与立功的构成要件；

（4）了解党和国家宽严相济的刑事政策。

1.2 能力培养目标

（1）能运用法律规定和所学知识识别具体犯罪事实；
（2）能运用法律规定对自首和立功进行识别和认定；
（3）提升学生的自主学习能力、法律表达能力、交流能力和分析具体案件事实能力。

1.3 思政育人目标

（1）树立正确的恋爱观、人生观、价值观；
（2）引导学生珍惜生命、热爱生活、懂得感恩；
（3）培养学生规则意识、知法守法；
（4）增强构建和谐社会的信心和责任感。

2 教学策略与课程思政教学实施过程设计

2.1 教学策略

借助课程配套线上资源，实现"线上线下"混合式学习。以与学生关系密切的恋爱问题为原型，制作成生动的动画视频，由精选典型案例导入新课内容，结合案例阐释法律具体规定，通过组织学生分组讨论和师生、专家评价，在价值引领下实现了知识积累与技能培养相结合。

2.2 课程思政教学实施过程设计

2.2.1 课前导学

教师课前布置线上学习任务，学生借助职教云课程教学视频、课件、教案、法律规定等，了解自首与立功的相关内容；通过习题练习检测自主学习成果（见图1）。

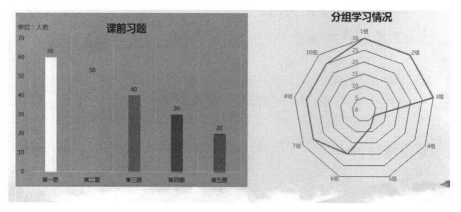

图1

【设计意图】促使学生自主学习、自主思考，熟悉法律规定，带着问题学习，目的在于让学生了解学习任务及具体要求，知道学习的重难点。

2.2.2　课程导入

（1）教师活动：动画视频案例导入，提出问题（见图2）。

图 2

【设计意图】以动画形式吸引学生，以因恋爱问题引发的杀人事件，这一贴近学生日常生活的真实案例，引起学生的思考和共鸣。了解案件发生过程后，让学生带着问题进行思考，增强学习兴趣，培养探究精神。

思政元素：珍惜生命、热爱生活、思考恋爱观。

（2）学生活动：同学们在观看视频案例后，学生自主进行"课堂讨论"，小组代表分享观点。

【设计意图】以学生为主，突出"学思结合"的教学理念。

培养学生依法识别、认定具体犯罪的能力，培养学生团结协作的能力和语言表达能力，激发学习热情，活跃课堂气氛，密切师生关系，增强对学生的了解。

思政元素：团结协作、沟通配合、积极向上。

（3）教师活动：结合学生的发言和思考，作出初步评价，再结合法律条文讲授本课新知识自首与立功的构成要件、法律后果。

【设计意图】通过老师系统的阐释，并结合案例进行比对分析，明晰重点学习内容。在完成学习任务的过程中，让学生思考人生、感悟人生，正确处理感情问题，切忌冲动，用法律武器保护切身利益，增强法治意识。

思政元素：规则意识、知法守法、遵守防疫政策。

（4）学生活动：学生举例说明是否构成自首与立功的典型案例，再通过司法考试历年真题进行巩固练习。

【设计意图】检验学生对自首和立功构成要件的掌握程度，

提高学生自主学习的积极性和分析问题的能力，开拓学生的学习深度和思维广度。

（5）师生互动：对学生完成情况进行评价，包括学生自评、任课教师评价、专家点评。

【设计意图】通过学生对典型案例的深入分析，学生、教师

和专家对学生实施差异化评价，使学生体会学习的价值，激励学生们有的放矢地开展

后续学习。启发同学们将法律知识运用到现实生活中，知错能改、不断进取，增强构建和谐社会的信心和责任感。

思政元素：合理认知、自强自信。

3　课程思政教学实施成效与反思

3.1　课程思政教学实施成效

（1）价值塑造成效：提升学生理性平和处理恋爱、感情问题的能力，培养学生珍惜生命、感恩父母、回报社会的意识，深刻理解罪刑相适应原则和国家宽严相济政策。

（2）知识传授成效：理解掌握自首和立功的概念、构成要件、法律后果。

（3）能力培养成效：通过查阅法律规定、学习相关理论，分析典型案例，进一步培养了学生自主学习的能力，法律表达能力、交流能力、分析具体案件事实的能力都有所提升，基本具备运用法律规定分析和解决实际问题的能力。

3.2　课程思政教学实施反思

（1）课程思政反思：课程思政应与当下时政热点多结合，把自身的发展融入祖国的需要，与时代同心同向。思政内容入脑入心内化之后，要及时外化于形，在学生的学习与生活中，以实际行动体现实效。

（2）知识传授反思：有针对性的进行专项指导，查漏补缺，进行个别性指导。

（3）能力培养反思：学生回答问题的正确率低，对案例分析不够透彻，法律术语掌握有所欠缺。多组织一些学生当老师、当法官、当律师的课堂活动，让学生们都有锻炼和提升的机会。

《行政法与行政诉讼法》课程思政教学设计

——以"法律检索"为例

行政法务系　张运鸿　等

课程类型：专业课程

《行政法与行政诉讼法》是法律事务（律师方向）专业核心课程，96 学时。前修课程为《民法》《刑法》《民事诉讼法》《刑事诉讼法》，后续课程为《法律诊所》。

专家评注：

《行政法与行政诉讼法》是法律事务专业核心课程，本案例选取于诉前事务处理中的"法律检索"。法律检索是法科生的"必修课"，也是未来执业的必备技能之一。本案例在讲授过程中，除从技术层面注重培养同学们的法律检索技能外，更将法治信仰、敬业诚信、职业伦理等理念融入到法律检索工作，极大丰富了法律检索工作的内涵，从而实现课程思政育人目的。

南开大学　高通

课程及案例简介：

本课程立足新时代律师助理法治人才培养目标，根据行业调研提取律师助理典型工作任务，结合行业规范和新技术，基于真实项目进行模块化教学，以职业能力培养为主线，三化融合为手段，迭代迁移为目标，培养学生的德法兼修、德技并重的职业素养和法律事务处理能力（见图1）。

本案例选取于诉前事务处理模块的第一个项目"法律检索"。法律检索是法律人的基础核心能力，不管是从事法学研究还是法律实务工作，都离不开法律检索。很多律师事务所在招聘法科毕业生时将"法律检索能力强"作为职位要求。在课程思政方面，本课程注重思政引领和方法护航，重点培养学生法治信仰、公正法治、敬业诚信、高效细致、工匠精神、职业伦理。

2020 年教育部新文科建设工作会议指出，"大数据等信息化的科技手段对法学教育提出了新要求。"信息时代法律检索是法科生重要的学习方式，也是从已知探索未知的重要纽带。中国裁判文书网公开的裁判文书已超过 1.3 亿篇，法律检索有了海量案例数据。2020 年 7 月，最高人民法院发布《关于统一法律适用加强类案检索的指导意见（试行）》，该意见宣告了类案检索时代的全面到来。2021 年 11 月，最高人民法院印发《最高人民法院统一法律适用工作实施办法》，进一步明确类案检索的情形和范围，明确了类

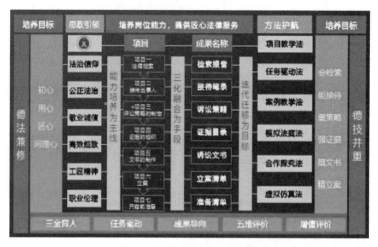

图 1　课程思政整体设计图

案检索说明或报告的制作规范，强化了类案检索的制度要求。但传统案例教学一般仅基于个案展开分析研讨，学生大多缺乏对类案和司法大数据进行整体分析的思维和能力。本案例坚持价值引领、知识教育、能力培养三位一体人才培养理念，围绕为何检索、如何检索、检索的运用，培养学生树立公平正义的理念、培养精诚合作的团队精神、高效细致的法律职业习惯、锲而不舍的检索精神，遵循检索科技伦理规范，学会检索反思与实证研究（见表 1）。

表 1

教学课题	项目一　法律检索		
授课对象	2021 级法律事务（律师方向）专业	授课学时	2 学时
课程名称	《行政法与行政诉讼法》	授课地点	实训室机房
教学内容	授课教材选用职业教育国家规划教材《行政法与行政诉讼法》。以课程标准为依据，基于律师助理的工作内容，将教材内容整合成六个模块，开展课程教学。本次课为模块五"行政诉讼事务处理"——"诉前事务"中"法律检索"，总计 2 学时。 根据课程标准，结合目标岗位律师助理工作真实情景进行设计，同时根据课前学生检索反映出的问题，设置本节任务教学内容。		
学情分析	授课对象为法律事务（律师方向）专业二年级的学生，课前对学生的学习状况做了调查： 1. 知识基础 √已掌握行政法基本法律框架 2. 能力基础 √能利用百度等工具进行基本法律检索 3. 学习特点 √不喜欢被动式的知识学习，愿意通过成果展示体现学习能力； √喜欢合作、开放的学习方式，喜欢体验式教学。		

教学目标	知识目标	1. 掌握法律检索的功能； 2. 掌握法律检索平台的种类； 3. 掌握法律专业检索基本方法； 4. 掌握法律检索报告的基本要素。
	能力目标	1. 能利用法律检索平台开展法律专业检索； 2. 能制作法律检索报告； 3. 能制作简单的类案检索报告； 4. 能运用实证方法进行检索报告分析及汇报。
	素质目标	1. 提升信息化素养，培养利用新技术解决法律问题的能力； 2. 树立高效细致的法律职业理念，遵守科技伦理； 3. 树立公平正义的理念、培养精诚合作的团队精神。
教学重难点	教学重点	1. 法律检索的平台及路径； 2. 法律检索报告的制作； 3. 类案检索报告的制作。
	教学难点	1. 类案的识别； 2. 类案检索报告的制作。
教学方法	教法	任务驱动、案例教学、讲解示范
	学法	自主学习、合作探究、实践演练
教学策略		借助课程配套线上资源，实现线上线下混合式学习。课前布置学生进行简单检索，并在智慧职教平台进行上传检索平台及结果。根据学习反馈，教师调整教学策略。 　　通过法律检索平台，实现师生间、生生间有效互动，拓展教学空间并节省检索时间。利用百度、微信、国家法律法规数据库、北大法宝、中国裁判文书、审判案例数据库、威科先行、深思等专业法律检索软件，提高法律检索效率，夯实法律职业技能。指导学生通过专业检索制作法律检索报告和类案检索报告，为职业生涯奠定良好的基础。
教学资源		中国裁判文书网、深思搜索、北大法宝数据库、最高人民法院网站。
教学流程		

1 课前任务 → 2 案例导入 → 3 课前任务反馈 → 4 理论讲授 → 5 任务考核 → 6 拓展提升

续表

教学活动安排

教学环节	教学内容		教师活动	学生活动
学 课前导学	设计意图： 1. 线上布置任务，自选检索工具检索有关公民更名的法律规定； 2. 检测学生检索基础； 3. 进行专业法律检索学习。			
	检索平台的种类		1. 发布任务清单： 自选检索工具检索有关公民更名的法律规定； 2. 发布讨论题； 3. 根据学生检索情况，调整教学策略。 课程思政： 专业认真细致，不要让上级重复你的工作。	1. 熟悉任务清单 2. 找寻检索平台 3. 完成检索任务 4. 上传检索结果
课程导入 （5′）	1. 教学组织，签到考勤； 2. 预习反馈，学生智慧职教任务完成情况； 3. 明确课堂任务，引入本课内容。		1. 通过智慧职教对学生进行考勤签到； 2. 组织预习反馈，评价学生完成情况； 3. 教师明确课堂任务，布置法律检索案例。	1. 通过手机在智慧职教签到考勤。 2. 找到自己的不足，调整检索方式。 3. 实践操作。
析+设 课堂任务一 "刘霸道"案件中派出所拒绝更名的法律依据（20′）	设计意图： 1. 考核学生法律检索基础的掌握情况； 2. 引导学生寻找专业法律检索平台； 3. 提高学生检索能力； 4. 提升团队协作能力。			
		任务： 刘福超提出要改名为刘霸道的申请，你作为太原街派出所的工作人员，如何为是否同意改名的决定，请每个人进行相关的法律检索，并提交到职教云平台。 查看并点评检索结果 推荐检索平台，指引使用规则 课程思政： 自由是相对的； 智慧司法时代提升自身数字素养。 拓展提升： 进一步搜索检索工具。		任务：学生进行检索 上传检索结果 听点评，完善检索策略法律检索汇报

教学环节	教学内容	教师活动	学生活动
模 课堂任务 二 "刘霸道" 案件中派出所拒绝更名的法律依据 2.0 检索（25′）	设计意图： 1. 通过小组实践操作和探究，提升法律检索技能，为接待当事人、诉讼策略的制定、起状等文书的撰写奠定基础； 2. 感受我国法律领域的数智化发展成果； 3. 提升信息化素养； 4. 培养严谨审慎的职业态度。		
	1. 国家法律法规库的使用 2. 北大法宝的使用	1. 发布任务：检索法律专业平台。 2. 介绍北大法宝的使用。 3. 点评检索结果，布置任务：对"刘霸道"案再次进行检索，并制作检索报告。 4. 讲解检索报告应注意事项。 课程思政： 1. 感受我国法律领域的数智化发展成果； 2. 提升信息化素养； 3. 培养严谨审慎的职业态度。	1. 检索法律专业平台。 2. 利用北大法宝检索"刘霸道"案的法律依据。 3. 制作检索报告 1.0。 4. 听讲解，修改完善，制作检索报告 2.0。
模 课堂任务 三 对姓名权的行政争议案件进行检索（20′）	设计意图： 1. 掌握法律检索报告的评价方法； 2. 提升法律检索报告的制作水平； 3. 尝试进行类案检索； 4. 树立要在每一个案件中实现公平正义的理念。		
	法律检索报告的评价与完善	1. 发布任务：请用法律检索工具对"北雁云依"案进行法律检索，制作法律检索报告，并检索姓名权行政争议相关案例。 2. 连线律师、法官从各自角度点评检索报告。 课程思政： 1. 树立在每一个案件中实现公平正义的理念； 2. 树立尊重公序良俗是公民行为基本要求的理念。	1. 选择法律检索工具，制作法律检索报告，进行类案检索尝试。 2. 听律师、法官点评，小组互评。

教学环节	教学内容	教师活动	学生活动
	设计意图： 1. 初步掌握类案检索规则； 2. 体会司法改革对公平正义价值的追求。		
拓 课堂任务 四 类案检索 （15'）	类案检索规则	1. 讲解类案的界定、类案强制检索的适用情形、检索平台、检索范围和顺序。 2. 任务检测：修改完善"北雁云依案"的类案检索报告 3. 推介类案检索机制《关于完善人民法院司法责任制的若干意见》《关于落实司法责任制完善审判监督管理机制的意见（试行）》《司法责任制实施意见（试行）》《进一步加强最高人民法院审判监督管理工作的意见（试行）》 课程思政： 体会类案检索对于规范法官裁判权行使、统一法律适用有重要作用，同案同判，实现公平正义的重要作用。	2. 学习相关规则。 3. 制作"北雁云依案"的类案检索报告2.0 3. 检索并学习相关文件
拓 课堂任务 五 类案的界定及判断 15	类案的界定及判断	发布任务：赵C姓名权案与北雁云依时都是类案？类案如何界定？ 点评并归纳：类案界定及判断标准 课程思政： 体会类案检索在推进个案公平正义方面的价值。	小组讨论并汇报。 听点评归纳，修正汇报内容。

教学反思

一、课程思政教学实施成效

（一）价值塑造成效

通过检索部分学习，学生明晰了新时代类案检索的意义，对检索到的类案进行归因分析，进一步树立了公平正义的理念；通过小组合作，组内分工明确，互相取长补短，培养了精诚合作的团队精神；相比较传统的检索，专业的检索平台及专业方法运用，培养了学生高效细致的法律职业习惯；遵循检索科技伦理规范，尊重知识产权，特别是对算法背后的裁量权的使用有了进一步的认识；在检索的过程中学会适度反思，不过度依赖检索，也不夸大检索的作用。

教学环节	教 学 内 容	教 师 活 动	学 生 活 动

（二）知识传授成效

通过检索的学习和实践，对于理解检索的功能、了解包括国家法律法律库、北大法宝、威科先行、微信、知乎等检索平台；掌握检索的基本种类、检索平台的基本功能，特别是了解高级检索基本方法及应用；了解掌握了检索报告制作要素。

（三）能力培养成效

重点解决"不会查""查不到""查不对"的顽疾，善用检索平台，培养学生高效利用检索工具、精准检索，遵照识别法律问题、确定检索思路、进行实际检索、形成检索结果的四大步骤，提高学生的检索能力，为学生步入职场储备了良好的职业技能。

二、问题与改进

在任务驱动的全过程跟踪下，学生们提高了法律检索能力，作为律师助理的核心职业技能，师生应当特别重视和掌握检索能力。受课时的限制，法律检索不能满足学生的需求，在后续的教学中，在课程体系中加大法律检索的比例，与全国大数据与法律检索虚拟教研室联手开展翻转教学，培养学生善用检索平台，高效利用检索工具、精准检索，遵照识别法律问题、确定检索思路、进行实际检索、形成检索结果的四大步骤，提高学生的检索能力，搭建好法律学习和法律工作的桥梁。

《国际经济法》课程思政教学设计

司法实务系　殷雁双

课程类型：专业课程

专家评注：

《国际经济法》是法律事务专业的专业核心课程，在塑造学生的法律人格、法律思维和法治观念中发挥着重要的基础性作用。该案例选取了"国际货物贸易法律制度"中的合同违约纠纷内容，结合社会主义核心价值观中的诚信观，将诚信教育融入课程专业教学中，实现课程思政育人目标。该案例通过辩论赛的方式讲授相关内容，有助于同学们熟练运用所学知识，增强实际动手能力。

南开大学　高通

课程及案例简介：

《国际经济法》课程是法律事务（国际经济法方向）、法律事务（金融法务方向）的专业核心课，开设本课程的目标是培养既懂法律又能熟练运用英语处理涉外法律事务和法律纠纷的复合型人才，本课程是面向该专业三年级上半年的学生，课程的主要内容包括国际货物买卖法律制度、国际货物运输和保险法律制度、国际贸易支付法律制度、对外贸易管理法律制度、世界贸易组织（WTO）法律制度、国际知识产权法、国际投资法律制度、国际金融法律制度、国际税法法律。

案例选自"国际货物贸易法律制度"之合同违约纠纷。

参与辩论的是 2020 级法律事务（国经法方向）（金融法务方向）的学生，本年级学生的特点是主动学习积极性高，已经学完了宪法、民法、刑法、民诉法、刑诉法、商法和国际经济法等，有扎实的法律基础，完全了解民事审判程序和刑事审判程序。开展辩论赛有可行性基础。

1　教学整体设计

1.1　教学与育人目标

1. 知识传授目标

思政要素的切入点在：敬畏法律，作合格的法律人。严格按照真实庭审程序辩论、严格按照法律文书要求的格式严谨发言和撰写辩论稿。

辩论赛前，与学生共同讨论国际货物买卖法律制度以及相关的违约责任法律制度，通过设计的案例，让学生充分了解是否违约、是否要承担违约责任以及承担违约责任的范围等国际法律规定。第二步是设计适格的案例，将存在着模棱两可的违约的客观事实的案例，分配给学生，由学生自愿或抽签决定自己的角色。第三步是辩论，将真实开庭中的举证质证环节省略，直接进入法庭辩论阶段。

教师引导学生充分认识契约中的违约，实则是诚信原则。引导学生认识到诚信作为中华民族优秀传统美德。改革开放以来，中国正在逐步建立市场经济的经济体制，丰富的物质生产已经足以满足人民群众对物质的需求，然而与市场机制相匹配的精神文明建设却尚不完善。诚信作为人类道德的基本要求，在精神文明建设过程中起着至关重要的作用，加强诚信建设，符合社会主义核心价值观，有利于我国社会主义现代化建设事业。引导学生思考不诚信行为对社会经济发展的危害。同时明确，对待不诚信行为，用不合理、不合法的方法是无法得到解决的，应该使用法律武器来解决。

如何在教育中实现常态化、浸润式的诚信教育？基于此，结合本案例教学内容"违约责任"，结合社会主义核心价值观之诚信观，将诚信教育融入课程专业教学中，从而实现思政育人的可持续性浸润式培育。

2. 思政育人目标

法律职业辩论式教学不在于让学生学习有关辩论的理论，而是凭借真实的辩论，锻炼学生公开发言的逻辑能力、语言组织能力、针对对方辩手观点的应变能力、找准案件的焦点问题的能力、准确查询支撑自己观点的检索能力等，其目标如下：

（1）让学生掌握：法律职业辩论不同于普通辩论，要求学生必须严格按照法院真实庭审程序，作为法律专业的未来法律人，必须完全按照法律文书的规范要求撰写辩论稿；

（2）让学生掌握：在法律职业辩论中打感情牌无用，所以煽情的话在辩论中不能说或尽量少说，辩论中必须使用法言法语，必须有法律依据和证据支撑自己的观点；

（3）让学生养成敬畏法律、敬畏法庭的职业操守，因此在法律职业辩论程序中必须保持稳中知性的礼仪要求。学生必须明白：在庄严的国徽下，在肃穆的法庭上，穿着必须得体，要展现出法律人的干练和能力。法律人能够获得当事人的信任，靠的是知识积累和应变能力，与你的容貌无关。

1.2 教学策略与课程思政教学实施过程设计

1. 教学策略

在辩论开始前，首先要求学生必须了解辩论赛中的法律职业礼仪要求。其次，将思政教育贯穿于法律职业辩论的始终。再次，每位学生均是评委，对各组辩手打分。指导教师给出综合成绩。

2. 课程思政教学实施过程设计

（1）辩论式教学欲实现的课程思政教学目标如下：

①爱国主义教育。组织学生撰写调研报告，题目为"疫情+美国滥印纸币的情况下，我国对美出口贸易规模应该扩大还是应该缩减规模？"让学生在查询资料撰写报告的前提下，了解我国党中央作出的决定是正确的，由此引导学生热爱党、热爱国家。

②团结协作教育，辩论是团体作战，在各队准备辩论的时候，引导学生必须注重团队合作，培养学生们的责任意识、团结意识和合作意识。

③敬畏法律、敬畏法庭教育。

（2）制定辩论规则、实施辩论式教学。

法律职业辩论赛案例：

法律职业辩论赛要求

（一）制定辩论规则、礼仪规定

赛制：

1. 开篇立论（不超过4分钟）

（1）控方一辩开篇立论（不超过2分钟）

（2）辩方一辩驳论陈词（不超过2分钟）

2. 攻辩环节（5分钟）

本轮总计两大回合，四小回合，每一小回合为两分钟。

（1）第一大回合：

由控方二辩向辩方二辩或者三辩进行提问，由辩方进行回答，问题数量不限，但单个问题的回答不得超过1分钟，本回合总体时间不超过两分钟。

进行回答，问题数量不限，但单个问题的回答不得超过1分钟，本次回合总体时间不超过两分钟。

（2）第二大回合：

由辩方二辩向控方二辩或者三辩进行提问，由控方进行回答，问题数量不限，但单个问题的回答不得超过1分钟，本次回合总体时间不超过两分钟。

由辩方三辩向控方二辩或者三辩进行提问，由辩方进行回答，问题数量不限，但单个问题的回答不得超过 1 分钟，本次回合总体时间不超过两分钟。

注意：攻辩环节被问方不得反问，提问前先表明向对方二三辩中的哪一位提问。

3. 自由辩论环节

本环节总计用时 6 分钟、不分轮次、但分顺序。一方发言后只能由对方发言，各方发言总计不得超过 3 分钟。如一方过早用完 3 分钟，则剩余时间均由未超时的对方占有。本轮，各参赛队的全部队员均可发言，但每队每次只能由一名队员发言。每队所有选手均必须至少发言一次。

（1）控方提问、辩方回答。辩方回答完毕后马上向控方提问（以站起为开始时间坐下为截止时间。但一方提问后，对方一位辩手应马上站起）。

（2）辩方提问、控方回答。控方回答完毕后马上向辩方提问（以站起为开始时间坐下为截止时间。但一方提问后，对方一位辩手应马上站起）。

依此类推。

4. 总结陈词

分别由控、辩方四辩完成（总计不超过 6 分钟）。

（1）控方四辩（不超过 3 分钟）。

（2）辩方四辩（不超过 3 分钟）。

（二）选择辩论案例

（三）辩论开始

辩论的地点在模拟法庭。实施辩论的三组分别就坐审判席、原告席、被告席。准备两个计时器分别计算各组发言的时间，由专人控制，在发言时间到来前鸣笛提示，以强化辩论的氛围，消解辩论的散漫，促进辩论的集中紧凑。在相互辩论的 15 分钟时间内，指挥者应严格按照规则控制，一人一次用时过长、同组多人连续发言，或发言结束、沉默不作发言时，指挥者应根据自己的判断，将发言权转交相对方，指定相对方发言。

2　课程思政教学实施成效与反思

2.1　课程思政教学实施成效

1. 价值塑造成效

旨在培养厚基础、宽口径、高素质、强能力、国际化的全球治理法律人才。通过特色鲜明的课程设置与人才培养模式，毕业生应具有扎实的法律理论基础和突出的外语能力，既谙熟我国法律，又通晓国际规则，并适应全球化深入发展和国家对外开放战略的需要，能够参与国际法律事务和全球治理，维护国家利益。

2. 知识传授成效

熟练运用所学知识，解决实务中的法律纠纷，是辩论方式教学的知识目标。

3. 能力培养成效

（1）思维能力。思维能力是通过分析、综合、概括、抽象、比较、具体化和系统化等一系列过程，对感性材料进行加工并转化为理性认识及解决问题的一种能力。思维能力其实就是动脑的能力，人类活动及进步和发展都离不开思维能力。大学生法律职业能力竞赛就是通过不同的竞赛形式，不断锻造法科大学生清晰的逻辑思维能力。具体而言就是使其能够在潜意识里始终有法律人的职业定位，对某一理论问题或者生活中的具体事件、案件迅速展开与法律相关的思考。思考问题从事实出发、从基本法理出发，并能够抽丝剥茧般地将复杂疑难的案件"简单"化，能够从大量的案件材料中抓住问题的重点，锁定所需要的基本法学理论和具体的法律条文规定，进而提出自己的见解或者解决具体问题的方案或者措施。

（2）交际能力。法律职业绝非可以自娱自乐的职业，也绝非"一个人的战斗"。事实的辨明、性质的认定以及法律的适用往往需要借助调查、询问、讨论、辩论、沟通、交流等活动。对于法律职业而言，娴熟的表达能力和亲和的沟通能力是法律职业不可或缺的。大学生法律竞赛中的多种竞赛形式，如辩论赛、演讲赛、模拟法庭比赛都为沟通能力和表达能力。

（3）写作能力。对于法律职业而言，写作的对象主要包括法律文书和法学论文，前者具有实用性，后者具有理论性。法律文书的写作绝非简单地让学生记住写作的格式进而套用格式而进行千篇律的沿袭，而是要在一定的法律知识、规定以及逻辑指导下不断的强化巩固并进行实战演练。法学论文的写作是对法学理论或者部门法中的立法或者司法中的某一问题展开集中的、深入的研究，要求写作者富含极强的创新能力，这一方面写作能力的培养更需要一个长期的、反复的历练过程。法科大学生竞赛中的演讲稿的写作、模拟法庭中法律文书的写作、辩论赛中论辩词的写作以及专门考察写作能力的征文赛的论文写作，都能够使学生以及专门考察写作能力的征文赛的论文写作，都能够使学生切实掌握法律职业要求的高质量的写作能力。

（4）实战能力。传统的课程教学可能会使学生沦为被动接受知识的客体，书本往往成为学生获取知识的唯一途径，在此模式下学生也易成为理论知识丰富而实践能力低下的矛盾体。通过常态化的系列法律职业能力竞赛，可以使学生置身事中、身临其境，以相应的法律职业中的某一具体角色自居来思考问题，提前面对法律问题的挑战，结合自己课堂所学的知识，反复锻炼动脑、动嘴、动手能力，对案件事实进行准确辨明、正确定性处理，并熟悉和掌握案件的处理程序和诉讼规则，推动法律理论知识转化为实践应用知识，促使学生深刻地体会到课堂理论教学与法律部门实际工作的距离和差异，从而有针对性地查漏补缺，丰富和完善知识体系。

（5）通过开展系列法律职业能力竞赛，也有利于激发学生的刻苦钻研精神、团结协作精神、锐意进取精神、勇攀高峰精神，有利于增强学生的责任感、紧迫感、使命感、荣誉感，这些都是法律职业所需要的正能量。

4. 教学效果

附：相关教学资源、学生学习典型成果

本部分提示：（1）相关教学资源：与本章节教学内容相关可供学生课外学习参考的课程思政方面的书目，文章、网站信息等。（2）学生相关学习成果：学生课前，课上或课后搜集的与本章节教学内容相关的课程思政方面的典型资料；教学过程中师生学生活动过程的图片等；体现教学改革效果的学生的典型作业或学习心得，感悟等。

2.2 教学反思改进

1. 特色与创新

（1）强化案例教学方式。优化教学手段，注重互动式教学方式，充分调动学生学习的积极性和主动性。

（2）强化多元化教学方式。在对国际法和国内法进行比较时，应当注重将涉外经济的成文法及典型判例与国际法中大陆法系与英美法系的同类成文法及判例进行比较，让学生更加深刻地理解和掌握所学知识点。

（3）强化"会用"的教学方式。从案例教学的指导思想来看，"会用"是教学的终极目标。怎样教会学生独立思考、思考的程序、综合分析案例、如何检索相关的案例与法律规定，是教学的重中之重。

2. 不足与改进

需要进一步解决的问题：

（1）缺少资金支持。本课程只在 2019—2020 年与法律系共同建设省级法律资源库时，获得些微的资金用在录制视频，其后本课程再未获得任何资金支持。

（2）无实训室。本课程所在的专业至今没有实训室，也没有实训软件，导致本课程的实践课无法完成，学生缺乏模拟实战经验，对今后就业造成一定困难，更限制了教师对本课程的教学改革。

《商法》课程思政教学设计
——以"破产基本制度"为例

应用法律系　折喜芳　等

课程类型：专业课程

专家评注：

《商法》是高职法律专业的专业核心课程，本案例选取的是"商法"中的破产制度。本案例重点讨论了破产法对职工权益的保护问题，有助于增强同学们对公平正义理念的认识；通过对比疫情下英国瑞典等政府的不作为及我国突发公共事件的救助机制，也有助于增强学生的爱国主义情怀和民族自豪感，较好地实现了课程思政育人目标。此外，本案例也通过线上线下教学、头脑风暴等方式丰富了课程思政融入教学的方式。

南开大学　高通

课程及案例简介：

商法作为高职法律专业的专业核心课程，坚持立德树人的指导思想，坚持把思政教育贯穿到专业教学的过程之中，实现道德育人，过程育人。从课程内容选择层面进行挖掘，深入探究法律制度和法律职业技能中的思政要素，拓展课程思政存在的教学领域，创新学生喜闻乐见的教学形式，借助职教云及C30智能教学系统，开展线上线下混合教学，打破传统思政教育的沉闷枯燥，构建课程思政的新方式方法。

本节教学内容为第四编破产法第一单元破产基本制度，主要知识点为破产与破产法、破产法的基本原则、破产原因与破产能力。思政要素的切入点为破产法的基本原则，其中重点讨论破产法对职工权益的保护问题。融入思政元素弱势群体的保护。由玛格丽特·米德说的人类文明出现的最早标志——1.5万年前的一段断裂又愈合的人类腿骨谈起。培养学生对社会公平正义等价值观及对社会弱势群体同情等社会基本良知。对比疫情下英国瑞典等政府的不作为及我国突发公共事件的救助机制，增强学生的爱国主义情怀和民族自豪感。

1　教学与育人目标

1.1　知识传授目标

了解破产与破产法、破产法的基本原则、破产原因与破产能力。

1.2 能力培养目标

把握破产法的性质及功能，解决破产实务问题。

1.3 思政育人目标

良好法律道德素养，公平正义等法律观念。

2 教学策略与课程思政教学实施过程设计

2.1 教学策略

通过人类腿骨照片在职教云展开头脑风暴。引出对弱势群体保护的价值讨论，通过职工债权与担保债权的清偿规则案例讨论，讨论破产法对职工权益保护的新老划段方式的政策性过渡安排。

学生采取课堂讨论中的互评及教师点评方式，思政教育课堂拉近了师生之间的距离，老师对德育素材的选取、介绍、评价，都会加入自己的主观倾向甚至自身的经历，这让学生感觉到老师不仅仅是严肃的知识传授者，更是贴心的心灵指导者，老师不再是冰冷的站在讲台上而是鲜活地走入学生中，既是良师更是益友。

2.2 课程思政教学实施过程设计

2.2.1 课前预习

在职教云发布预习资料及课上讨论案例。（1）预习破产法及 3 个司法解释。（2）线上观看视频，了解什么是破产。(3) 思考案例，合伙企业是否可以破产，其破产清算规则和公司有何不同？课中参与讨论（见图 1）。

图 1

【设计意图】

通过线上自主学习，思考什么是破产，了解破产制度的社会价值，树立公平正义及效益等价值观。

2.2.2　课中教学

教学环节如下：（1）案件介绍；（2）发布教学微课视频；（3）课堂讨论破产的价值；（4）课件讲解；（5）发布头脑风暴；（6）案例讨论：劳动债权与担保债权；（7）分析破产原因思维导图；（78）案例讨论：合伙企业破产问题；（9）课堂测试；（10）课堂总结。

（1）破产与破产法。介绍三鹿破产、五谷道场重整、众泰汽车重整及恒大破产案件。

【设计意图】

观看微课视频，讨论企业破产的价值和功能。结合个人破产制度，树立诚信守法的价值观。

（2）破产法基本原则。课件讲解。讨论企业拯救的价值与意义。头脑风暴：弱势群体的保护。从一张人类1.5万年前的股骨照片谈起。案例讨论：劳动债权与担保债权的优先清偿规则（见图2）。

图2

【设计意图】

通过头脑风暴及案例讨论，理解弱势群体的保护。培养学生基本良知，培养善良美德。

（3）破产能力与破产原因：案例讨论：合伙企业能否破产？思考：破产的条件及界限（见图3）。

【设计意图】

通过课堂讨论，了解破产的价值及企业拯救价值，树立公平、正义、效益等价值观。

2.2.3　课后拓展资源学习

发布拓展资源及教学微课视频等资料。（1）学习《深圳经济特区个人破产条例》，思考个人破产制度与企业破产有何不同？（2）学习河北省高级人民法院2020年《破产案件审理规程》。（3）查看最高人民法院2019年破产及重整案件审理50条意见（见图4）。

【设计意图】

通过自学个人破产条例，了解个人破产的流程及基本规则，思考为何要制定个人破产法？欠债还钱天经地义，为何个人债务可以免责？树立社会公平的价值观念。

图 3

图 4

3 课程思政教学实施成效与反思

3.1 课程思政教学实施成效

1. 价值塑造成效

通过课程思政教学，学生表达出对公平正义等法律观念的基本认知，对社会弱势群体的保护的认识，展现了学生对善的感触和基本社会良知。

2. 知识传授成效

通过课前线上自主学习、课中案例讨论等教学活动的开展及课堂测试，学生基本掌握了破产与破产法、破产法的基本原则、破产原因与破产能力。

3. 能力培养成效

通过案例讨论及课后作业安排，学生基本能掌握法院对破产界限（破产原因）的认定标准，能结合合伙企业法掌握合伙企业破产的清偿规则，掌握了企业破产中职工债权与担保债权的清偿规则。

3.2 课程思政教学实施反思

1. 课程思政反思

思政教育课堂拉近了师生之间的距离，老师对德育素材的选取、介绍、评价，都会加入自己的主观倾向甚至自身的经历，这让学生感觉到老师不仅仅是严肃的知识传授者，更是贴心的心灵指导者，老师不再是冰冷的站在讲台上而是鲜活地走入学生中，既是良师更是益友。教师在传授专业知识之余，还关注学生的思想与心灵，使得德育不是空洞严肃的说教，而是柔软接地气的润泽。通过课堂活动，对学生的人生观价值观做出正面引导，培养良好法律道德素养，形成公平正义等法律观念。

2. 知识传授反思

利用职教云及智能教学系统，开展线上线下混合教学，通过混合式教学，开展课堂讨论及头脑风暴等活动，学生参与积极，效果较好，课堂也因此气氛活跃，到课率高。

3. 能力培养反思

学生能自主完成线上学习。通过课堂讨论，基本能掌握破产法的性质及功能，为后续解决破产实务问题打好基础。

个税改革修订　凸显合理公平

——《经济法》课程思政教学设计

应用法律系　范伟丽　等

课程类型：专业课程

专家评注：

《经济法》是法律事务专业的一门主干专业课程，其调整的是经济社会中国家、社会与个人多主体的关系。该案例选取的是个人所得税法的内容。该案例将国家对人民利益的关注、消除贫富差距与个人所得税讲授内容相结合，有助于增强同学们对社会主义法治理念的认同感，较好地实现了课程思政育人目的。而且，该案例提出的"学生自主探索、自我发现"教学模式，也有助于实现课程思政元素的多元与隐性融入。

南开大学　高通

课程及案例简介：

经济法课程是法律事务专业的一门主干专业课程。法律事务专业学生培养定位于从事基层法律服务工作的高素质应用型法律服务人才，满足中小企业法务工作岗位，社区、乡镇法律服务工作岗位，法律服务所、司法所法律服务工作岗位需求。

与学生培养定位相配合，经济法课程总体目标设定为掌握经济法基本知识、基本技能，锻炼应用经济法律知识分析问题、解决问题的实际能力，同时落实高校立德树人根本任务，将价值塑造、知识传授和能力培养三者融为一体，打造合格的社会主义建设者和接班人。

课程内容包括经济法基本法律制度、市场秩序调控法律制度、宏观经济调控法律制度。从宏观经济调控法律制度中的税收与管理部分选取了个人所得税法的内容进行课程思政案例教学设计。

1 教学与育人目标（见图1）

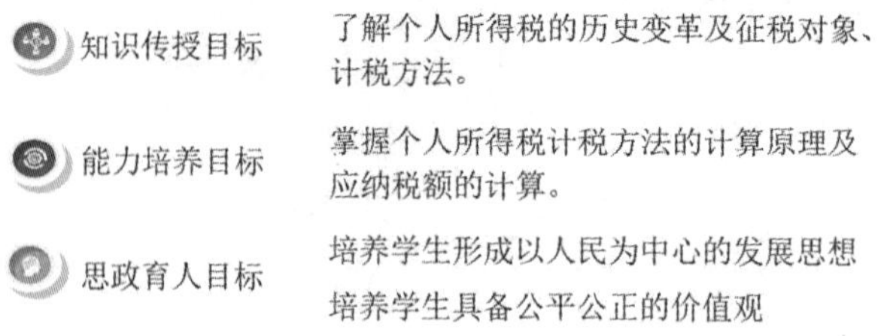

知识传授目标　了解个人所得税的历史变革及征税对象、计税方法。

能力培养目标　掌握个人所得税计税方法的计算原理及应纳税额的计算。

思政育人目标　培养学生形成以人民为中心的发展思想
培养学生具备公平公正的价值观

图 1

2 教学策略与课程思政教学实施过程设计

2.1 教学策略

课程思政建设除了要在内容上注重课程本身与思政相融合外，还应当在方式方法上关注课程思政的教育成效，关注思政元素是否真正影响到了学生的思想认识。

目前课程思政在具体实时操作中，以教师单方面讲授、输出为主，学生作为被动的接收者，接收的积极性相对欠缺，受到的影响往往停留在表层，具有短暂性，影响深度有待提高。为解决这一问题，我们采用了"学生自主探索、自我发现"的教学模式（见图2）。

学生作为被动的接收者　01　接收的积极性相对欠缺　02　影响深度有待提高　"学生自主探索、自我发现"的教学模式。　六环节教学法　任务小组探索学习法　线上+线下学习路径

图 2

发挥学生学习的主导位置，通过设置任务，引导学生自主学习，积极参与，用自己的眼、手，层层深入，用心去探索、去感触，自主寻找答案，而非外力强加。顺理成章获取专业知识的同时，自行挖掘思政元素，受到触动，将思政教育变被动接受为主动感悟，影响效果从表层深入到内心，从一时性到长久性，真正实现内化。

具体实施借助了三种教学方法与路径：

1. 六环节教学法（见图3）

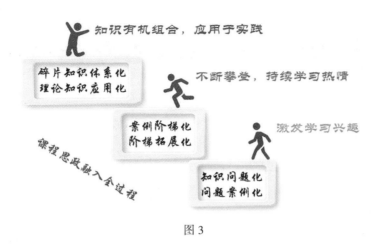

图 3

2. 任务小组探索学习法

设定与实际工作相关联的场景任务，学生分成若干小组，每组成员相互合作，搜集资料，共同讨论分析，完成相关任务，并加以展示。激发学生学习热情，培养学生团队合作意识，活跃课堂气氛，既锻炼了学生的分析问题、解决问题的能力，也提高了他们实际工作情境的认知度。

3. 线上+线下学习路径

学生手机不离手，通过手机获取外界信息是学生们日常生活的组成部分，让学生学习知识与获取其他信息的路径保持一致，增加学生对于学习的认同感，主动自觉开展学习活动。充分发挥职教云平台和经济法慕课的作用，与线下课堂教学相辅相成，增加教学过程的生动性、便利性、兴趣性。

利用信息化技术设计教学环节，实现线上、线下学习相结合，课程思政内容则借助线上和线下资源，贯穿课前、课中、课后，全过程进行有机融合。

2.2 课程思政教学实施过程设计

2.2.1 课前预习，基础铺垫阶段

学生在个人所得税知识储备上，基本是空白，对该领域的社会生活实践缺乏基本认知，不了解国情民情。所以希望学生对该领域首先有一个初步认识，便于学习过程中的理解。于是课前预习环节，在职教云平台发布作业任务"要求学生搜集资料，了解个税修订的历程及相关修订内容。"学生搜集资料完成作业任务的过程，就是了解个人所得税修改状况的过程。通过课前学习任务，促使学生利用网络主动学习，提高学习能力，并带着问题进入课堂的学习，使学习更有效率（见图4）。

【设计意图】引导学生了解关注我国个人所得税领域中的现实问题，以及为解决这些问题，国家在指导思想、战略规划、法律法规等方面的努力与创新。同时为课上有关思政元素问题的思考与深入，提供探索基础，进行铺垫。

首页
我的课程
今日课堂
待批作业
待批考试
课前
课中
课后
新增活动
引入活动
课前要求
课前预习

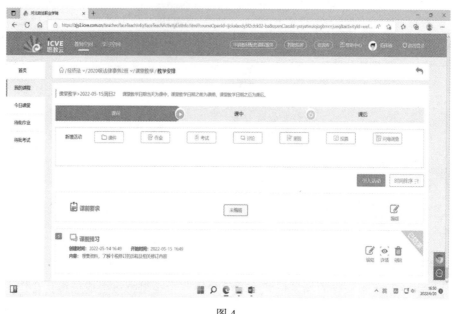

图 4

2.2.2 课中理解，教育引导阶段

1. 初步探索环节（见图 5）

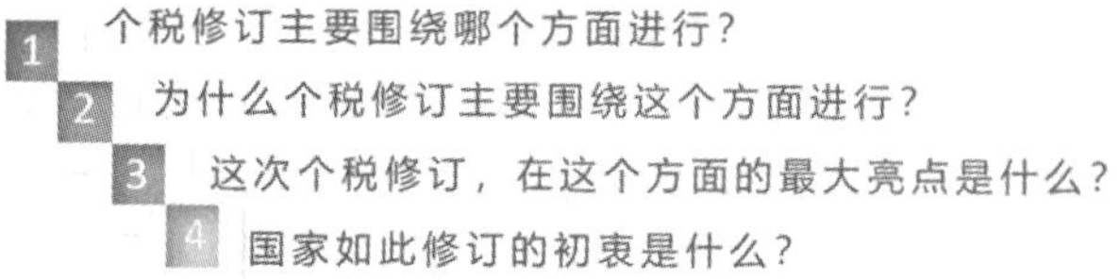

1 个税修订主要围绕哪个方面进行？
2 为什么个税修订主要围绕这个方面进行？
3 这次个税修订，在这个方面的最大亮点是什么？
4 国家如此修订的初衷是什么？

图 5

首先，让学生思考层层递进的几个问题。然后，通过查找资料，思考，讨论，由学生自己探索出最后答案：这次个税改革综合所得的基本减除费用标准提高到 5000 元/月（6 万元/年），这一标准综合考虑了人民群众消费支出水平增长等各方面因素，体现了一定前瞻性，而且兼顾到了家庭不同的负担状况。按此标准并结合税率结构调整测算，取得工资、薪金等综合所得的纳税人，总体上税负都有不同程度下降，特别是中等以下收入群体税负下降明显，有利于增加居民收入、增强消费能力。

【设计意图】锻炼学生资料搜集能力、处理能力，同时引导学生主动学习思考，较为全面了解个税改革中的问题，了解到该领域中的国情民情，增强对国家改革创新的认同。

引导学生深入理解国家的立法初衷，修法理念，帮助学生了解相关领域的国家战略、法律法规，充分感受国家以人民为中心的发展思想的应用，以及公平、公正核心价值观的

践行。

特别是所有这些答案是学生自己一步一步探索得出来的，而且学生自己为答案寻找到了实实在在的证据，更具感染力、说服力。

2. 强化重点，突破难点环节

设置多个任务，由学生结组讨论，计算在不同情形下个人所得税的纳税金额。完成任务后，选取一个学习小组的代表上台讲解。

在具体计算操作时，深入理解在提高综合所得基本减除费用标准，明确现行的个人基本养老保险、基本医疗保险、失业保险、住房公积金等专项扣除项目以及依法确定的其他扣除项目继续执行的同时，增加规定子女教育支出、继续教育支出、大病医疗支出、住房贷款利息和住房租金等与人民群众生活密切相关的专项附加扣除。

特别设定了两种情形，同样的年收入，但家庭负担有轻、有重，让学生自己用数字直观比较二者在纳税金额上的差异，引导他们思考国家个税改革的立法意图，切实感受专项附加扣除考虑了个人负担的差异性，更符合个人所得税基本原理，有利于税制公平。

【设计意图】学生通过纳税金额的数字对比，更为直观、更为轻松的理解国家个税改革的立法目的是合理减负，让广大纳税人享受的改革红利，鼓励人民群众通过劳动增加收入、迈向富裕。专项附加扣除考虑了个人负担的差异性，统筹兼顾各方面的情况，利于民生，以增强人民群众的获得感，削减贫富差距，扶持贫弱家庭，力求体现公平合理，更好地实现税收实质公平。国家突破多重困难，如此变革，确实是在想人民之所想，帮人民之所需，从而让学生对中国特色社会主义将来的发展充满信心。

3. 进一步深化环节

税收减免的学习中，由学生从网络上寻找疫情期间个税减免的相关政策，加以展示。如对参加疫情防治工作的医务人员和防疫工作者按照政府规定标准取得的临时性工作补助和奖金，免征个人所得税；单位发给个人用于预防新型冠状病毒感染的肺炎的药品、医疗用品和防护用品等实物（不包括现金），不计入工资、薪金收入，免征个人所得税。

引领学生明白，这些政策出台，主要考虑到新冠肺炎疫情发生以来，全省广大医务人员义无反顾、顽强拼搏、日夜奋战在疫情防控一线，为保护人民生命健康作出重大贡献。国家有针对性加强对医务人员的保护、关心、爱护，强化各方面支持保障，解除他们的后顾之忧，为广大一线医务人员全身心投入疫情防控工作提供了坚强保障、注入了强大动力、给予了关怀激励。

【设计意图】学生对疫情很熟悉，从他们熟知的领域引申出相关专业知识的应用，由熟到生，更易于接受，也能够更好让学生体会、感受国家以人民为中心的民生关怀是如何落实到实处的。

2.2.3　课后巩固，持续影响阶段

借助经济法慕课中的个税内容，要求学生复习总结，并完成慕课中的作业任务。在完成作业的过程中，再次巩固学习成果，系统总结知识要点，形成知识体系，深化对个税知识的理解，同时加深思政要素影响力度（见图6、图7）。

【设计意图】进一步加深印象，深化课上思政要素的持续影响。

图 6

图 7

3 课程思政教学实施成效与反思

3.1 课程思政教学实施成效

（1）价值塑造成效：个税制度改革中，国家将人民利益，特别是中等以下收入群体的利益放在改革考虑的首位，关注削减贫富差距，扶持贫弱家庭，对疫情期间做出重大贡献的医务工作者特别予以关爱、保障，学生在专业知识学习的过程中感受到了以人民为中心发展思想的实际应用；个税制度改革中，国家将原有征税制度以个人为单位，"一刀切"式的扣除进行了变革，考虑个人负担差异性，统筹兼顾，综合性征收，实现税收实质公平，充分体现了税收领域公平公正的价值观；个税制度改革中，国家正视原有的问题，不断改进与提高，想人民之所想，让制度更加完善，对国家将来的发展充满信心，坚定中国特色社会主义的认同与自信。

课前课后问卷调查情况可以直观显示出学生的变化状况（见图8）。

（课前问卷调查情况）　　　　　（课后问卷调查情况）

图 8

（2）知识传授成效：学生搜集资料，完成课前预习，课中又进一步探讨，了解了个税历史变革的内容及原因。课上学生分组讨论完成多个任务，并展示成果，通过这些环节的学习探索掌握了个税的征税对象、计税方法等相关知识内容。课后又对所有知识要点总结，完成作业，将知识体系化，予以巩固。

（3）能力培养成效：课堂中设置多个阶梯形任务，由学生分组讨论，计算不同情形下个税的纳税金额，并由学习小组上台展示。在具体计算操作中，逐层次理解个税计税方法的计算原理，然后对税额计算的特殊情况，即税收减免进行特别解析，实现学生应纳税额的正确计算。

3.2 课程思政教学实施反思

（1）课程思政反思：专业知识内容与思政元素有机融合的程度尚有欠缺，需要对思政内容进行更深层次的探讨，对课程专业知识进行再挖掘。为解决这一问题，课程组会和专业思政教师紧密对接，更深入探讨、挖掘课程中的思政元素，并与时俱进，持续优化。

（2）知识传授反思：学生学习主动性差异较大，如何满足不同层面学生的需求，实现个性化教学，还有待于进一步探索。下一步，课程组将尝试丰富线上课程资源，为不同层次的学生指引不同的学习内容。

（3）能力培养反思：以小组为单位完成任务，并由学习小组选派代表上台展示，使得小组成员学习能力的锻炼上存在差别，不能够实现全员的全面提升。课程组准备在任务布置时，指定不同成员作为小组代表展示成果，让每一名同学都能够提高自己。

《财务管理》课程思政教学设计

——以"杠杆原理的应用"为例

财税法务系　许丽丽　等

课程类型：专业课程

专家评注：

本课程以企业财务管理岗位典型工作任务作为依据，构建了基于任务驱动的"339"课程思政教学体系，知识、技能、素养的三维教学目标，围绕智慧财会、德法兼修、经世济民的三条思政主线，融入数字财务、智慧财务、科学思维、创新精神、职业精神、团队精神、法治精神、审慎精神、风险意识等九大思政元素，教学目标明确，课程思政鞭辟入里。线上线下教学模式较好的整合了思政资源；课堂教学过程形成了课前自主学习、课中五环节教学、课后巩固提高的三阶段精细化课程思政教学设计，为同类课程提供了有益参考。

齐鲁工业大学　肖中俊

课程及案例简介："财务管理"课程是大数据与会计专业的核心专业课。按照人才培养计划要求，开设对象为大数据与会计专业二年级或三年级学生。本课程的设置以企业财务管理岗位典型工作任务作为依据，以任务驱动作为教学模式，通过课程项目教学内容的学习与实训，使学生掌握企业财务管理业务的基本操作方法，具备进行筹资决策、投资决策、营运资金管理、收益分配、财务预算、财务控制、财务分析等内容的实务操作能力。

本课程构建了基于任务驱动的"339"课程思政教学体系（见图1），即通过知识、技能、素养的三维教学与育人目标，围绕智慧财会、德法兼修、经世济民的三条思政主线，融入数字财务、智慧财务、科学思维、创新精神、职业精神、团队精神、法治精神、审慎精神、风险意识等九大思政元素，全方面培养学生的财会技能与财会素养，为学生日后在企业中的财务管理、预算管理、大数据财务分析等岗位的就业做好充分的准备。

本案例选取自"财务管理""项目三——筹资方案的制定与优化"当中的任务五"杠杆原理的应用"（见图2）。任务五的主要学习目标是掌握固定性质的成本费用给企业带来的杠杆效应，使学生提高衡量收益、控制风险的能力。

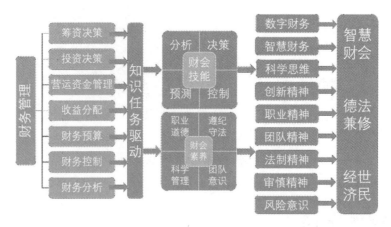

图 1 基于任务驱动的"339"课程思政教学体系

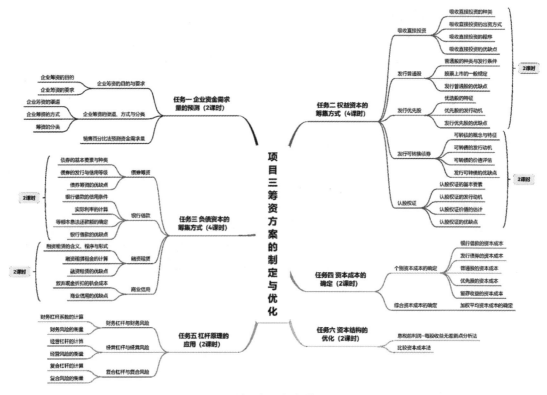

图 2 单元知识框架体系图

1 教学与育人目标

1.1 知识传授目标

①理解成本习性及相关概念;②掌握经营杠杆、财务杠杆、复合杠杆的计量及其与风险的关系。

1.2 能力培养目标

①通过具体工作案例，学生能推导出杠杆原理的公式，并辨析经营杠杆、财务杠杆、复合杠杆作用的区别；②通过计算杠杆系数，能分析杠杆利益与风险；③能运用杠杆原理进行筹资决策，选择合理的资金结构。

1.3 思政育人目标

①了解我国当前所处的经济形势和国家去杠杆、稳增长的宏观经济政策；②培养学生双面性、辩证性的思维；③培养学生风险管控的审慎精神，树立良好的诚信意识；④树立爱岗敬业、思维敏锐、勇于创新、科学理财的职业精神。

2 教学策略与课程思政教学实施过程设计

2.1 教学策略

教学模式：采用线上+线下混合教学，线上教学环节主要有设置情景、预习、作业、互动，线下教学主要环节是课堂、实务、竞赛、体验（见图3）。通过这样的方式，改变传统教学满堂灌的被动学习，倡导和鼓励学生自主学习，达到知识传授目标、能力培养目标和思政育人目标。

教学方法：①任务驱动法：提前在学银在线平台设置好学习任务，让学生在任务驱动下进行学习，在完成任务的过程中掌握应知、应会的知识点。②情景教学法：通过模拟一家企业的筹资活动，让学生在真实的工作情景中，体验工作过程，理解杠杆的原理，掌握风险的衡量。

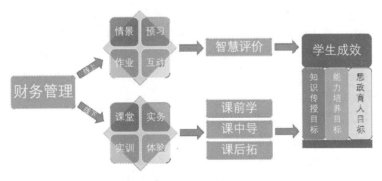

图3 教学模式

学生学习方法：①自主学习法：学生在课前通过学银在线推送的学习资源进行自主学习并上网搜索相关资料。②小组讨论法：将学生分成若干小组，通过共同讨论分析，完成相关任务，激发学生学习热情，培养团队合作意识，活跃课堂气氛。③探究式学习：学生带着问题来上课，通过教师讲解、查阅资料、计算分析、讨论交流等环节，最终解决问题。

教学手段：多种教学手段相结合，提升教学质量（见图4）。①利用学银在线平台，将课程资源（微视频、课件、案例、技能练习等）方便学生随时在线学习，并完成课中的问答、讨论、投票等学习活动。②阅读指导：教师通过财经类微信公众号、学习强国等平台，为学生提供一些相关的阅读资料并加以指导，有助于学生对理论的掌握，同时更好地了解国家的相关政策、法规，并激发学生对时事热点关注的兴趣。

图4 教学手段一览

2.2 课程思政教学实施过程设计

课程思政教学全过程的设计与实施大致分为三个阶段，分别为阶段一课前自主学习，阶段二课堂教学，阶段三课后巩固提高。其中阶段二又分为情景导入、技能培养、人物操作、总结提升、课堂检测等五个环节（见图5）。

2.2.1 课前自主学习

（1）微课学习：学习微课"成本习性及相关概念"。

教师活动：通过学银在线发布学习视频，查阅记录学生学习情况，并答疑。

学生活动：登录学银在线观看教师发布的视频，对学习中遇到的问题进行留言、讨论。

【设计意图】培养学生自主学习能力。

（2）课前测试：针对课前微课学习内容，发布测试。

教师活动：通过学银在线发布测试，记录整理学生对知识的掌握情况。

学生活动：通过学银在线参加测试，发现不足。

【设计意图】检验学生对本次课所用到的概念的掌握程度。

2.2.2 课堂教学

（1）情境导入：引用视频"央视财经V讲堂——去杠杆，把握两个关键点"，提出问题，引发学生思考。

教师活动：播放视频并引导提问："什么是杠杆？当前我国经济为什么要去杠杆？"

学生活动：观看视频，积极思考。

图 5　课程思政教学实施过程设计流程图

【设计意图】通过当前经济政策解读，引导学生进行思考，激发学习兴趣；引导学生关注国家相关经济政策、法规。

（2）技能培养点 1：掌握经营杠杆原理与经营风险衡量。

教师活动：①学银在线发布投票活动"销量增长时，利润是否与销量同比例增长"。②公布投票结果，提供万达公司生产销售案例，让学生自己动手验证。③通过案例，总结经营杠杆原理、讲解经营杠杆系数的计算、经营风险如何衡量。

学生活动：①交流讨论，参与投票。②通过万达公司案例，验证自己判断的正误，得出结论。③认真听讲，理解经营杠杆与经营风险的关系。

【设计意图】①以学生为主，引导学生主动学习、思考，激发学习兴趣。②深化学生对理论知识的掌握。③帮助学生树立风险管控意识。

（3）技能培养点2：财务杠杆与财务风险衡量。

教师活动：①提出讨论话题"什么是借鸡生蛋？在财务中指的是什么"。②提供万达公司融资案例，提出问题"哪种方案每股收益高，为什么"。③学银在线发布"选人"活动，选择A学生展示计算结果。④点评、总结财务杠杆原理，讲解财务杠杆系数计算公式，以及与财务风险的关系。

学生活动：①交流、讨论。②动手操作：计算两种融资方案下每股收益变动情况，寻找原因。③被选中的同学展示计算结果，阐述原因。④认真听讲，理解财务杠杆与财务风险的关系。

【设计意图】①激发学习兴趣，提高学习主动性。②让学生自主探究，培养做中学的能力。③强化重点，突破难点。

（4）技能培养点3：复合杠杆与复合风险衡量。

教师活动：①结合万达公司上述案例，引导学生发现复合杠杆的原理。②总结复合杠杆原理、计算公式及复合风险。

学生活动：①分析案例、动手计算，发现复合杠杆作用的原理；②听讲、记录。

【设计意图】①引导学生自主探究，在做中学。②引导学生勤于思考，调动学习积极性。

（5）主题讨论："怎么理解去杠杆，当前我国经济为什么要去杠杆？"

教师活动：①学银在线提供阅读资料《2021年央企为"降成本"激活力》并发布主题讨论。②点评、总结。

学生活动：①利用网络，查阅相关资料，互相交流完成讨论。②深入理解国民经济去杠杆的内涵。

【设计意图】帮助学生及时了解国家有关经济政策，正确认识杠杆的双面性；强化财务风险意识，培养风险管控的审慎精神和诚实信用、公正廉明的职业态度。

（6）任务实操：运用所学知识，分析冀华公司和海天公司权益资本回报率变动之谜。

教师活动：①学银在线发布分组任务，提供工作案例，提出整体要求，在巡视过程中解决学生遇到的问题。②提供评价标准供学生参考，并对小组任务实操结果进行总结、点评。

学生活动：①分组交流讨论，解决任务，拍照上传。②小组之间互评工作成果，整理工作成果、反思工作过程。

【设计意图】任务驱动，以学生为主，强调"做中学"；培养学生团队合作意识；拓宽课堂交流互动，提高学生学习信心；培养学生严谨、认真的工作态度。

（7）总结提升：总结点评本次课重难点及任务完成情况。

教师活动：点评本次课任务完成情况并总结本次课重难点。

学生活动：认真听教师总结，更好地理解国家去杠杆的宏观经济政策。

【设计意图】让学生再次明确本次课应知应会的知识点，以及学习它的重要性，为课后巩固与拓展打好基础。

2.2.3　课后巩固与提高

（1）技能温习：学生线上完成职业能力训练。

教师活动：学银在线布置职业能力训练，在线指导答疑。学生活动：学银在线完成技能训练，积极与老师、同学讨论交流。

【设计意图】巩固课堂知识。

（2）拓展阅读：阅读文章《习近平论创新是发展的第一杠杆》。

教师活动：QQ群推送阅读资料，并发布讨论：如何理解创新是发展的第一杠杆这句话。与学生在线互动。学生活动：以小组为单位，查阅资料，与老师、同学交流互动。

【设计意图】以杠杆原理展开，培养学生树立创新意识。

3　课程思政教学实施成效与反思

3.1　课程思政教学实施成效

（1）价值塑造成效：学生在学习的过程中情感、态度、价值观受到了"正能量"的引导，在平时的学习和生活中更加关注国家经济政策动向，同时强化了自身的财务风险意识，逐步树立起风险管控的审慎精神和诚实信用、公正廉明的职业态度。

（2）知识传授成效：结合国家当前经济政策，引导学生进行理论学习，既激发了学生的学习兴趣，又可以将实际与理论相结合。

（3）能力培养成效：通过设计形式多样的教学环节，学生能够理解经营杠杆、财务杠杆、复合杠杆作用的原理；学会计算杠杆系数，能分析杠杆利益与风险；能运用杠杆原理进行筹资决策，选择合理的资金结构。

3.2　课程思政教学实施反思

（1）课程思政反思：教师应加大教学设计力度，创新课程思政教学方法，提升教学效果将思政要素与专业知识紧密地融合，从而将思政要素与专业知识紧密融合，激发学生兴趣，在潜移默化中完成社会主义核心价值观和职业精神的塑造。

（2）知识传授反思：学生参与课堂活动的积极性比较高，但是有些活动如主题讨论，需教师加以引导。教师必须在课前做好充分的准备，并不断提高驾驭课堂的能力。

（3）能力培养反思：学生对当前国家的经济形势政策比较感兴趣，但关注度不高，教师可以搜集相关的资料推送给学生，并做适当的解读，从而引导学生关注国家经济形势动态并积极思考。

《会计基础》课程思政教学设计

——以"填制记账凭证"为例

财税法务系　赵　颖　等

课程类型：专业课程/公共基础课

专家评注：

本课程围绕会计工作实践主线，以项目式教学，驱动学生掌握编制与审核会计凭证、登记会计账簿、编制会计报表等工作为知识、能力目标，树立遵从会计职业道德，遵守国家法律，树立正确的人生观、价值观、世界观，将敬业、诚信作为个人职业选择的基本标准和基本道德准则。课堂利用"翻转课堂""案例讨论""角色扮演""价值辨析"等教学手段，将思政元素有机贯穿教学始终，思政案例引导学生体验式学习，较好地体现了以学生为中心的教学理念。

齐鲁工业大学　肖中俊

课程及案例简介：

《会计基础》课程是三年制高职大数据与会计、大数据与审计、大数据与财务管理等财经类专业的核心专业课程，是财务会计、成本会计等核心专业课程的先修课程。课程以学生为主体，以会计工作实践为主线，以学生掌握编制与审核会计凭证、登记会计账簿、编制会计报表等工作为知识、能力目标，以"立德树人"为思政育人目标。秉持 OBE 教育理念，坚持"学生中心、成果导向、持续改进"，致力将学生培养为具备会计基本常识、会计核算能力的会计职业应用性人才。

本思政教学设计，以"填制记账凭证"为例，选自课程项目四：填制与审核会计凭证。"证、账、表"是会计工作基本流程，"填制与审核会计凭证"是登记账簿的前提和依据，是会计核算工作的初始阶段和基本环节，也是实行会计核算和监督的一种专门方法。

1　教学与育人目标

1.1　知识传授目标

熟悉记账凭证的概念、分类，掌握不同种类记账凭证的填制方法。

1.2 能力培养目标

能独立审核原始凭证，再根据审核无误的原始凭证，正确填制记账凭证。

1.3 思政育人目标

本课程的认知教学内容包括十个项目，作为"显"线和作为"隐"线的思政教学内容蕴含其中。课程组深入提炼"会计职业道德、坚持会计准则、遵纪守法"三项思政目标，融入课程认知教学中（见图1）。

在本次课程中，通过凭证违纪、违法案例，警示学生必须遵从会计职业道德，遵守国家法律，树立正确的人生观、价值观、世界观，将敬业、诚信作为个人职业选择的基本标准和基本道德准则，为社会主义经济建设服务。

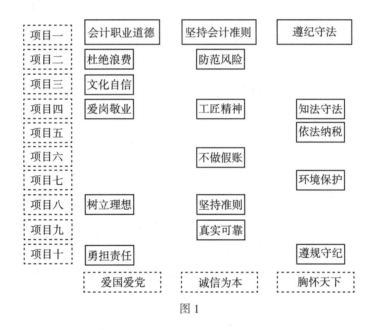

图1

2 教学策略与课程思政教学实施过程设计

2.1 教学策略

本次课以达成"填制记账凭证"知识、能力为目标，反推学生所需学习的知识内容。利用"翻转课堂""案例讨论""角色扮演""价值辨析"等教学手段，将"立德树人"思政元素贯穿教学始终。

第一步，利用"虚开增值税专用发票"案例、学生技能大赛中"报销业务招待费"虚拟仿真案例，引导学生在审核原始凭证时，练就"火眼金睛"，恪守遵纪守法的会计职业道德。第二步，学生根据审核无误的原始凭证，正确填制记账凭证。旨在培养学生严谨、细致的工作态度，一丝不苟的工匠精神。第三步，课后引发学生开放式价值思辨："企业应如何制定财务报销制度"。学生通过网络搜索，可得出结论：企业的财务制度在符合法律、会计准则的前提下，可灵活制定，从而建立会计微观实践与宏观管理的联系。

2.2　课程思政教学实施过程设计（见表1）

表1　　　　　　　　　　　　　课程思政教学实施过程设计示意

课前导入（学习通）	1）翻转课堂视频	2）课前讨论	3）收集生活中的原始凭证
课中探索（实训室）	1）小组汇报预习成果	2）"虚开增值税专用发票"案例讨论	3）"报销业务招待费"仿真案例讨论
	4）角色扮演：如何报销业务招待费？	5）教师示范：上述案例中的凭证错误应如何处理？	6）手工填制记账凭证
课后思辨（学习通、实训平台）	1）开放式价值思辨："企业应如何制定财务报销制度?"	2）虚拟仿真平台：填制电子版记账凭证	3）学习通：任务自测（初级会计师题库）

2.2.1　课前导入

1. 翻转课堂

学习通中任务点，翻转课堂视频："记账凭证种类及基本内容""记账凭证的填制与审核"。

【设计意图】

学习通中，课程每个项目的子任务，均有课程组录制的翻转课堂视频，并设置为任务点，要求学生在课前完成，课上可直接由小组汇报预习成果。翻转课堂，既可提高课堂效率，又可激发学生学习主动性，带着问题来上课。小组汇报，可锻炼学生的表达能力、总结能力、团队协作能力。

记账凭证是由审核无误的原始凭证填制的，审核原始凭证是否合理合法，着重培养学生的法治意识、强烈的社会责任感和使命感。

2. 课前讨论

学习通课前学习讨论内容："记账凭证有哪些类别""记账凭证填制要点有哪些""案例分析：何为虚开增值税专用发票"。

【设计意图】

课前让学生学习翻转课堂视频，教师的出发点是提高预习效率。但学生在一定程度上仍为被动接收，若辅以配套的课前讨论，引发学生主动思考，可达突出学生主体地位的效果。案例讨论关联财经新闻热点，引导学生关注现实社会中隐藏的会计信息，鼓励学生发现社会问题，参与社会问题的讨论，通过这种动态性的课堂教学，使学生获得关于道德规范和法律规范的认知，培养学生独立思考能力和批判性思维。

3. 收集生活中的原始凭证

提前两三周布置任务：让学生收集生活中的原始凭证，如购物发票、车票、电子发票等。

【设计意图】

收集各种凭证，学生非常乐于此类互动，旨在让学生了解，财务在生活中无处不在。教师引导学生判断，收集到的凭证，哪些可作为会计中的原始凭证合规合法入账，哪些不能？判定标准是什么？可在课上进行讨论、辩论，锻炼学生观察能力和思辨能力。

2.2.2 课中探索

1. 小组汇报预习成果

每小组派代表，汇报预习成果，包括对记账凭证类别和内容的理解，以及填制技术的认识。另外，展示组员收集的原始凭证，并讲解经济业务事项、凭证内容。

【设计意图】

在本环节中，可看出学生对预习知识的掌握程度，有无不理解的问题。汇报者，可锻炼表达、总结能力，观看者，可取长补短，对自己的汇报做出改进。学生取得的原始凭证，有一些是不符合财务规章制度的，也就是不能作为原始凭证报销。教师正好利用这些不合适的凭证，引出凭证违规、违法案例。教师应警示学生必须坚持会计职业道德，遵从国家法律，任何情况下不得违规违纪。

2. 凭证违法案例分析

学 习 讨 论

案例：20018 年 6 月 11 日报道，6 人成立 7 家公司虚开了 4453 份增值税专用发票，票面金额累计 22.3 亿元，非法抵扣税款 3.2 亿元，涉及开票企业 400 余家。江苏省淮安经济技术开发区检察院办理了公安部挂牌督办的"8·11"系列特大虚开增值税专用发票案，该案的 6 名被告人均获有罪判决。

请讨论：何为虚开增值税专用发票？涉案人员为什么要虚开增值税专用发票？

【设计意图】

案例中，虚开增值税专用发票是违法犯罪，购买虚开的增值税专用发票同样是违法犯罪。教师应告知学生审核原始凭证的重要性、必要性，财务中务必取得、使用真实合法的原始凭证。并融入社会主义核心价值观教育，借助康美药业、康德新等财务造假案例，通过反面警示教育引导学生关注现实问题，财务造假不仅是单纯的会计审计问题，更是资本市场系统性诚信危机（见图 2）。

3. "报销业务招待费"虚拟仿真案例讨论

"报销业务招待费"案例选自：学生技能大赛，学生需要判断错误点，并更正。

【设计意图】

在"会计基础"课程教材中，案例中的原始凭证均是无误的，学生无法理解审核原始凭证的真正意义。此处给出学生技能大赛中的高度仿真案例，其中原始凭证有误，进而填制了错误的记账凭证。教师抛出问题，引发学生思考，案例到底错在哪里？在实际工作

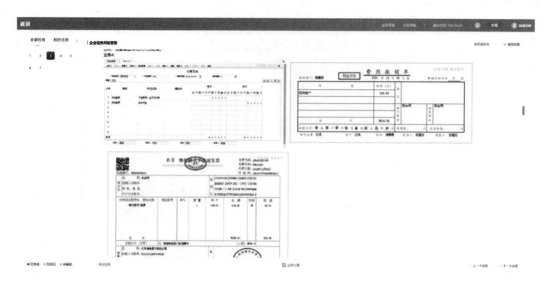

图 2 "报销业务招待费"虚拟仿真案例

中如果遇到此类情况,应如何处理?旨在培养学生坚持会计准则,严谨的工作作风,同时也告诉学生,错误可以更正,要敢于承担错误并按规范改正,培养学生的责任担当。

4. 角色扮演:报销业务招待费

学生模拟"报销业务招待费",案例中,报销人员拿购买方是个人的发票,到出纳处报销,出纳处于两难选择,是报销还是拒绝报销呢?每组学生可根据自己的理解演绎出来。

【设计意图】

在财务工作中,经常会出现两难选择,在不违规、不违法的前提下,如何机智、灵活处理?在做人做事中,非常考验财务人员的软实力。此外,教师应注重培养学生宏观的视野,采用正面引导与反面警示教育相结合的方式,培养学生的守法意识和诚信品格。

5. 教师示范:"报销业务招待费"案例应如何处理

教师讲解,"报销业务招待费"案例的错误点,企业财务制度规定,所报销的发票抬头必须为本公司,抬头为个人的发票不能报销。如果财务人员在报销时发现,应当场拒绝报销。如果后续发现,应按会计准则进行错账更正。

【设计意图】

对于违规的发票,拒绝报销是财务人员必须要坚持的原则。从培养学生业务处理的谨慎性为着眼点,延伸出一丝不苟的工匠精神,引导学生形成严谨、细致的工作态度。教师在讲授中,可以多设计一些错误,让学生通过"找茬"活动,以逆向思维解决问题,同时也让学生深刻体会,业务操作一步出错,直接影响到后续业务的正常处理,甚至会出现不可逆的结果。由此让学生自己领会到,严谨细致工作态度的重要性,进而增强责任意识,养成良好的职业素养。

6. 手工填制记账凭证

根据实训教材案例，手工填制记账凭证。

【设计意图】

随着会计信息化、财务大数据的发展，手工记账逐渐被淘汰。但恰恰是手工记账，可以使学生明白"证、账、表"的逻辑关系，为使用财务软件奠定良好基础。取得和填制会计凭证、登记账簿、编制报表是整个会计信息生成过程，工作重复繁杂，极易出错。这就要求学生应具有工匠精神，具有严谨认真、注重细节、追求卓越的职业素养。

2.2.3 课后思辨

1. 开放式价值思辨讨论："企业应如何制定财务报销制度"

【设计意图】

企业的财务报销制度应在法律框架下，根据企业实际情况制定。学生通过在网络搜索不同企业的财务规定，切实感知法律的红线，是坚决不能触碰的。遵规守纪始终是财务人员要恪守职业道德。另外，学生关注财务制度的制定与执行，为后续"管理会计"课程教学工作做铺垫，引导学生建立会计微观实践与宏观管理的联系。

2. 虚拟仿真平台：填制电子版记账凭证

学生利用课余时间，在"会计专业实践教学平台"，完成"填制与审核凭证"实训任务。

【设计意图】

本课程的实训教学平台为，"会计专业实践教学平台"，学生在该平台可进行"填制与审核凭证、登记账簿、编制报表"等虚拟仿真实训任务。学生在虚拟的工作环境下，将"诚信为本，操守为重，遵循准则，不做假账"内化于心。

3. 学习通：任务自测

课后自测题，选自 2022 年初级会计师题库（见图 3）。

序号	任务名	类型	说明	学生完成数	详情
任务点 1	任务三 小测	章节测验	5(题)	38/58	查看

图 3 学习通课后小测

【设计意图】

本课程内容涉及初级会计师考证内容，为实现课证融合，教师团队将每年最新的初级会计师题库导入学习通，作为课堂的补充。在教学中，教师不断强化渗透，我国经济实力越来越强，综合国力在不断提升，让学生油然升起生在中国、长在中国、身为中国人的自豪感，树立民族自信、国家自信，培养学生的爱国情怀。学生应勇于承担社会责任，早日通过初级会计师考试，回报祖国。

3 课程思政教学实施成效与反思

3.1 课程思政教学实施成效

1. 价值塑造成效

课程思政重在隐性融入专业课的学习，对学生价值的塑造是无形。而育人的效果不是短时间能够显现的，而且不能进行量化评估。根据笔者多年的观察与比较，会计系的学生普遍在校期间具有高涨的学习热情，强烈的自我实现愿望。以课程组组织的考证实验班为例，学生报名踊跃，人数有 514 人之多。以课程组指导的学生技能大赛为例，最终要选拔 8 人，报名人数多达 63 人。

本次课程，通过凭证违纪、违法案例，警示学生必须遵从会计职业道德，遵守国家法律，树立正确的人生观、价值观、世界观，为社会主义经济建设服务。通过审核原始凭证，培养学生法治意识，将"诚信为本，操守为重，遵循准则，不做假账"内化于心。通过填制记账凭证工作规范，培养学生规则意识，工匠精神，训练学生吃苦耐劳、一丝不苟的职业素养。通过错账更正工作规范，学生不仅养成严谨的工作作风，而且能承担错误并按规范改正，形成强烈的社会责任感和使命感。在专业与思政的融合教育下，培育出一批品德优良、爱岗敬业、诚实守信、专业技能扎实的栋梁之才。

2. 知识传授成效

学生掌握了原始凭证的审核要点，并通过案例体会到审核的重要性，以及出现凭证错误应如何处理。学生对记账凭证的概念、分类，编号方法有了较好认知，熟练掌握了不同种类记账凭证的应用场景及填制方法。此外，通过案例拓展，学生初步了解了后续知识点以及错账更正的方法。

本课程对学生的评价方法分为质性评价和量化评价，质性评价主要来自教师课上的观察，每位学生的课堂态度、表现。量化评价主要来自学习通和会计专业实践教学平台。

3. 能力培养成效

通过翻转课堂，学生的自主学习能力得到不断强化。学生通过小组讨论和成果展示，增强了表达能力、团队协作能力。通过案例分析讨论，学生的思辨能力得到锻炼。通过角色扮演，学生独立审核原始凭证，学生的规则意识得到强化，细致严谨的职业素养逐渐形成。通过在会计专业实践教学平台，填制电子版记账凭证，学生练就了一丝不苟、遵循准则的会计职业操作能力。

3.2 课程思政教学实施反思

1. 课程思政反思

课程各部分内容均蕴含着丰富的思政教育元素，课程组不断深入挖掘，提炼出"会计职业道德、坚持会计准则、遵纪守法"三项思政素养，并将其拓展出若干分支，分别与课程内容进行隐性融合，并采用形式灵活的教学策略，嵌入课前、课中、课后各教学环节。但如何站在更高的角度理解课程思政，一直是值得思考的问题。如何将课程思政结合办学定位、专业特色和不同课程的特点，进行全局把握，是我们需不断研究和改进的课题。

2. 知识传授反思

紧跟学科发展前沿，关于会计基础课程教学内容，应适当融入管理会计的内容，但目前本课程选用的教材，缺少管理会计的内容，课程组在集体备课过程中，应适度补充。关于教学策略，教学方法的选用，仁者见仁智者见智，教学团队需要不断沟通交流，碰撞出更适合教学内容、课程思政、学生发展状况的教学策略。关于教学评价，如何更加有效地收集学生学习过程信息，教学信息的意义分析是否准确，评价能否做到个别化，能否及时听取学生的反馈意见及其他利益相关者的意见，一直是值得不断探讨的话题。

3. 能力培养反思

通过本次课程实施，学生的会计操作能力得到大幅提升，但如何举一反三、触类旁通，在短短 90 分钟的课堂，无法取得较好效果，教师需要在课上进行不断强调，并言传身教，同时利用课后任务对学生进行强化训练。依据指导学生技能大赛获得的经验，学生在课堂学得好，不一定在工作中用得好。如何打通课堂与工作的"最后一公里"，仅仅有实训课是不够的，还需要利用类似"学生技能大赛"备赛、"1+X"证书培训，进行短时间、高强度的训练，方可取得较好效果。

《税收实务》课程思政教学设计

——以"开具增值税发票"为例

财税法务系　郑英美　等

课程类型： 专业课程

专家评注：

《税收实务》课程秉承"教、学、做"一体化教学理念，重点培养学生办税能力，重构了八个项目理论教学、七个项目仿真实训的理实一体化教学内容，有效重塑了学生正解的价值观、政治观、道德观和法治观。课程思政教学基于任务驱动式，利用线上+线下混合教学，实施课前、课中、课后三阶段、基础循环、进阶循环两循环教学组织过程，实现了课程思政全过程教学理念。

齐鲁工业大学　肖中俊

课程及案例简介：

《税收实务》课程是大数据与会计、大数据与财务管理等专业的核心专业课。开设对象为一年级或二年级在校生。本课程旨在培养学生的办税能力，本着"教、学、做"一体化的理念，将教学内容划分为八个项目实施理论教学，分七个项目进行仿真模拟实训，将学生理论知识与操作技能融会贯通，体现了"教、学、做"一体化的教学理念。同时，坚持"立德树人"，培养学生树立正解的价值观、政治观、道德观和法治观。

本案例选取自"税收实务""项目二——增值税纳税实务"当中的任务五"增值税发票开具"（本教学项目各任务分解如图1所示）。任务五的主要学习目标是掌握开票软件的各功能模块，能根据业务选择对应的商品和服务税收分类编码，准确开具各类增值税发票。

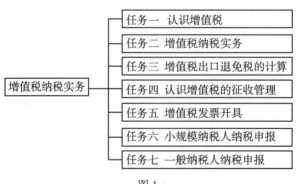

图1

1 教学与育人目标

1.1 知识传授目标

①熟悉开票软件的各功能模块；②了解客户编码、商品编码、商品和服务税收分类编码的功能；③理解红字发票开具情形、带清单发票适用情形。

1.2 能力培养目标

①能进行客户编码的录入；②能够进行商品编码的录入；③能根据业务选择对应的商品和服务税收分类编码；④能进行含税销售额与不含税销售额的转换，并在开具发票时进行准确操作，并开具发票；⑤能正确开具红字发票、带清单的发票。

1.3 思政育人目标

①勤学苦练、积极探索；②积极主动进行政策查询与学习；③根据业务实际开具发票、不虚开发票、遵纪守法、诚信第一。

2 教学策略与课程思政教学实施过程设计

2.1 教学策略

教学模式：三阶段（课前、课中、课后）、两循环（基础循环、进阶循环）教学模式。采用线上+线下混合教学，与真实工作情景相结合（见图2）。

图 2

教学方法：①情景教学法：通过模拟一家企业的销售业务，让学生在真实的工作情景中体验工作过程，理解开票系统的操作规则，掌握票据开具的基本技能。②直观演示法：

教师通过操作开票软件演示增值税发票开具的完整过程，引导学生形成感性认识，激发学生学习兴趣，吸引学生注意力。

学生学习方法：①自主学习法：学生在课前通过学银在线推送的学习资源进行自主学习并上网搜索相关资料。②角色扮演法：根据学生工作后可能遇到的工作任务，编制与该工作任务相似的模拟实操项目，使学生置身于模拟的工作环境中，要求学生能够应对各种开票业务。③仿真操作法：把学生置于模拟的开票工作环境中，让他们依据模拟现实中的开票业务作出及时反应，分析实际工作中可能遇见的各种问题，最终准确无误的开具发票。

教学手段：①利用学银在线平台，发布课程资源（微视频、课件、案例、技能练习等）方便学生随时在线学习，并完成课中的问答、讨论、投票等学习活动。②EPC金税平台软件，利用平台企业办税实训的开票软件功能模块进行增值税发票开具的实训。③诺诺小程序，通过小程序提供的开票项目查询功能，辅助学生根据业务情况进行开票项目的选择与确定，并正确适用开票税率。

2.2 课程思政教学实施过程设计

2.2.1 课前导学

（1）文档学习：学习财税［2016］36号文件附件一附：销售服务、无形资产、不动产注释。

教师活动：通过学银在线发布学习文档，查阅记录学生学习情况并答疑。

学生活动：登录学银在线观看教师发布的文档，对学习中遇到的问题进行留言、讨论。

【设计意图】培养学生自主学习能力。

（2）课前测试：针对课前文档学习内容，发布测试。

教师活动：通过学银在线发布测试，记录整理学生对知识的掌握情况。

学生活动：通过学银在线参加测试，发现不足。

【设计意图】检验学生对本次课所用到的应税服务的掌握程度。

课程思政：积极探索、主动学习税收法律法规

2.2.2 课堂教学

（1）情境导入：引用视频"青少年税法大课堂——带你了解增值税发票"，提出问题，引发学生思考。（国家税务总局公号，开学第一课！带你认识增值税和发票）

教师活动：播放视频并引导提问："什么是发票？发票对国家、对企业、对个人有什么意义？"

学生活动：观看视频，积极思考。

【设计意图】通过当前发票功能解读，引导学生进行思考，激发学习兴趣；引导学生关注发票发展变化趋势。

课程思政：独立思考，与时俱进。

（2）技能培养点1：开票软件初始化参数设置。

教师活动：①登录开票系统，讲授各个功能模块：商品编码、客户编码。②领取发票、发票读入。③发票填开、提问税率、唤起旧识。④分发开票系统登录权限。⑤布置开票系统的相关任务。

学生活动：①听课的同时记录关键步骤，必要时拍照并录制视频。②牢记各个模块的功能及位置。③理解发票领取、读入及填开之间的逻辑关系。④回答问题，回忆旧识。⑤登录开票系统、进行系统参数设置、录入商品编码、客户编码、完成领票、读入及开票。

【设计意图】①做好开票软件的初始化功能操作、讲授、示范，为学生自己操作做好准备工作。②让学生理解不同类型发票的适用情形。③学生掌握基本开票要领。

课程思政：勤学苦练、仔细认真。

（3）技能培养点 2：带折扣发票、带销货清单发票的开具。

教师活动：①演示发票库存查询。②演示带折扣发票开具流程。③演示带销货清单的发票开具流程。④演示带销货清单的发票开具流程。⑤发布发票开具任务。

学生活动：①学生观看老师演示并做好课堂记录，理解领会对应功能模块的用途及操作要领。②根据老师提问回答，图文并茂做重点流程记录。根据进阶任务开具带折扣、带清单的发票。③做好开票准备，根据任务开具带折扣、带清单的发票。

【设计意图】①激发学习兴趣，提高学习主动性。②让学生自主探究，培养做中学的能力。③强化重点，突破难点。

课程思政：积极探索、自我提高。

（4）技能培养点 3：填开红字发票信息表、开具红字发票。

教师活动：①演示红字发票信息表的填写。②演示红字发票开具流程。③发布红字发票开具任务。④选择完成学生进行演示。

学生活动：①学生观看老师演示并做好课堂记录，理解领会对应功能模块的用途及操作要领。②根据老师提问回答，图文并茂做重点流程记录。③做好开票准备，根据任务单填开红字发票信息表、开具红字发票。④学生代表进行演示、同学间交流并查漏补缺。

【设计意图】①让学生理解不同类型发票的适用情形。②学生掌握基本开票要领。③能够正确开具发票。④注意效率。

课程思政：自信自强、团结合作。

（5）主题讨论："虚开发票对社会有哪些危害？"

教师活动：①学银在线提供视频资料"海啸 1 号"案，并发布主题讨论。②点评、总结。

学生活动：①利用网络，查阅相关资料，互相交流完成讨论。②深入理解发票对社会、企业及个人的重大影响，懂得虚开发票的严重后果。

【设计意图】帮助学生及时了解国家税收征管重点领域，正确认识虚开发票的严重后果；强化依法纳税意识，培养涉税风险管控的审慎精神和诚实信用、坚持原则的职业态度。

课程思政：遵纪守法、依法纳税、不虚开发票、诚信第一、洁身自好，不突破违法虚开底线。

（6）任务实操：运用所学知识，分析北方商贸有限公司某月销售情况并开具对应的增值税发票。

教师活动：①学银在线发布任务，提供工作案例，提出整体要求，在巡视过程中解决学生遇到的问题。②提供评价标准供学生参考，并对小组任务实操结果进行总结、点评。

学生活动：①分组交流讨论，解决任务，拍照上传，班级群接龙。②小组之间互评工作成果，整理工作成果、反思工作过程。

【设计意图】任务驱动，以学生为主，强调"做中学"；培养学生团队合作意识、组间竞争意识；拓宽课堂交流互动，提高学生学习信心；培养学生严谨、认真的工作态度。

课程思政：积极探索、团队合作、竞争意识、严谨认真。

（7）总结提升：总结点评本次课重难点及任务完成情况。

教师活动：点评本次课任务完成情况并总结本次课重难点。

学生活动：认真听教师总结，懂得发票的重要性，明白虚开的严重后果。

【设计意图】让学生再次明确本次课应知应会的知识点，以及学习它的重要性，为课后巩固与拓展打好基础。

课程思政：勤学苦练、自我提高。

2.2.3 课后巩固与提高

（1）技能温习：学生线上完成职业能力训练。

教师活动：学银在线布置职业能力训练，在线指导答疑。学生活动：在 EPC 金税平台完成技能训练，通过学银在线积极与老师、同学讨论交流。

【设计意图】巩固课堂知识。

（2）拓展学习：①阅读国家税务总局图解税收《电子专票和纸质专票相比有哪些主要变化?》。②观看《全面数字化的电子发票介绍与用票试点系统操作培训》视频。

教师活动：通过学银在线推送拓展学习资料链接，并发布讨论：发票形式在不断变化，实质作用变了吗?与学生在线互动。学生活动：以小组为单位，查阅资料，与老师、同学交流互动。

【设计意图】以发票形式的发展变化为契机，引导学生自主学习的意识，养成终身学习的习惯。

课程思政：与时俱进、终身学习。

3 课程思政教学实施成效与反思

3.1 课程思政教学实施成效

（1）价值塑造成效：学生在学习过程中从思想上明确了合法开具发票、合法取得发票对于社会、企业和个人的重要意义。深刻领会涉及发票领域的诸多违法行为将导致的严重后果。强化守法意识、树立涉税风险管控的审慎精神和诚实信用、坚持原则的职业态度。

（2）知识传授成效：结合当前国家的税收政策，引导学生进行理论学习，既拓宽了学生的知识领域，又激发了学生的学习兴趣。

（3）能力培养成效：通过多环节的教学实施，学生能够掌握发票开具的基本技能；能够根据经济业务判断开具何种发票；能够进行负数发票及带清单的发票的开具；能够通过自学应对发票形式的变化，完成新形式发票的开具任务（见图3）。

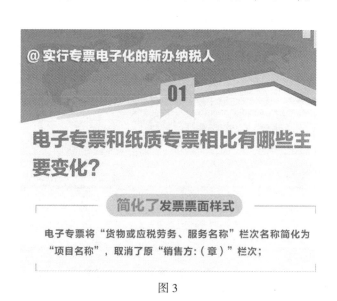

图 3

3.2 课程思政教学实施反思

（1）课程思政反思：教师应深挖教学内容与思政内容的契合点。将教学内容与思政内容完美结合，做到"如盐在水"。成熟的结合点形成典型案例推广到课程组进行教学实验。

（2）知识传授反思：知识点的教学依托 EPC 金税平台实训软件进行，教师边讲解边演示，学生边学习边训练。学习积极性和主动性都比较高，但是对于知识点深层次的理解还需教师引导。

（3）能力培养反思：学生对课堂上学到的发票开具技能可以比较顺利地进行实操，并能够很好地掌握其中的关键点。但是对于拓展的开票技能，学生还是缺乏探索的积极性。教师应该多多收集相关图文案例及视频推送给学生，引导学生进一步深入学习开票技能，养成主动学习的习惯。

附：学生部分开票成果展示（见图4、图5、图6、图7）。

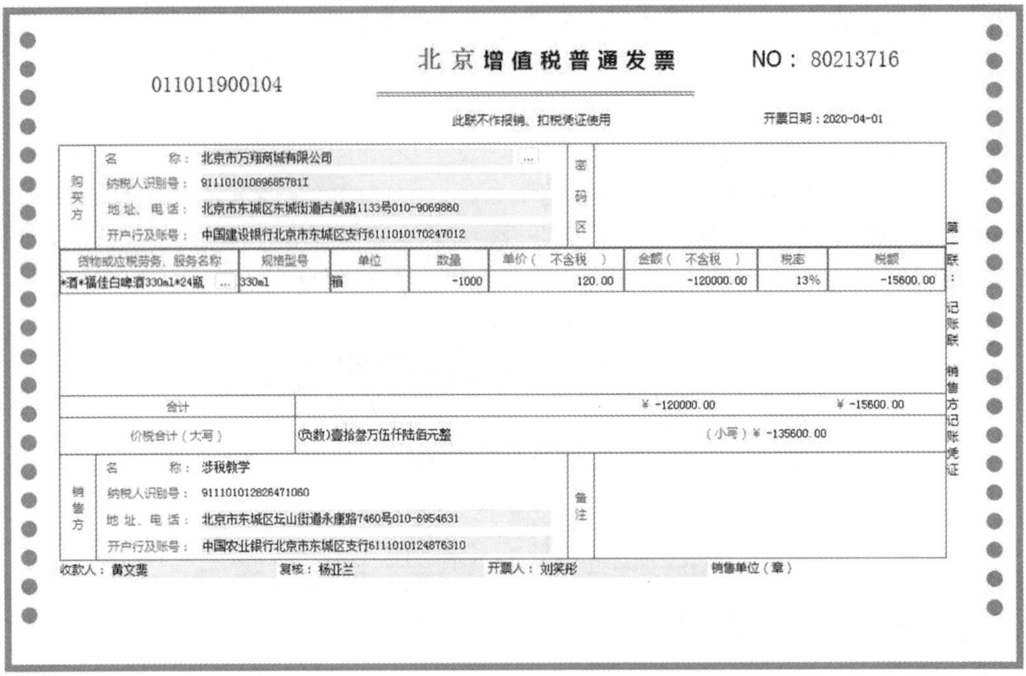
011011900104

北京增值税普通发票　NO：80213716

此联不作报销、扣税凭证使用　开票日期：2020-04-01

购买方	名　　称：北京市万翔商城有限公司 纳税人识别号：91110101089685781I 地址、电话：北京市东城区东城街道古美路1133号010-9069860 开户行及账号：中国建设银行北京市东城区支行6111010170247012	密码区

货物或应税劳务、服务名称	规格型号	单位	数量	单价（不含税）	金额（不含税）	税率	税额
*酒*福佳白啤酒330ml*24瓶	330ml	箱	-1000	120.00	-120000.00	13%	-15600.00
合计					¥ -120000.00		¥ -15600.00
价税合计（大写）	(负数)壹拾叁万伍仟陆佰元整				（小写）¥ -135600.00		

销售方	名　　称：涉税教学 纳税人识别号：911101012826471060 地址、电话：北京市东城区坛山街道永康路7460号010-6954631 开户行及账号：中国农业银行北京市东城区支行6111010124876310	备注	

收款人：黄文斐　复核：杨亚兰　开票人：刘芙彤　销售单位（章）

第一联：记账联　销售方记账凭证

图 4

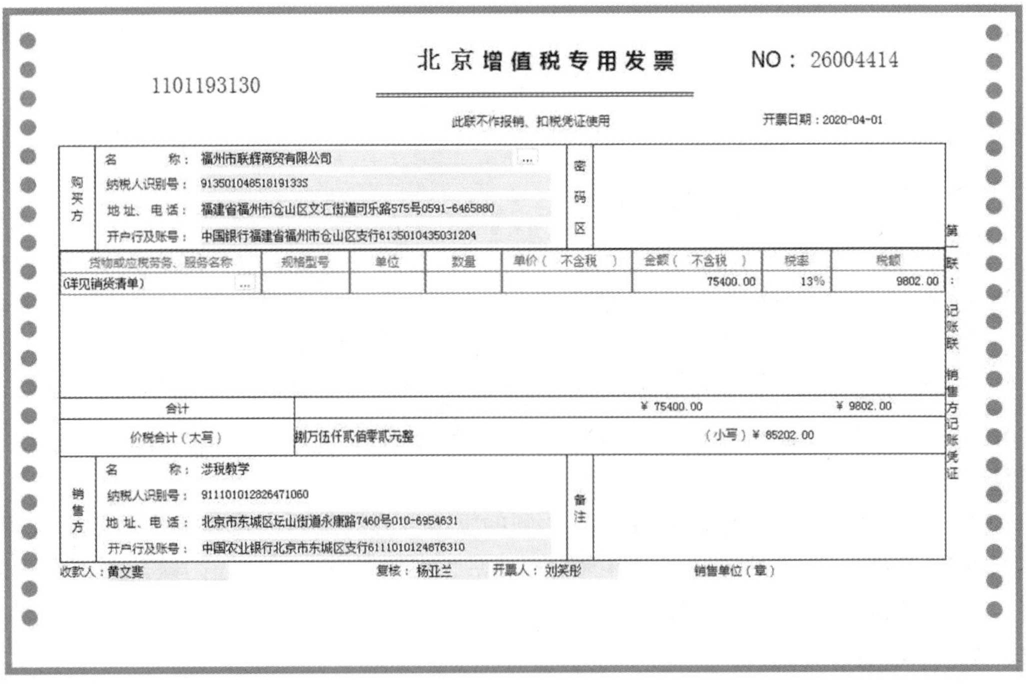
1101193130

北京增值税专用发票　NO：26004414

此联不作报销、扣税凭证使用　开票日期：2020-04-01

购买方	名　　称：福州市联辉商贸有限公司 纳税人识别号：91350104851819133S 地址、电话：福建省福州市仓山区文汇街道可乐路575号0591-6465880 开户行及账号：中国银行福建省福州市仓山区支行6135010435031204	密码区

货物或应税劳务、服务名称	规格型号	单位	数量	单价（不含税）	金额（不含税）	税率	税额
(详见销货清单)					75400.00	13%	9802.00
合计					¥ 75400.00		¥ 9802.00
价税合计（大写）	捌万伍仟贰佰零贰元整				（小写）¥ 85202.00		

销售方	名　　称：涉税教学 纳税人识别号：911101012826471060 地址、电话：北京市东城区坛山街道永康路7460号010-6954631 开户行及账号：中国农业银行北京市东城区支行6111010124876310	备注	

收款人：黄文斐　复核：杨亚兰　开票人：刘芙彤　销售单位（章）

第一联：记账联　销售方记账凭证

图 5

开具红字增值税专用发票 信息表

开票日期：2020-04-01　　　　　申请方经办人：刘芙彤　　　　　　　　NO:181522034699651899

销售方	名　　称：涉税教学 ...					购买方	名　　称：北京市阿布扎姆酒店有限公司		
	纳税人识别号：911101012826471060						纳税人识别号：911101019496505866F		
	汉字防伪标志：◉ 非汉字防伪企业 ○ 是汉字防伪企业								

货物或应税劳务、服务名称	规格型号	单位	数量	单价（不含税）	金额（不含税）	税率	税额
*酒*百威啤酒500ml*18听 ...	500ml	箱	-50	90.00	-4500	13%	-585

	合　计				金额 -4500		税额 -585

说明	○ 一、购买方申请 　　○ 1、已抵扣 　　○ 2、未抵扣 ◉ 二、销售方申请	对应蓝字专用发票密码区打印的发票信息： 　　　发票种类 专用发票 　　　发票代码 1101193130 　　　发票号码 26004410

图 6

发票代码：　1101193130　　　发票号码：　26004414　　　　　　　　　　　　　　　完成

货物或应税劳务、服务名称	规格型号	单位	数量	单价（不含税）	金额（不含税）	税率	税额
*酒*百威啤酒500ml*18听 ...	500ml	箱	100	90.00	9000.00	13%	1170.00
*酒*福佳白啤酒330ml*24瓶 ...	330ml	箱	50	120.00	6000.00	13%	780.00
*酒*百威金尊500ml*12瓶 ...	500ml	箱	50	115.00	5750.00	13%	747.50
*酒*科罗娜啤酒330ml*12瓶 ...	330ml	箱	150	95.00	14250.00	13%	1852.50
*酒*健力士黑啤440ml*24听 ...	440ml	箱	50	138.00	6900.00	13%	897.00
*酒*赖品IPA啤酒355ml*24瓶 ...	355ml	箱	50	210.00	10500.00	13%	1365.00
*酒*百威精酿大师798ml*1瓶 ...	798ml	瓶	10	100.00	1000.00	13%	130.00
*酒*百威铝瓶355ml*24听 ...	355ml	箱	100	220.00	22000.00	13%	2860.00

图 7

《外贸函电》课程思政教学设计
——以"海运货物保险书面磋商"项目教学为例

国际法商系　马欢欢　等

课程类型：专业基础课程

专家评注：

　　《外贸函电》课程基于专业定位，围绕课程将英语与外贸业务知识相结合的显著特色，以外贸业务员岗位培养目标的导向，有机地将文化自信、大国担当、诚实守信、创造精神、互利共赢等思政元素融合到教学过程中，实现人才培养与外贸企业职业能力要求相匹配，与职业标准相衔接，培养出适应市场经济需求的外贸业务人才。项目教学采用案例教学法，通过体验式师生共创，潜移默化地引导学生将专业知识、思考内容、思考角度、思维方式与岗位工作发展动态自然联系起来，展现思政育人新范式。

齐鲁工业大学　肖中俊

课程及案例简介：

　　《外贸函电》是国际经济与贸易专业的一门必修课程。它是一门将英语与外贸业务知识相结合的实用英语课程。本课程直接对应外贸业务员岗位，具备较强的实践性。本课程的主要任务是培养学生系统地学习和掌握外贸函电的写作格式、专业术语、行文方法，提高学生在外贸业务中正确使用英语的能力，帮助学生迅速适应业务岗位需要。

　　"海运货物保险书面磋商"教学项目主要涉及了对外贸易业务书面磋商中的写作原则以及海运险办理的具体业务。教师要将文化自信、大国担当、诚实守信、创造精神、互利共赢等思政元素融合到教学过程中，力求人才培养与外贸企业职业能力要求相匹配，与职业标准相衔接，培养出适应市场经济需求的外贸业务人才。

1　教学与育人目标

1.1　知识传授目标

了解外贸信函撰写的基本原则；

了解海运货物保险的种类；

1.2 能力培养目标

识记专业术语和常用表达方式；

灵活运用书面形式洽谈保险条款；

根据业务需要与保险公司签订保险条款。

1.3 思政育人目标

"海运货物保险书面磋商"教学项目是"外贸函电"课程内容基于课程思政整合重构后的第七个教学项目，思政融入路径是"经济全球化、大国担当、契约精神、尚和合、求大同，体现"协作创新、数字思维、金融风险防范、树立职业自信"等思政元素。通过对学生学习特点进行 SWOT 分析，发现学生的英语书面沟通能力以及对国、内外海运险发展现状认识薄弱。此外学生对海运险的种类和责任范围的掌握以及外贸合同的实际履约能力有待提高、在具体业务中学生的互利共赢意识、严谨业务操作意识有待增强。

因此本项目教学的思政目标旨在培养学生经济强国、文化自信的道德情操；维护企业利益、爱岗敬业、兢兢业业的业务操作能力；提升学生重合同、守信用的工匠精神；帮助学生树立互利共赢、尚合和、求大同、彰显中国智慧与大国风范的责任担当。

2 教学策略与课程思政教学实施过程设计

2.1 教学策略

首先，课程思政需要提升教师的政治素养。教师只有具备过硬的政治素质，才能更好地承担引路人的责任。教师要关心国家大事，关心时事政治，以便能够更好地培养出中国特色社会主义事业的合格建设者和可靠接班人；教师只有对中国特色社会主义充满自信，才能从政治高度认识课程思政的重要性，进而在教学中增强课程思政的感染力和说服力；教师可以借助课程思政交流平台，通过接受名家名师的指导以及与思政课教师结对，来提高自身的课程思政能力；各课程教师之间应相互沟通，探讨课程思政，使各门课程相互协同，最终实现课程思政协同育人的目标。

其次，深挖项目教学的思政内涵。一方面，教师要分析职业院校学生的现状，深度挖掘职业道德、职业素养要求，引领学生树立正确的世界观、人生观、价值观、道德观。只要是符合社会主义核心价值观、有利于塑造学生良好精神品质和健全人格的内容，都属于课程思政内容，都可以被融入实际教学。另一方面，教师应该深度挖掘知识点、能力点所蕴含的思政元素，并将思政元素有机地融入知识传授、能力培养，同时还要撰写授课计划，并进行课程思政的教案设计。

最后，健全课程思政的考核评价模式，注重过程考核评价。本教学团队认为课程思政的评价应该侧重于学习过程，课前预习、课中表现、课后作业的完成情况等都应作为评价学生学习的标准。改变单一的考核模式，可以通过案例分析来考查学生的综合素质能力，要求学生完成情景模拟。此外，教师应将认真严谨的工作态度与专业知识技能有机结合，将考核内容从课本延伸到课外，引导学生从多方面思考问题、研究问题、分析问题、解决问题。

2.2 课程思政教学实施过程设计

本项目教学以学生思考、学生质疑、学生动手操作实践为主，教师引导为辅，使学生将专业知识、思考内容、思考角度、思维方式与岗位工作发展动态自然联系起来，从而培养学生处理实际业务的能力。本项目教学采用案例教学法，具体实施步骤如下。

1. 创设情境

思政育人设计：在课堂教学中，教师引入时政新闻，培养学生的家国情怀、拓展学生的国际视野。让学生了解目前世界航运保险的突发情况、我国外贸航运险现状以及面临的诸多挑战，让学生深刻认识世界，理解中国、增强学生的外贸风险防范意识、弘扬民族自信心、彰显大国担当和中国力量，激励学生从具体工作岗位做起，践行社会主义核心价值观。

具体实施：请同学 5~8 人为一组，通过网络查询近年来世界航运的突发情况以及中国航运险的发展变化，并以小组为单位在课堂教学中讨论和发言。首先从国际范畴出发，教师通过对西非几内亚湾海盗事件、亚丁湾海盗事件、新加坡海峡海盗事件、秘鲁卡亚俄锚地海盗事件的引用，引发学生对国际海运货物保险种类与承保范围的思考。其次对于国内航运险的发展变化，教师通过具体数据和资料进行讲解。例如，2017 年，全球船舶货运保险收入达 230 亿美元，我国航运保险总收入为 148.2 亿元人民币，同比 2016 年增长 8.4%，占全球 10.6% 的市场份额。目前，我国是全球第二大航运保险市场和第一大货运险市场，根据瑞士再保险研究所的数据，预计到 2030 年，"一带一路"商业保险保费将达到 280 亿美元。诸如航运险、责任险等险种将出现明显的保费增量提升。

相比国外海运保险事件频频爆发，我国航运保险业务稳中有升，教师要在中外对比中让学生体会大国风范、中国智慧和力量，彰显中国特色社会主义道路自信和制度自信。最后，教师点拨学生外贸业务中保险条款的重要性，让学生思考如何在外贸业务中协商以及正确使用保险条款。

2. 案例布置

思政育人设计："海运货物保险书面磋商"的写作原则要从礼貌（courtesy）、体谅（consideration）、完整（completeness）三种原则出发。第一，不学礼，无以立。中国是礼仪之邦，自古至今强调以礼为先。学生在对外业务书面磋商中应该把礼貌待人放在沟通交流的首要位置，弘扬中华民族优秀传统文化，展示中华民族良好的精神风貌。第二，求同存异是中华民族智慧的结晶，虽然中西方文化各有差异，但是贸易双方互利共赢的目标是一致的，学生在对外业务书面磋商中一定要考虑对方的需求，这对维护企业形象、赢得客户信赖起到了重要作用。第三，学生在回复国外客户的信函时应该坦诚相待，回复国外客户所提出的全部问题，有利于建立相互信任的合作关系。

具体实施案例：进口商美国 ABC 公司，向出口商大连达洋服装有限公司购买一批衬衫，销售合同以 CIF 这一贸易术语成交，进口商要求出口商办理该批货物的海运保险，出口商接到进口商的通知后，向当地中国人民财产保险股份有限公司办理海运险。

教师在课堂教学中引入上述案例并启发学生思考两个问题：接到进口商的指示后，出口商如何通过信函向保险公司投保？出口商办妥货物保险后如何发函给进口商？这些问题都以围绕信函的写作原则而展开。在教师的启发下，学生以小组为单位展开头脑风暴，分工搜集相关材料。在这一环节，教师要做到抛砖引玉，鼓励学生发现问题、引导学生积极参与讨论并踊跃发言、指导学生寻找恰当的参考资料和实践素材。

3. 案例实施

思政育人设计：在小组分工协作的过程中，教师要指导学生在外贸信函的写作中，一定要秉承公正合法的原则和诚实守信的作风，维护企业的利益，树立中国企业的优良形象，勇于开拓，增强数字意识。教师还要提醒学生海运保险风险防范和注意保险费用的计算。要求学生发扬工匠精神，养成事无巨细，事必躬亲、多动脑、勤思考的业务素养。

具体实施：对于教师而言，教师通过分享时政新闻例如"伪报危险品导致船上火灾"事件，要求学生在投保业务中务必遵守保险最大诚信的原则。教师还可将"苏伊士运河航道堵塞波及全球贸易"的事件作为案例在教学中使用。

2021年3月23日，一艘悬挂巴拿马国旗的"长赐号"重型货船在苏伊士运河新航道搁浅，作为全球最繁忙的海运路线之一，苏伊士运河为来往于亚洲、中东和欧洲的船只提供重要通道，堵塞事件引起了全世界的关注和紧张。苏伊士运河堵塞，将会影响原计划从该运河运输的所有商品，其中，影响最大的有两种物资：第一种是终端产品，例如衣服鞋帽、电子产品、食品等；第二种是原料，比如石油、天然气、纸浆等，公开资料显示，通过苏伊士运河运输的石油占全部海运石油的30%，天然气占全球8%，运河堵塞势必影响这些产品的供应，进而导致其价格上涨。

教师要启发学生对苏伊士运河堵船带来的共同海损分摊问题进行思考，培养学生在业务操作中自觉维护国际利益和降低企业利益受损的风险防范意识（见图1）。

图1

对于学生而言，案例的实施过程是一个既分工又合作的过程。学生按照分工各司其职，各尽其力。有的查找海洋货物运输中可能出现的风险、损失和费用；有的搜集我国海运货物保险的种类和责任范围、有的查阅投保信函的专业术语；有的拟定保险条款；还有的计算货物的保险金额等。在这一环节教师面对学生的质疑，应该及时给予解答和指导，充分扮演组织者、协调者、业务顾问的角色。

4. 成果展示

思政育人设计：通过案例教学实施成果的展示教师要引导学生发挥主观能动性，培养学生团结协作、积极探索、勇于创新的优良品德。

具体实施：通过与教师的交流与互动、小组之间的广泛讨论，学生进一步熟悉了"海运货物保险书面磋商"的具体业务知识，掌握了业务沟通的写作原则，锻炼了信函的撰写技能。

Dear friends,

Have a good day!

I'd like to introduce our company to you. We are Shijiazhuang Dixi Wall And Clocks Co., Ltd. We have a variety of wall clocks and the offer is very competed. The material's price is higher day after day. So I think it is a good opportunity to buy and it will take you some profit.

If you are interested in us, plese call me and I will give you more information.

Best regards,

L J

TeL No.：0086136××××

Fax No.：0086-311-×××××

E-mail：dse@126.com

公司名称：石家庄市帝熙钟表有限公司　　交叉审核得分：4分

成员得分：刘宁瑶4.4分　冯立茹4.6分　刘旭阳4.3分　张驰4.2分　李鑫4.6分高萌萌4分

老师评语：4分　单词：compy company informations information 没复数。还有空格，可以把你的信拷贝到 word 里，看看有红色下画线的都是有问题的。英文句号和下个词要空格的。有几个没空，比如 Ltd. 和 we 之间。联系方式那里不要留 qq，那是中国人的，老外不知道的。可以留电话、传真、yahoo 通或 msn 等。语言很好，能够完成的表达出清晰的销售意向。

5. 案例评价

思政育人设计：学生分组讨论、学习、评价的过程中，教师要注意激发学生不甘落后、奋勇争先、追求进步、自强不息、锐意进取的创新精神。

具体实施：案例评价可以采用个人自评、小组互评、教师参评的综合评价形式来进行。既兼顾了公平、公正，又能激发学生参与案例教学的积极性。教师在评价过程中不仅要对学生的学习成果给予肯定，还要对学生在学习过程中的突出表现给予赞许，并且作为学生平时成绩考核的重要依据，进一步鼓励学生积极参与案例教学，从而让案例教学能够更加有效地开展（见图2）。

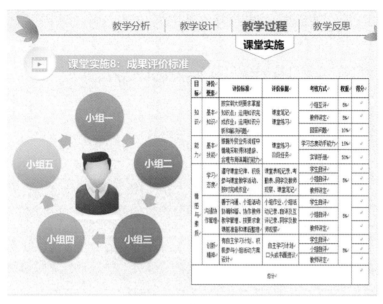

图 2

6. 案例总结

思政育人设计：通过本项目的学习，学生不仅丰富了理论知识、锻炼了业务实战能力，还恪守了从事商务活动的职业道德和与职业习惯；使用规范的书面文字进行表达。

具体实施：在进行案例评价之后，教师要及时对案例做出总结，指出本次案例教学的难点、重点以及应掌握的核心专业技能。例如，在业务知识方面，学生要注意在海运货物保险保障的部分损失中，单独海损与共同海损的区别；在海运货物保险的险别中平安险、水渍险、一切险三种基本险的责任范围的划分；一般附加险和特殊附加险是对基本险的补充和扩展，不能单独投保，只能在投保了基本险的基础上加保等问题。在英语语言应用方面，学生要注意查找、识记有关"海运货物保险书面磋商"的英文专业词汇、掌握一些固定的表达方式和实用句型、逐步积累写作经验，提升写作技能。

【设计意图】本项目教学培养目标有三个层面。

一是让学生掌握对外保险业务洽谈的专业语言基础知识，通过工学结合的教学方法使学生系统地掌握外贸业务交易中保险业务的实用专业术语和撰写原则。

二是培养学生的实际运用能力，即学生独立处理保险业务信函的能力。第一层面是基础，第二层面才是培养的终极目标之所在。教师要重视学生职业素质和职业道德的养成，激励学生努力成为爱岗敬业，乐于奉献的优秀外贸业务人员。

三是从专业课程思政的角度着力培养学生的如下能力与素养。具体表现在以下几个方面。例如，恪守从事外贸保险活动的职业道德与职业习惯；树立自觉维护国家、企业、个人利益的意识；树立诚信意识，做到重合同、守信誉，要有契约精神；树立精益求精的工匠精神和认真严谨的工作作风；培养良好的语言文化素养。在对外业务中，与客户进行书面沟通的同时必须要树立正确、坚定的价值观念。只有专业课程与思政课程共同发力，在实践教学过程中，发挥教学育人的本性，改进创新教育教学方法。例如，案例教学法把本项目教学的专业知识与思政教育有机融合，能够从知识、技能、素养等多维度开展教育教学活动，激发学生学习兴趣与创造力，才能更好实现立德树人的教育目的。

3　课程思政教学实施成效与反思

3.1　课程思政教学实施成效

1. 价值塑造成效

学生学会了如何与国外客户进行业务往来、自觉接受中华优秀传统文化的熏陶，在促进对外交流与合作、提升中国文化的国际影响力中实现人生价值。

2. 知识传授成效

学生丰富了海运货物保险业务知识、掌握了有关业务的专业术语，以及对外贸易中常见的书面写作表达方式。逐步积累了外贸函电撰写经验，提升了英文书信写作技能水平。

3. 能力培养成效

该项目教学能够从知识、技能、素养等多维度开展教育教学活动，激发了学生学习兴趣与创造力。同时提升了学生的法治意识和协作精神，激发了学生防范金融风险的意识。

3.2　课程思政教学实施反思

1. 课程思政反思

不断优化课程教学资源，深耕教材中课程思政的融入点。本课程教学团队，已经按照专业人才培养目标修订了课程标准，及时优化了课程内容，将"思政育人"元素渗透于无形，在专业教学中融入爱岗敬业、守诚信、讲仁爱、崇正义等思政元素，挖掘出本课程的育人点，探讨"三全育人"理念下专业课程的思政内涵。

2. 知识传授反思

在校企合作单位以及外贸公司企业调研和实践的基础上，根据企业岗位需求，不断优化教学设计、创新教学方法、撰写授课进度计划表、制作课程 PPT，进一步充实了本课程线上教学资源库内容，使得整个外贸业务流程全程渗透课程思政内容。

教材是一课之本，是教师讲授知识技能，学生输入知识技能的主要媒介。教材是教师从事传道授业的具体依据，是学生系统学习、发展智力、提升思政素养的重要工具，更是落实立德树人根本任务的重要载体。学生专业知识的掌握、职业素质的培养一般从对教材的感知开始，感知越丰富，观念也会越清晰。在课程思政的背景下，教师要守正创新，秉承铸魂育人，深耕教材，挖掘课程思政的融入点，进行德育渗透的教学设计与实践。既能帮助学生自主学习，又能帮助他们获得正确的价值观念和道德规范。因此，在深耕教材思政融合点时，教师要充分考虑专业知识与思政元素的契合度，将专业知识从单元向项目转变，从成片知识点向任务性知识点转变。

3. 能力培养反思

教师组织学生组成学习合作项目小组,在课上很多知识点都会以合作项目小组的形式开展,例如以共同准备案例、共同完成项目作业,学习小组竞赛等,以培养学生的团队合作精神,树立"双赢"理念,培养学生自主合作探究学习的能力。

《民航服务英语口语》课程思政教学设计

——以"紧急情况处置"为例

国际交流系　张凤君　等

课程类型：专业必修课

专家评注：

　　课程基于专业特点，围绕民航安全、乘客生命财产安全为主线，通过航空实训中心模拟机舱上课，在仿真环境中进行沉浸式教学，培养学生在空中乘务工作中下，具备国际交流视野意识，处理问题和服务乘客，保证乘客安全的能力，强化学生以人为本的价值观，培养学生的民航服务英语沟通能力，特别注重培养学生的服务意识、责任意识和民航安全意识。课堂有效引入经典思政案例，并予以体验式思政映射，学思用结合，成效突出。

齐鲁工业大学　肖中俊

课程及案例简介：

　　《民航服务英语口语》是国际交流与文化艺术系所属的空中乘务专业、表演艺术（航空服务方向）专业的一门专业核心课程，共计128学时，8学分，分四个学期学习。其任务是：以乘务员工作流程为教学顺序，经过四个学期，128学时的教学，逐步培养和提高学生用英语进行民航服务工作的能力，包括民航服务、与乘客简单交流、语音播报、处理应急事故等各种能力，凸显二十大以人民为中心的思想，挖掘思政元素，在民航服务专业英语口语教学中凸显课程思政，让学生在提高民航服务英语专业素养的同时也提高品德素养，成为专业、品德双高素质人才，为将来进行民航工作和服务社会打下良好的基础。

　　此案例选取单元为"紧急情况处置"，此单元为本课程的重点和难点部分，利用航空实训中心模拟机舱上课，在仿真环境中进行沉浸式教学，旨在培养学生在紧急情况下处理问题和服务乘客，保证乘客安全的能力，强化学生以人民为中心的意识，以人为本的价值观，培养学生的民航服务英语沟通能力，特别注重培养学生的服务意识、责任意识和民航安全意识。

1 教学与育人目标

1.1 知识传授目标

（1）掌握二十大英语关键词：以人民为中心、生命至上等；
（2）掌握责任意识、服务意识和民航安全意识等思政英语；
（3）掌握关于紧急情况处置常用的英语词汇、短语和句式；
（4）掌握关于紧急情况处置的英语播报。

1.2 能力培养目标

（1）能够在紧急情况下临危不乱、敢于担当，保证乘客安全；
（2）能够对机上乘客使用氧气面罩、救生衣、安全带、紧急出口等进行安全示范并用英语讲解。
（3）掌握飞行中突发事件下安全程序和处理原则，并能用英语指导乘客急救和沟通的能力。

1.3 思政育人目标

（1）责任意识：机组人员最重要的任务是在飞行过程中随时保证乘客的安全，在讲授紧急情况处置的英语专业知识的同时，培养学生的强烈的责任感。

（2）安全意识：民航安全关乎着乘客的生命财产安全，更关系着整个民航业的未来发展，也体现了我国的国家形象，所以，在民航安全问题上不能有丝毫差错，在本课的专业学习中引导学生进行讨论，如何在紧急情况下保证乘客的生命财产安全。

（3）服务意识：增强学生以人民为中心，全心全意为乘客服务的意识，在紧急情况下如何处理问题，才能更好地保证乘客的生命安全，是本课的重点。

2 教学策略与课程思政教学实施过程设计

2.1 教学策略

在航空实训中心模拟客舱的高仿真环境中，以真实事件改编的电影《中国机长》（中英双语字幕）中紧急状况的片段导入和穿插课堂，在学习通同步课堂的教学手段辅助下，进行沉浸式的民航服务英语的教、学、做，让学生强烈感受到安全的重要，人民是服务的中心，生命至上是急救的原则。通过学习紧急情况处置的英语词汇、句式和表达，让学生进行情景对话和语音播报，并给《中国机长》的片段进行配音来检验学习的效果，以影片给学生视觉冲击，激发学生学习热情，在模拟客舱的高仿真环境中，在学习民航服务英语口语过程中感受民航安全的重要性，唤起责任感，提高服务人民的意识，以保护乘客安全为己任，潜移默化地接受思政的熏陶。

2.2 课程思政教学实施过程设计

（1）带领学生（穿制服）进入航空实训中心模拟客舱，告诉学生：我们今天乘坐的是"中国机长"号航班，今天全体乘客的安全就交给大家了。

【设计意图】因为之前系里组织学生看过这个影片，学生就会领悟教师意图，进入沉浸式教学模式，潜意识完成从学生到乘务工作者的转换，并且感觉责任在肩。

（2）利用学习通同步课堂播放学习强国中的二十大英文播报，让学生记录关键词并复读，让入党积极分子进行领读。教师强调：全机组人员务必领会二十大的以人民为中心的精神，切实为乘客做好服务，保证乘客的生命安全（见图1）。

people-centered philosophy, take responsibility, security awareness, ensure the safety of the passengers, life first

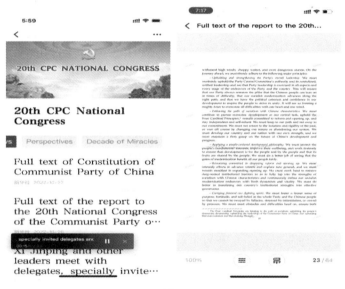

图 1

【设计意图】在学习二十大英语知识中，发挥先进分子带头作用，强化以人民为中心，为人民服务的意识。

（3）利用学习通同步课堂播放《中国机长》片段：飞机发生故障，客舱一片混乱，乘务长带领乘务员安抚乘客，帮助使用紧急设备，并让同学们讨论在这种紧急情况下我们应该怎么做？

【设计意图】开启专业知识和安全意识以及责任担当等思政教育融合模式。

（4）利用《中国机长》英文字幕，学习片段中的紧急情况处置涉及的英语表达，让学生带感情朗读。

Keep your oxygen masks on.

Please remain calm.

Sir, please remain seated.

Sir, please remain calm, please cooperate with us.

Please head back to your seat, Sir.

We've received professional training, so please trust us.

The crew can ensure everyone's safety.

Please keep on breathing everyone.

【设计意图】在视觉冲击中学习英语口语，激发学生学习兴趣，在沉浸式教学中进行民航服务英语口语和思政教育的融合。

（5）教师教授关于使用紧急设备的英语单词和句式，让学生在模拟机舱边做边说，进行情景英语对话，在学生潜意识中提升责任感、服务意识和安全意识。

life vest   n. 救生衣

oxygen mask   n. 氧气面罩

tab   n. （救生衣的）充气阀门

inflate   v. 使充气，使通货膨胀

demonstration   n. 示范，证明，示威游行

blow   v. 风吹

mouthpiece   n. （容器、管子等的）口

ankle n. 踝关节，踝

over-wing emergency exit 翼上紧急出口

brace for impact 防冲撞姿态

bounce   v. 弹跳，使弹起

a. Fasten your seat belts immediately. The plane will make an emergency landing because of the sudden breakdown of an engine.

马上系好安全带。由于飞机发动机出了问题，将进行紧急迫降。

b. Take out the life vest under your seat and put it on!

从座椅下拿出救生衣，穿上它。

c. Put the oxygen mask over your face and I will show you how to use it.

戴上氧气面罩，我将为您示范如何使用它。

d. This plane has eight emergency exits. Please locate the exit nearest to you.

本架飞机有八个安全门，请找到离你最近的那个门。

e. Release your seatbelt. Leave everything behind and come this way!

解开安全带，别拿行李朝这边走！

【设计意图】学习紧急情况处置英语，在做中学，如春雨润物般融入安全意识、全心全意为人民服务的意识和责任担当等思政教育。

（6）再次播放《中国机长》片段，教师把机长的电影英文字幕发给学生，让学生进行演练，教师进行纠正发音，在对话中强调责任感、服务意识和民航安全意识的重要性。

【设计意图】设立紧急情况情景，进一步学习专业英语，并进一步强化课程思政。

（7）学习紧急情况下的语音播报，放音频让学生跟读，然后学生进行实地播报。

【设计意图】训练学生的应急播报能力，给乘客发出正确指令，保证乘客生命安全。

Ladies and gentlemen,

May I have your attention, please?

We are putting out a minor fire that has broken out in the front of the cabin. Please keep calm and extinguish all cigarettes. Passengers sitting in the front, please follow our cabin attendants' direction. All other passengers please do not leave your seats.

Thank you for your cooperation.

（8）给学生布置任务：利用所学民航服务英语口语，给《中国机长》片段进行配音。让学习效果好的学生在课堂上做示范，根据所学表现任命机长，乘务长等，给出荣誉。

【设计意图】检验所学，给予评价，激励学生的学习兴趣，提升学生的学习幸福感，强化学生的荣誉感和责任心。

（9）布置课后任务，让学生把配音作业上传到学习通，教师评价和生生评价相结合，给出成绩（见图2）。

【设计意图】检验所学，激发学生学习兴趣，在配音过程中，电影的画面冲击感让学生对责任感和安全意识有了明确认识。

图2

3　课程思政教学实施成效与反思

3.1　课程思政教学实施成效

（1）价值塑造成效：在模拟客舱的高仿真环境中，在学习民航服务英语口语过程中感受到了民航安全的重要性，责任感得到提升，潜移默化地接受了思政的熏陶。

（2）知识传授成效：学生学会了紧急设备的英语表达和如何进行紧急情况处置的语言沟通和英语播报，同时学会了以人民为中心、民航安全和责任担当的英语表达。

（3）能力培养成效：

①学生初步掌握了在紧急情况下临危不乱、团队合作，保证乘客安全的能力；

②学生能够对机上乘客使用氧气面罩、救生衣、安全带、紧急出口、救生筏等进行安全示范，同时安全意识和责任担当精神得到了强化；

③学生掌握了飞行中突发事件的安全程序和处理原则，初步具备了英语处理问题和沟通的能力。

3.2　课程思政教学实施反思

（1）课程思政反思：这堂课的教学，让学生感受到了民航安全的重要性，能够自觉地把安全放在重要位置，珍视生命，维护民航和国家荣誉，培养了学生的安全意识、服务意识和责任感。

但是，如何把课程思政做到完美融合，还需要努力深挖思政元素，运用教学机制，上好每一堂课。

（2）知识传授反思：这堂课教给了学生的紧急情况处置的英语表达，激发了学生学习兴趣，在做中学习，在娱乐中学习。

但是，高职的课堂，如何吸引学生的注意力，让学生保持学生的热情，让学生不断巩固所学知识，是很艰巨的一项课题。

（3）能力培养反思：学生初步掌握了对氧气面罩、救生衣、安全带、紧急出口等进行英语示范的能力。

但是，学生的语言沟通和服务礼仪应进一步自然协调。

总之，课程思政在国家和学校的引领下，需要教师利用教学智慧，深挖思政元素，把思政和专业课程完美地融合在一起，是需要学校、教师和学生共同奔赴的长久工程，我们一直在路上。

《丝路贯连四海通　专列助力中国梦》课程思政教学设计

——以《物流地理》"欧洲经济区域地理"为例

经贸法务系　赵红梅　等

课程类型：专业课程

专家评注：

《物流地理》课程从经济地理角度讲授世界及我国运输布局、产业布局及其经济效用，培养学生从区域产业经济的角度分析物流现象，研究各种产业物流的地域布局问题的能力，并深度挖掘"一带一路"思政内容供给，引领学生在学习物流地理布局的过程中，深刻理解"一带一路"的内涵与外延，将文化自信、产业报国、人类命运共同体等思政元素融入知识点，形成"一线贯穿、三维辐射、专项提升、闭环驱动"课程思政模式，助力学生修能炼技、润心铸魂，为物流类课程思政建设提供有益参考。

齐鲁工业大学　肖中俊

课程及案例简介：

物流地理是现代物流管理专业的专业基础课程。本课程从经济地理角度讲授世界及我国运输布局、产业布局及其经济效用，培养学生从区域产业经济的角度分析物流现象，研究各种产业物流的地域布局问题的能力。课程以立德树人为根本任务，依托人才培养方案和课程标准，重构满足国际化物流人才要求的课程内容，旨在解决专业基础课程与职业领域衔接不紧密，学习兴趣低的问题。

随着国际物流和商流的繁荣，具备国际视野、宏观布局意识成为新时期对物流人才的基本要求。课程深度结合"一带一路"倡议，引领学生在学习物流地理布局的过程中，深刻理解"一带一路"的内涵与外延，将文化自信、产业报国、人类命运共同体等思政元素融入教学任务点，形成"一线贯穿、三维辐射、专项提升、闭环驱动"课程思政模式，助力学生修能炼技、润心铸魂（见图1）。

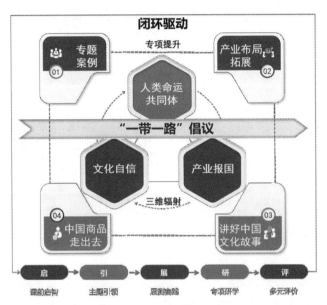

图 1　"物流地理""一线贯穿、三维辐射、专项提升、闭环驱动"课程思政教学模式

　　以项目 6 任务 2 "欧洲经济区域地理"（2 课时）为例。本次课主要内容为欧洲各国概况、产业布局和物流发展概况，中欧班列作为"一带一路"建设的重要载体，是本次课的重要内容。在这一模块嵌入"一带一路"系列专题——"丝路贯连四海通，专列助力中国梦"。通过情境创设、知识竞赛、案例探究等方法，引导学生了解其在经济文化交流方面的重要意义和作用，切身感受中国的"大国担当"以及中国力量的强大，唤醒青年的责任感和使命感。

1　教学与育人目标

1.1　知识传授目标

（1）了解欧洲经济区及主要国家概况；

（2）能准确描述中欧班列运行线路；

（3）能清晰描述欧洲各国资源、产业布局及其经济效用。

1.2　能力培养目标

（1）具备一定的欧洲地图识读及绘制能力；

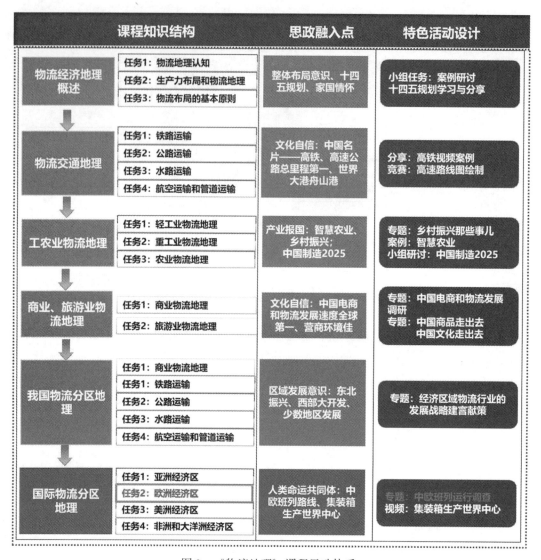

图 2 《物流地理》课程思政体系

（2）能够对欧洲各国物流布局和产业布局进行分析和评价；

（3）能分析中欧班列对"一带一路"建设的重要贡献。

1.3 思政育人目标

（1）培养学生的全球意识和全局化战略眼光；

（2）理解"一带一路"的深刻内涵和战略意义；

（3）深化"人类命运共同体"的深刻内涵和重大意义。

2 教学策略与课程思政教学实施过程设计

2.1 教学策略（见表 1）

表 1　　　　　　　　　　　　　　　教 学 策 略

授课单元	欧洲经济区域地理		授课班级	2021 级现代物流管理 1 班
内容分析	本次课为项目 6 "国际物流分区地理" ——任务 2 "欧洲经济区域地理"（2 课时），本次课主要内容为欧洲各国概况、产业布局和物流布局，其中，中欧班列既是 "一带一路" 建设的重要抓手，也是重要成果，是我们理解欧洲经济、政治、文化和中欧经济贸易的重要窗口。 　　本模块的学习将引领学生打开国际视野，关注国际区域地理及经济交流。通过课前预习、知识竞赛、分组展示等方式唤醒旧知、构建知识体系；通过物流布局、经济效用分析、思政融入引导学生将知识性较强的内容和未来职业能力联结起来，激发学习动机。本次课拟通过思政专题——中欧班列运行调查，引导学生将欧洲经济区地理和物流与我国中欧班列的运行结合起来，创设国际物流职业情境，培养学生关注国家、关心行业，使用游戏化教学、案例分析、情景模拟等不同的教学方式，丰富面授教学方式，达成教学育人目标。			
学情分析	1. 知识和技能基础 　　已具备物流基础知识的学习，具备了一定专业知识基础； 　　已完成了国内交通地理、产业地理、分区地理知识的学习，具备一定的产业布局和经济地理分析的理论和方法； 2. 认知和实践能力 　　已初步具备产业布局和经济地理分析的能力； 　　已初步具备国内物流和商流的分析和规划能力。 3. 学习特点 　　喜欢从手机和网络获取知识，喜欢在训练中寻找成就感； 　　学生的学习动力有待激发，可通过职业情境、真实项目激发学习兴趣。			
教学重点	欧洲各国物流概况及多式联运			
教学难点	中欧专列的运行现状、意义和远景			
教学方法	教法	任务驱动教学法、案例教学法、情境模拟教学法		
	学法	合作探究学习法、自主学习法		

续表

教学流程	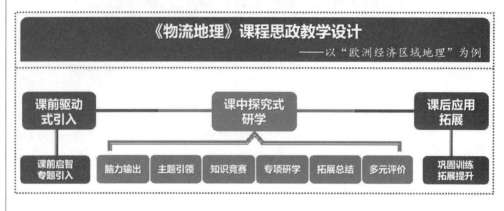

2.2 课程思政教学实施过程设计（见表2）

表2 课程思政教学实施过程设计

教学环节	教学内容	教师活动	学生活动	设计意图
		（一）课前预习：驱动式引入		
课前启智	1. 课前微课学习，并完成课前小测 2. 专题引入：中欧班列运行调查，布置小组调研任务，整理收集专题资料，并形成汇报展示文件	1. 推送图文视频材料 欧洲经济区域地理微课及小测 2. 发布专题调研任务： （1）收集资料 （2）提出问题 （3）整理汇报	1. 观看图文视频材料，完成欧洲经济区域地理微课学习，并完成小测 2. 以视频或者文字形式输出观点： （1）"中欧专列"资料调研与整理 （2）针对中欧专利发展现状找出问题，针对问题进行小组研讨 （3）形成任务成果，提交到智慧职教平台，并准备分享资料	1. 课前自学简单内容，节省课上时间进行拓展和延伸，通过小测了解学生知识储备和自学效果，调整教学策略 2. 启发心智：课前布置本次课专题任务，方便学生课前查阅资料。通过调研感受国际视野的重要性，积蓄心智能量，为课中的全情投入做好储备

教学环节	教学内容	教师活动	学生活动	设计意图
（二）课上学习：探究式推进				
环节一： 脑力输出 10min	1. 智慧职教签到，开启课堂 2. 中欧班列调研分享 3. 观看视频《你好，一带一路》第十一集——海陆交汇（荷兰）	1. 发布签到任务布置主题分享活动 2. 小组分享课前任务 3. 指出学生分享中的创新点和薄弱点，精准点评，给学生明确的建议 4. 发布视频观看任务，引导学生收集荷兰物流地理资料，了解鹿特丹港口的战略意义 5. 鼓励个人积极发表意见，形成关键词词云。由词云引入新课教学关键内容	1. 积极准备，深度参与输出分享 2. 认真聆听他人分享，适当存疑，科学评价他人分享 3. 根据其他同学分享自愿提出问题，上传职教云 4. 积极收集"一带一路"和荷兰的资料，为完成后期课堂任务做准备	1. 检测知识最好的途径是你有能力把它讲解给其他人 2. 对课前活动做闭环处理，拓宽思维认知 3. 感受荷兰这个"一带一路"的交会点，它的风车、郁金香、木鞋、自行车极具特色，体会荷兰文化，调研丝绸之路上最繁忙的港口——鹿特丹在丝绸之路上古今的战略意义 4. 分享以语言输出、文字输出、体验式输出形式体现，锻炼学生多维思考的综合素能
环节二： 情境导入 15min	1. 新课导入，创设情境 2. 阅读案例： （1）中欧贸易数据全览 （2）2021年中欧班列如何借东风 3. 子任务一描述	1. 教师创设情境：搜索自己身边的进口商品和出口商品 2. 发布案例： （1）中欧贸易数据全览 （2）2021年中欧班列如何借东风 3. 启发思考中欧进出口贸易的重要性，感受中欧专列的重要意义 4. 发布子任务一：从区位、气候、经济、文化、主要国家等角度了解欧洲 5. 组织小组互评	1. 积极思考，小组研讨，身边的进口商品和出口商品 2. 回答两种方法在直观性方面的感受 3. 思考并讨论中欧专列为沿线国家带来哪些影响 4. 接收任务要求，团队协作完成任务 5. 提交任务至平台并为其他团队打分	1. 引导学生感受进出口贸易与自身的连接 2. 引导学生了解中国和欧洲的经济交流，打开国际物流视野，激发学生学习动机 3. 引导学生认识疫情之下没有国家可以独善其身，树立"人类命运共同体"的内涵和意义

教学环节	教学内容	教师活动	学生活动	设计意图
环节三：欧洲绘图和知识竞赛 40min	欧洲绘图和知识竞赛：欧洲各国地理概况、产业概况和经济文化	1. 欧洲版图国家板块认知抢答 2. 欧洲国家地理、经济、文化知识必答题 结合国家概况和行业发展，深入剖析国家经济、产业布局、进出口贸易； 3. 你说我猜题	1. 组内分工，达成协作规则 2. 全情投入竞赛，积极应对，发挥小组协作效应 3. 记录知识漏洞	1. 通过分组协作，完成欧洲版图国家板块知识抢答，辨识欧洲分区和欧洲国家，通过得分统计，查漏补缺 2. 以必答题的形式进一步提高主观题的参与度，引导学生主动思考，提升学生的主体作用，增强体验感，实现教学的循循善诱，同时也为接下来的教学重点难点的突破做好问题铺垫 3. 你说我猜的趣味形式增进同学间的了解，考验同学间的默契，并在竞赛模式下激发学习和参与热情，对关键知识点进行强化
环节四："中欧专列"专题 20min	1. 中欧专列的起源 2. 中欧专列路线图 3. 中欧专列对"一带一路"的突出贡献	1. 发布案例 2. 引导探究中欧专列的发展历程 3. 讲授中欧专列最新路线图——"三条通道""五个口岸"畅通中欧班列，引导学生结合欧洲各国产业布局分析进出口贸易的产品流量流向 4. 布置小组研讨子任务：中欧专列对"一带一路"的贡献，并做出分享	1. 小组合作完成教师给定案例，遇到瓶颈积极进行商讨、笔记查询，身心投入解决问题 2. 听讲、记录并跟随教师设问积极思考 3. 针对案例完成过程中的各项问题进行记录，梳理出解决问题的思路，准备下个环节进行分享 4. 小组分享观点	1. 通过具体案例的叙述与视频素材的运用，让学生们更为直观地感受到"中欧班列"的巨大作用和战略意义，为接下来探究做好铺垫，做好理性与感性分析的基础 2. 翔实的案例激发学生对中欧班列知识的探索欲，帮助学生更好地展开后续的探究学习，弘扬"人类命运共同体"的全球经济治理理念，鼓励学生未来投身到"一带一路"的建设中去 3. 紧扣"中欧班列"专题，拓展国际物流地理知识，链接经济地理和物流的关系，提升物流专业知识和能力

教学环节	教学内容	教师活动	学生活动	设计意图
环节五：专题拓展和总结 5min	专题拓展与总结	1. 布置知识点归纳总结任务 2. 布置任务：整理笔记并尝试绘制中欧班列路线图 3. 课堂问题当堂解决，答疑解惑	1. 完成欧洲经济区和中欧班列要点总结，并提交智慧职教平台 2. 记录任务，并制定任务完成的组内分工和时间规划 3. 借助老师提供的任务资源，积累解决问题的能力 4. 针对课堂疑难提出问题	1. 总结提炼，归纳演绎，重点突破 2. 引导学生深入思考欧洲经济地理布局、国际交流，融合国际物流和商流，进一步拓展学生的国际视野，深入感受中国作为负责任大国的国家态度，引导学生具备家国天下的情怀以及社会责任感 3. 引导学生提出问题，查漏补缺，保证课堂教学效果
环节六：多元评价 5min	学生自评 小组互评 教师点评	指导学生在线填写自评表 组织小组互评 教师点评当堂课任务并总结归纳	学生在线填写自评表 小组协商后发表互评意见 聆听并记录老师点评意见	

（三）课后拓展：参与式巩固

教学环节	教学内容	教师活动	学生活动	设计意图
环节七：课后巩固拓展	拓展巩固	1. 布置下一次课预习微课及任务 2. 布置拓展任务：如何理解中欧班列和"一带一路"的关系 3. 发布任务支持资源	1. 结合任务指导书完成任务，验证表上作业法的实践效果 2. 总结提炼实际业务运用理论方法的前提条件和应用局限，探讨改善思路	1. 刻意练习、巩固内化：通过虚拟仿真和企业实地多重验证方法应用效果，使图上作业法和表上作业法的方法、步骤真正内化于心，培育解决实际问题的职场能力，坚定职业信念 2. 获得并利用资源，是完成任务、解决问题的必要手段

3　课程思政教学实施成效与反思

3.1　课程思政教学实施成效

1. 价值塑造成效

学生学习内容围绕"一带一路"这条思政主线,学习过程沉浸式参与四大专项活动,在教学中不断强化"一带一路"、文化自信、产业报国理念,在本章节中通过中欧专列的专项学习,将欧洲和我国的经济文化联接起来,在学习专业知识的同时,浸润"丝路精神",体悟"丝路贯连四海通,专列助力中国梦"的宏大愿景,培育"人类命运共同体"的意识,增强新青年历史使命感和时代责任感。授课班级对《物流地理》产生了浓厚的兴趣,积累了大量地理知识,初步具备了布局意识,这在后续课程《现代运输运营实务》《配送管理》《物流企业模拟经营沙盘》中都有所体现,并在"长风学霸赛之运输传奇大战""智慧物流作业方案设计与实施"中取得了优异成绩,在课后调研中,有78%的同学表示愿意就职国际物流相关岗位,为国际交流与合作贡献自己的微薄力量。

教师在课程设计、授课、反思过程中,提升了课程设计能力,对"一带一路"倡议的内涵理解更加深刻,形成了《物流地理》课程思政教学模式和教学案例集。教室团队参加河北省教学能力大赛获得省级三等奖。

2. 知识传授成效

通过思政浸润,激发学习兴趣,链接专业知识和职业素养。通过了解欧洲各国概况和中欧班列运行情况,积累国际物流专业知识和能力,拓宽就业可能性。

开课班级在本知识点学习中表现优异,课前测和课后拓展准确率在90%以上,课程优良率92%以上。

3. 能力培养成效

通过案例分析、专题拓展塑造国际物流布局的认知能力,具备中欧班列线路基本识图能力和路线规划能力。在后续课程中,同学们规划意识强,运输和配送路线规划准确。毕业生实习留用率达98%,并得到了用人单位的广泛认可。

3.2　课程思政教学实施反思

1. 课程思政反思

受限于个人经验、知识结构的限制,各位同学在理解"一带一路"和中欧班列的战略意义上存在参差不齐的现象,应加强课前资料导读,并提供多样化资源。

单次课程的思政刺激是瞬时的,达到持续刺激需要体系化的思政浸润,通过仅仅一门课程很难实现,应尽快建设专业课程思政素材库,在整体培养计划中进行润心铸魂。

2. 知识传授反思

中欧班列环节专题的学习目前主要停留在初步了解和宏观认知,教学内容的广度和深度还有待进一步深挖。课程组需要继续围绕现代物流管理专业就业岗位群开发学习领域,形成完整、体系化的课程思政内容,进一步深化课程思政润心铸魂的效果。

3. 能力培养反思

专业基础课程更多地培养学生的学习能力、分析问题和解决问题的能力。课程组需要在以后的授课过程中，深入挖掘校企合作企业的实践案例，设计开发企业实践任务，通过理实一体为学生塑造职业心态、提升职业能力做好充足准备。

《国际贸易实务（英）》课程思政教学设计

——以"国际贸易支付方式——汇付"为例

国际交流系　张元慧　等

课程类型：专业基础课程

专家评注：

该案例选取了《国际贸易实务（英）》课程中"国际贸易支付方式——汇付"这一内容开展了课程思政教学设计。结合课程内容挖掘了大国意识、家国情怀、工匠精神、高度的结汇风险意识、商业伦理和职业道德，履行职责等思政元素。并结合党的二十大报告相关内容，强化学生职业自信，树立"中国梦"式的德育新风。教学实施过程注重启发引导，调动学生参与学习的主动性。

延安大学　曹殿波

课程及案例简介：

《国际贸易实务（英）》课程是河北政法职业学院商务英语专业的专业基础课，本课程以"诚实守信"为基本准则，以国际货物买卖为对象，以国际贸易合同为核心，联系我国外贸实际，用英文讲解和学习进出口业务各个环节的基础理论与技能。开设对象是商务英语专业的学生，本课程坚持"立德树人"的根本，重在打造高素质复合型数字贸易技术技能人才能力，融合外贸业务员岗位，重合同、守信用的工作要求，以树立严谨的合同关、精益求精的单证关为目标，培养具有秉匠心、践匠行的工匠精神和诚实守信的职业道德操守的外贸专业人才。本课程采用 OBE 结果导向型课程设计理念，根据外贸职业岗位要求设置课程内容，具体涉及合同的磋商与签订、商品的价格、商品的包装和标记、国际支付和结算、国际货物运输与保险、争议的预防与处理等。本课程融合课程思政内容，将开学第一课、立德树人、诚实守信、工匠精神和社会主义思想和社会主义核心价值观等思政内容融入课程体系，同时将"二十大"提出的习近平新时代中国特色社会主义思想，以中国式现代化全面推进中华民族伟大复兴，全面建成社会主义现代化强国的战略安排融入课程思政。使学生在具备专业能力的基础上，树立正确的人生观和价值观，民族复兴、责任担当、行业担当、坚定积极健康的理想信念，不忘初心，诚信经营，遵守商业伦理和职业道德，实现"三全育人"（见表1）。

表1

课程内容＼思政元素	马克思主义理论与方法	习近平新时代中国特色社会主义思想	诚实守信	严谨、精益求精的工匠精神	大国意识、家国情怀	风险意识	敬业守业的职业精神和职业道德	个人修养与法律	中国文化与精神
合同的制定	✓	✓	✓	✓	✓	✓	✓	✓	✓
商品的价格	✓	✓	✓	✓	✓	✓	✓		
商品的包装和标记	✓	✓	✓	✓	✓		✓		
国际支付和结算	✓	✓	✓	✓	✓	✓	✓	✓	
国际货物运输和保险	✓	✓	✓	✓	✓	✓	✓	✓	
商品的检验	✓	✓	✓	✓	✓	✓	✓		
申诉和索赔	✓	✓	✓	✓	✓	✓	✓	✓	✓

选取本课程第三章 International Payment and Settlement 国际支付和结算中的国际支付方式——汇付一节课的内容，加入大国意识、家国情怀、工匠精神、高度的结汇风险意识、遵守商业伦理和职业道德，履行职责等思政元素。同时将"二十大"提出的习近平新时代中国特色社会主义思想，以中国式现代化全面推进中华民族伟大复兴，全面建成社会主义现代化强国的战略安排融入本节课思政。"二十大"提出的有利于对外贸易的政策目标加入课程，如推动共建"一带一路"高质量发展；实施自由贸易试验区提升战略，扩大面向全球的高标准自由贸易区网络；有序推进人民币国际化等国家战略，强化学生的职业自信，树立一种"中国梦"式的正确的德育新风。

1　教学与育人目标

1.1　知识传授目标

学习并掌握国际贸易支付和结算常用的一种支付方式：汇付及其流程。通过本课的学习，学生了解并掌握汇付的含义、参与当事人、分类、内容、性质、作用、特点及其流程。

1.2　能力培养目标

通过国际贸易常用支付方式——汇付以及支付流程的学习，以及相关案例的导入，使学生掌握国际贸易支付和结算的实操能力，培养学生解决问题的应用能力，提高防范各种支付风险的应对能力。

1.3　思政育人目标

通过了解我国商品出口总额世界排名第一，培养学生的大国意识，民族自豪感；在本节课专业课的学习中，培养培养学生具有高度的结汇风险意识。结合贸易实务中的货款结算案例，如汇付和托收中进口商不按时付款获拖欠货款、信用证结算业务中进口商和银行给受益人设置的付款陷阱等事件，让学生明白进出口货物交易中货款结算的等多方面风险问题，培养学生商业社会中的风险意识，让学生清楚，每一种结算方式，都有不同程度的收汇风险，都要具有高度的风险防范意识。

同时培养学生遵守商业伦理和职业道德，履行职责。通过学习，培养学生具备良好的商业伦理和社会职业道德、知识产权保护、个人隐私保护等意识，不论作为进口商还是出口商，要想在商业社会中立足，必须具备起码的商业伦理和职业道德，方能有长远的发展，达到践行教育的初心和使命。

同时将"二十大"提出的习近平新时代中国特色社会主义思想，以中国式现代化全面推进中华民族伟大复兴，全面建成社会主义现代化强国的战略安排融入本节课思政。教师讲授"二十大"提出的有利于外贸政策的建设目标：如推动共建"一带一路"高质量发展；实施自由贸易试验区提升战略，扩大面向全球的高标准自由贸易区网络；有序推进人民币国际化等，强化学生的职业自信，树立一种"中国梦"式的正确的德育新风。

2　教学策略与课程思政教学实施过程设计

2.1　教学策略

本课程围绕学习任务，根据高职学生的特点，因材施教，合理把握教学进度，重点难点突出，使用案例式、混合式、探究式、小组讨论式、情境教学法等多种教学模式，案例分析讲授和讨论结合，实操与经验总结相结合，采取"六部三阶段法"开展教学。

问题导入、知识讲授、启发探索、学生讨论、情境模拟、课程反思六步。教学情境创设引学、课内学习互动实践、研讨提升再学习三阶段。通过设计新颖的教学活动，激发学生的学习兴趣和潜能，每一个知识点的教学活动大致为：课前通过观看在线视频和在线学习资料预习课程内容，讨论区提出问题，课堂上教师讲授加讨论、模拟演练实践操作、解答讨论区问题，线上或线下课程学习讨论，随堂在线测试，讨论区完整解答问题，课后完成如角色扮演、问卷调查、撰写心得体会等在线作业，作业互评，教师讲评。

通过基因式增添思政元素，让课程教学处处存在思政味道。结合本课程的专业属性与思政功能，将教学过程分解为教学情境创设引学、课内学习、互动、实践和研讨提升再学习三阶段，思政元素贯穿整个教学过程，帮助学生形成良好的职业道德和职业精神（见图1）。

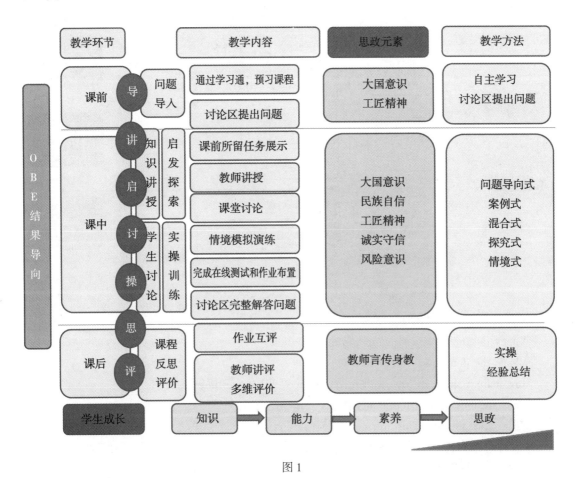

图1

本课程建立了以日常教学监督为基础，师生多方参与考评，学生自评、互评相结合，主讲教师共同反馈的多维度评价体系。课堂教学占35%，包括5%出勤情况，5%参与讨论情况，10%完成作业情况，5%随堂测试，10%在线期末考试。实践教学占35%，包括10%参与实践次数，10%完成实践任务，15%提交实践作业。思政态度占30%，包括专业课认可度、职业岗位态度、理想信念目标，10%主讲教师评价，10%学生自评，10%学生互评构成。这样不仅可以保证考评机制对学生公平性，还能帮助教师在保证课程育人质量的同时，从根本上落实思政育人目标（见图2）。

2.2 课程思政教学实施过程设计

2.2.1 课前预习

（1）教师通过学习通发布学习任务，通过学习通在线课的案例、课件和视频等学习资料，提前了解国际贸易支付和结算相关专业知识。

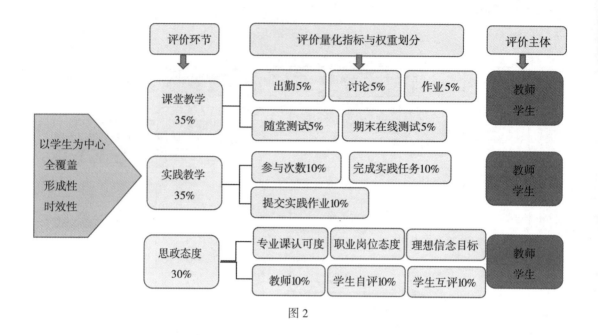

图 2

学习通发布讨论话题：

What's the three main types of payment methods?

What's the definition of remittance?

How many parties are involved in remittance? What are they?

What are the types of remittance?

Write down the procedure of remittance.

【设计意图】通过课前学习任务的完成，使学生利用网络和在线课，预习所学的专业知识，带着问题进行课堂的学习。

通过讨论话题的引入，使同学们提前了解汇付的定义、参与方、种类及其流程，为课堂讲授打下理论基础。

（2）提前布置课堂展示任务，如本节课课前任务是通过互联网了解我国国际贸易的现状和地位。课堂上会有两组进行课堂展示。

【设计意图】学生自主在网络进行信息的搜索和收集，通过了解我国国际贸易的现状，了解到我国已经是一个贸易大国，同时正在向贸易强国转变。树立民族自信和大国意识。

2.2.2　课堂教学实施

（1）课堂上随机要求两组同学进行课前所布置任务的展示（时长 10 分钟），同学们自己制作精美的 PPT，里面有文字有图片，兴奋地展示我国国际贸易的现状，自信和自豪之情溢于言表，当讲到全世界贸易出口总量排名，我国的贸易出口量排名从 1970 年无缘前十到 2013 年我国成为世界第一，直到现在稳居世界第一的时候，学生们发出感慨，觉得作为中华儿女非常自豪。加深了学生们的大国情怀和家国意识，纷纷表态要好好学习，为祖的的对外贸易发展贡献自己的力量。

【设计意图】通过学生们课堂展示，了解到我国目前国际贸易出口额世界第一，我们国家已经是一个贸易强国，树立民族自信和大国意识。教师总结时加入"二十大"精神和国家发展战略，加强了学生的职业自信。

同时教师把"二十大"提出的有利于外贸的建设目标告诉同学们：如推动共建"一带一路"高质量发展；加快建设西部陆海新通道；实施自由贸易试验区提升战略，扩大面向全球的高标准自由贸易区网络；有序推进人民币国际化等。同学们了解到国家战略发展目标和方向以后，对以后从事外贸工作更加有信心，对未来的职业发展充满憧憬。

（2）创设情境，引出案例（时长 40 分钟）。

课堂专业课内容的讲授和讨论，当讲到某些专业知识时，结合相关课程思政案例让同学们进行讨论。本环节专业知识包括（汇付的定义、类型、参与方及其实操流程）。

教师讲授汇付的种类：电汇 T/T、信汇 M/T 和票汇 D/D，汇付是出口商通过银行向进口商汇款。此时引入时事案例：全球各个国家大部分银行是通过国际银行同业间的国际合作组织即全球同业银行金融电讯协会 SWIFT 进行支付和结算。向同学们介绍 SWIFT 的起源、发展及在国际支付结算中的作用，也就是说目前来说 SWIFT 是国际各个国家银行和商业机构之间支付和结算最方便、最高效、最经济的支付和结算平台。同时同学们也了解到国际贸易主要结算货币是美元，占比 39.92%，其次是欧元，占比 36.56%，而人民币占比只有 2.7%。结合 2022 年 2 月时事热点新闻，俄罗斯被禁用 SWIFT，就这个新闻让同学们讨论，这个举措对俄罗斯经济和对外贸易是否有打击？我们国家应该从中吸取什么教训？通过的讨论和发言，同学们认为这项举措对俄罗斯进出口贸易产生巨大的影响和打击，提高俄罗斯进出口贸易结算成本，对其本国经济影响也是巨大的。我们国家应该从这个事件吸取教训，我们作为外贸人，要提高风险意识，要努力工作，提高人民币的国际地位，使自己不再受制于人。教师进行总结：我们国家正在朝这个方向努力，如中国已经与40 多个国家或地区签署货币互换协议，互换总金额已经超过了 3 万亿元人民币，正在逐渐提高人民币的国际地位。教师强调在"二十大"报告中，我们国家提出的有序推进人民币国际化的战略安排，同学们再一次被我们国家领导人的高瞻远瞩折服，纷纷表达作为中华儿女非常自豪和表态为祖国未来的战略目标推进贡献自己的微薄之力。

【设计意图】通过学生们课堂讨论，使同学们了解国际贸易支付和结算现状，竖立危机意识，行业意识及社会责任感。更加了解努力学习，建设祖国，让祖国变得更富强，就是爱国，就是实现伟大的中国梦。

（3）课堂情境模拟演练（时长 15 分钟）。

学生学习完汇付流程后，去讲台模拟其流程，既巩固了所学专业知识内容，又锻炼了学生的自信和表达能力，学习效果反馈良好。

【设计意图】通过部分同学去讲台进行汇付流程的模拟演练，了解学生的学习效果，同时锻炼学生的语言表达能力和勇于展示自己的能力。

（4）课堂案例讨论（时长 15 分钟）。

课堂上展示两个支付案例，通过案例的学习和讨论，同学们了解到汇付和托收中进口商不按时付款、拖欠货款或者给受益人设置陷阱等，让学生明白进出口货物交易中货款结

Case study.

1. Company A made an export contract with Company B and the contract stipulated that the settlement was made by sight L/C. After receiving the relevant L/C from Bank X, Company A made shipment. When the cargo was on the way, Company A got the news that Company B filed for bankruptcy. Can Company A get the payment? Please analyze the case and give your reasons.

Analysis: Yes, Company A can get payment.

Under L/C, the opening bank other than the importer takes the primary liability of making payment on condition that the exporter satisfies the terms and conditions in the credit.

Case study.

2. Importer Company E paid Bank Q against the seemingly correct shipping documents, he went to take the delivery, but found out that the goods were of inferior quality. Is Bank Q liable for the inferior goods under UCP600? Can the importer do anything in order to recover the loss? Please analyze the case and give your reasons.

Analysis: No, Bank Q is not liable for that.

Under L/C, the transaction is document transaction. All parties concerned only care about the documents regardless of the actual situation of the goods. So long as the exporter presents all the required documents the opening bank should fulfill its payment obligation.

The importer is suggested to claim against the exporter according to the sales contract.

算等多方面风险问题。

【设计意图】通过案例的学习和讨论，让学生明白进出口货物交易中货款结算的等多方面风险问题，培养培养学生具有高度的结汇风险意识。让学生清楚，每一种结算方式，都有不同程度的收汇风险，都要具有高度的风险防范意识。

同时培养学生遵守商业伦理和职业道德，履行职责。不论作为进口商还是出口商，要想在商业社会中立足，必须具备起码的商业伦理和职业道德，方能有长远的发展，同时再一次强调本课程的核心思政，我们要诚实守信。

（5）课堂上完成在线测试和课下作业的布置（5分钟）。

课堂上发布测试任务，系统自动评分，查看学生的专业学习效果，同时布置课后作业。

【设计意图】通过在线测试，了解学生专业学习效果，为后面的教学安排提供依据。

（6）解答讨论区问题（时长5分钟）。

【设计意图】解答课前讨论问题，通过教师的解答和总结，解决了同学们的疑惑和不明白的知识点，巩固所学专业知识。

2.2.3　课后任务

1. 专业课作业

布置角色扮演的课后任务，要求各小组进行汇付这种支付方式的国际支付和结算全流程的英文情境模拟演练，分进口商、出口商、银行以及相关参与的商业机构。录制视频上传学习通，小组之间互评，教师评价相结合（见图3）。

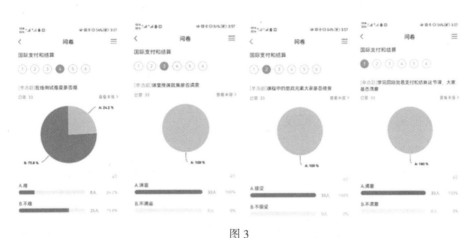

图3

【设计意图】通过本任务的实施，使全体学生们全程参与汇付的支付和结算全流程，加深专业知识的学习的同时，强化高度的结汇风险意识、遵守商业伦理和职业道德。

教师评价、学生互评，从多维度评价学生的学习效果。

2. 思政效果评价

学习通完成本节课思政问卷调查。

撰写学习本节课的心得体会（见图4）。

图4

【设计意图】通过在线课平台发放调查问卷，对学生价值观等内化程度量化评价。100%同学对于课堂授课效果表示非常满意；100%同学对于思政元素的加入非常接受；97%的同学认为情境模拟演练对专业课的学习非常有帮助；97%的同学认为小组讨论这种学习方法很满意；75.8%的同学觉得在线测试不难。通过问卷调查，了解同学们的学习效果，为课程改革和后续安排提供数据支撑。

通过学生撰写心得体会，给予定性评价。学生们反映本节课非常有收获。

3 课程思政教学实施成效与反思

3.1 课程思政教学实施成效

（1）价值塑造成效：竖立民族自信、大国意识、家国情怀、社会责任、行业担当、高度的结汇风险意识、遵守商业伦理和职业道德，同时在课堂中潜移默化加深学生做事认真负责的工匠精神。在课堂上传递"二十大"精神及我们国家的国家战略，提高学生的职业自信。

（2）知识传授成效：采用 OBE 结果导向型课程设计理念，用英语学习并掌握国际贸易支付和结算相关专业知识及实操，通过本节课的教师课堂讲授、学生讨论和模拟演练等环节的学习，实现了学生知识、能力和素养的综合提升，实现学做一体，大大提高了学生的实操能力。

（3）能力培养成效：通过国际贸易常用支付方式以及支付流程的学习，使学生掌握国际贸易支付和结算的实操能力。

多维的考评体系，考核形式多样化，评价主体多元化、评分标准导向化，构建知识、能力和思政并重的多元考核体系。激发学生爱国、爱党、爱校的热情，在关注专业知识的学习的同时，关注自身能力提高和思想政治水平。

3.2 课程思政教学实施反思

（1）课程思政反思：本课程育人设计体系还需要更加完善，同时在课堂上应注意思政话语的转换，将立德树人等宽泛的政策话语转换成有情、有意、有爱、有温度的专业话语和学术话语，做到润物细无声。

（2）知识传授反思：本节课课程内容要求学生掌握汇付相关专业知识及其流程，通过在线测试，90%的同学基本掌握汇付这种支付方式及其流程相关的专业知识，但有 8%没有完全掌握，还需要课下复习和巩固；通过课下角色扮演作业的完成情况，83%的同学完成度达到优秀水平；通过问卷，询问同学们对这节课的满意度，100%表示非常满意。但还有少部分同学没有达到优秀水平，学习动力不足，教师需要课下同部分同学座谈了解情况，完善课程。

同时，一个好的课堂应该是尽量让更多的学生参与其中并且有所思、有所得，今后更加注重培养学生的思考能力，让学生学会学习、会思考、会辨别，而不是单纯的接受。

（3）能力培养反思：情境模拟演练有很多同学的积极性有待提升；小组上传学习通作业，同学们扮演不同角色，有部分同学没有参与或者参与度少，教师通过设置更人性化的激励办法，让更多的同学参与进来，锻炼表达能力、团队协作等各种能力。

创新能力是大学生所应该具备的一个非常重要的能力，本课程今后应加强这方面的培养力度。

现在社会的发展，对学生的专业能力素质提出更高的要求，课堂上除了注重本课程专业能力的培养，今后加强外贸从业人员综合素质的培养，不仅是知识能力、专业的实操能力，还应加强爱国意识、大国意识、行业意识等方面的职业道德素质能力的培养。

《现代运输运营实务》课程思政教学设计

——以"节约里程法"为例

经贸法务系　王　红　等

课程类型：专业课程

专家评注：

　　该案例选取《现代运输运营实务》课程中的"节约里程法"这一内容进行了课程思政教学设计。将认真细致工作态度、科学方法、管理理念等内容作为育人目标，对教学过程进行了精细化设计，通过丰富的教学活动，稳步实现教学目标。整个过程没有生硬的说教，专业教学的主线鲜明，通过引导学生体验、反思实现隐性育人，实现了润物无声的效果。

延安大学　曹殿波

课程及案例简介：

　　该课程是现代物流管理专业的一门专业核心课程，通过对物流管理相关工作岗位进行充分调研和分析，引入基于工作过程的课程开发理论，目标是让学生掌握有关物流货物运输方式和物流配送等方面的知识，使学生能够进行物流运输业务受理和业务配送。同时课程以立德树人为根本任务，浸润"绿色运输""7S"管理课程思政，建立"碳排放"和个人生活、学习的链接。

　　该课程的培养目标是具有"专业素养、劳动精神、科技意识"的新时代物流运输业务人才。通过边理论边实践的方式，使学生成长为具备运输运营组织能力、物流专业视角和物流管理思维的专业化人才。

　　以项目三中的任务二"一对多"运输路由规划节约里程法为例，总计4学时。授课内容为"节约里程法原理与操作步骤""节约里程法虚拟仿真方案设计""节约里程法虚拟仿真方案实施""配送中心的岗位职责"总计4学时。根据"现代运输运营实务"课程标准和1+X职业技能等级认证物流管理教材项目3任务1配送线路及配载优化及项目4任务2运输调度管理内容，设计本节教学内容。

1 教学与育人目标

1.1 知识传授目标

（1）掌握节约里程法的基本原理和操作步骤；

（2）熟悉节约里程法虚拟仿真方案设计要点；

（3）熟悉节约里程法虚拟仿真方案实施要点；

（4）了解配送中心的主要岗位和职责。

1.2 能力培养目标

（1）能正确进行节约里程法数据核算；

（2）能使用节约里程法制定简单的连锁企业物资配送路由规划方案；

（3）能够在虚拟仿真情景中熟练地完成普通货物运输作业现场的操作作业及管理组织工作；

（4）能够使用沙盘模拟运输配送中心操作流程。

1.3 思政育人目标

（1）树立认真细致的工作态度；

（2）浸润 7S 管理（整理、整顿、清扫、清洁、素养、安全和节约）于日常工作学习中；

（3）感受科学方法（节约里程法）在运输配送运营中的作用，帮助企业降低成本，提高效益，体现绿色物流的效用。

2 教学策略与课程思政教学实施过程设计

2.1 教学策略（见表1）

表1

教学课题	任务二"一对多"运输路由规划节约里程法 ——节约里程法原理与操作步骤、节约里程法虚拟仿真方案设计、节约里程法虚拟仿真方案实施、配送中心岗位与职责				
授课对象	2020 级物流管理（智慧物流方向）1 班			授课学时	4 学时（180 分钟）
课程名称	《现代运输运营实务》	授课类型	理实一体	授课地点	物流综合实训室

教学内容	本节课是项目三中的任务二"一对多"运输路由规划节约里程法，授课内容为"节约里程法原理与操作步骤"、"节约里程法虚拟仿真方案设计"、"节约里程法虚拟仿真方案实施"、"配送中心的岗位职责"总计 4 学时。根据课程标准和 1+X 职业技能等级认证物流管理教材项目 3 任务 1 配送线路及配载优化及项目 4 任务 2 运输调度管理内容，结合学生课前学习节约里程法的微课和智慧职教平台提交的问题，设置本节教学内容。
学情分析	授课对象为 2020 级物流管理（智慧物流方向）1 班的学生，课前对学生的学习状况做了调查： 1. 知识和技能基础 ■ 在上节课的学习中，已掌握了"一对一"运输路由规划的方法； ■ 已完成节约里程法微课的学习； ■ 已阅读虚拟运输配送运营软件货物配送作业方案实施指导书。 2. 认知和实践能力 ■ 具备解决"一对多"运输路由规划的能力； ■ 具备登录虚拟仿真平台利用节约里程法进行方案设计的能力； ■ 具备登录虚拟仿真平台利用节约里程法进行方案实施验证的能力。 3. 学习特点 ■ 学生喜欢各类游戏软件，对虚拟仿真模拟环境的操作更容易上手，能增加练习的积极性和主动性； ■ 不喜欢被动式的知识学习，愿意更多的参与到实际工作过程中的锻炼。
教学重点	节约里程矩阵表的计算
重点解决措施	重点通过虚拟仿真平台和 Excel 软件，老师讲解、一学生示范，其他学生反复跟训操作来解决。
教学难点	根据节约里程矩阵表进行最终运输路由规划。
难点突破手段	通过虚拟仿真平台实训使学生练习后，与其他组对比的方式，强化学生认知，并结合导航与老师示范操作讲解，突破难点。
教学方法	教法　　任务驱动教学法、情境模拟教学法、案例教学法 学法　　自主学习法、合作探究学习法
教学资源	1. 智慧职教网上教学资源。2. 虚拟配送运输运营软件（IDMS）。3. 虚拟配送运输运营软件操作视频。4. 实际配送案例。

2.2 课程思政教学实施过程设计（见表 2）

表 2   **教学活动安排**

教学环节	教 学 内 容	教 师 活 动	学 生 活 动	设 计 意 图
课前预习：驱动式引入				
课前导学	智慧职教教学知识点 1. 节约里程法微课； 2. 虚拟仿真平台货物配送作业方案实施指导书； 3. 虚拟配送运输运营软件操作视频讲解。	1. 平台发布学习任务与测验题 根据平台统计的学习结果，调整教学策略。 2. 平台发布话题讨论 节约里程法原理是什么？ 3. 解答学生疑惑	1. 完成学习任务与测验题目 在学习平台上完成知识点的学习，同时完成相应的测验题。 2. 参与平台话题讨论 对问题深入思考，参与话题讨论。	1. 了解学生学习情况，调整教学策略。 2. 进行思考，激发学生的学习兴趣。
课中实施：探究式推进				
任务导入（5min）	1. 教学组织，签到考勤； 2. 反馈学生课前智慧职教学习节约里程法原理和操作步骤任务完成情况； 3. 明确课堂任务，引入任务内容。	1. 课前总结 总结课前任务中的问题，点评课前学生表现，并引出本次课堂任务。 2. 布置总任务 AA 配送中心为六家客户配送货物。	1. 平台签到 通过手机在智慧职教签到。 2. 反思总结 发现自身的不足，反思更好的改进方法，明确本次课的学习任务和目标。 3. 聆听总任务 仔细听任务要求。	1. 学生自主总结学习成果，主动提问课前疑惑。 2. 由课前总结引入本次课程内容，增强了知识的连贯性，突出所学知识的应用性。

续表

教学环节	教学内容	教师活动	学生活动	设计意图
子任务一	为总任务设计方案（35min）			
布置方案设计要求（5min）		布置本阶段任务要求 为AA配送中心向六家客户配送货物设计方案。	接受任务 明确方案设计要求，并做准备。	以任务为驱动，引导学生进入下一步的方案设计环节。
方案设计（15min）	节约里程法方案设计操作步骤及注意事项。 1. 笼车配载计算。 2. 客户位置图。 3. 距离矩阵表。 4. 节约里程矩阵表。	1. 引导学生登录虚拟仿真平台 2. 巡视指导 教师及时观察各小组虚拟仿真方案设计完成进度，对遇到问题的组及时进行针对性指导。	1. 登录虚拟仿真平台，进行方案设计。 2. 每组成员相互配合，根据给定方案，完成方案设计，遇到瓶颈小组成员积极商讨或咨询老师，全身心投入解决问题。 3. 记录难点，汇总给老师。	1. 分组进行方案设计，体现团队合作的重要性。 2. 通过虚拟仿真近距离接触企业实际操作流程。
方案诊断实施（15min）	5. 节约里程排序表。 6. 配送线路优化结果。 7. 车辆配载示意图。	1. 组织各组同学进行展示方案设计结果； 2. 教师借助一组的数据进行讲解评价； 3. 点拨提升 选做的好的组进行重点示范操作； 4. 点评各组在本环节的优点与不足 5. 组织同学对一组方案设计的难点线路规划和配载示意图进行评价，引入思政。 6. 教师登录虚拟仿真平台直观验证各组结果。	1. 小组展示 各小组展示各组的最终方案； 2. 组间互评 组间评价最终方案； 3. 一组汇报节约里程方案设计数据； 4. 各组与一组进行数据对比，找差错； 5. 优秀组进行重点示范操作，其他同学跟着练习； 6. 仔细聆听教师在虚拟仿真平台进行最终配送线路实施验证； 7. 各组诊改完善方案并提交 根据老师验证，重新梳理完善各自的方案。	1. 方案展示，总结提炼，为下一任务做准备； 2. 学生示范操作，鼓励优秀，互相学习，重点突破； 3. 教师归纳演绎，示范验证，学生能力提升。 思政：7S管理

教学环节	教学内容	教师活动	学生活动	设计意图
子任务二	方案实施验证（55min）			
布置实施要求（5min）		布置任务	接受任务 明确任务要求并做准备。	让学生通过虚拟仿真平台对方案进行实施验证，形成更直观感受。
实施操作（20min）	1. 管理系统操作。 分配笼车。 车辆分配。 调度结果调整。 提交调度信息。 发送导航数据。 取单据。 2. 装车配载作业 装车配载操作。 笼车装车。 3. 配送作业 送货操作。 卸货操作。 客户确认签收。 车辆返程归位。 配送单签收。	巡视指导 及时观察各小组方案实施完成进度，进行针对性指导。	仿真实训 以单人模式进行虚拟仿真平台，在仿真软件中，依照各组制定方案以调度员、配载员、货车司机的角色分别完成调度、配载、配送等作业。	1. 动手实操，实际验证，形成更直观深刻的体验。 2. 确保每位同学的学习效果，拒绝"搭乘顺风车"。
问题汇总（10min）		1. 对方案实施验证过程中出现的问题，首先引导学生组间解决； 2. 组间解决不了的问题教师解决； 3. 引导优胜组的同学进行汇报分享； 4. 引导没有达到优胜的同学，进行总结并改进。	1. 对方案实施验证过程出现的问题，汇报给教师，在教师引导下尝试解决； 2. 对解决不了的问题，仔细聆听教师的解答； 3. 优胜同学（80分以上）进行方案实施验证分享； 4. 没有达到优胜的同学，总结失误并改进。	1. 直观对比，高下立见。 2. 总结提炼，归纳演绎，重点突破，能力提升。
难度升级（15min）		1. 提出标准 对距离更远的第二条配送线路完成时间及最终分值提出要求和标准； 2. 巡视指导 及时观察各小组方案中第二条配送线路实施完成进度，进行针对性指导。	仿真实训 依旧以单人模式进行虚拟仿真平台，在仿真软件中，依照各组制定方案以调度员、配载员、货车司机的角色分别完成第二条配送线路调度、配载、配送等作业。	在总结凝练基础上再练，提升难度和完成标准，增强职业体验。

教学环节	教学内容	教师活动	学生活动	设计意图
凝练总结（5min）	总结提升	组织成绩不佳的个人进行汇报；组织学生帮助其提升，教师进行点拨。	个人汇报与诊改选排名最后的同学进行汇报。	成绩提升。
子任务三	全流程强化训练（55min）			
任务布置（5min）	节约里程法方案设计与实施全流程强化训练。	布置任务货物配送作业方案设计（强化训练）货物配送作业方案实施（强化训练）	接受任务明确任务要求，做好准备。	培养学生独立自主思考，个人完成任务的能力。
任务实施（40min）		巡视指导发现学生操作中出现的问题，及时进行记录。	单人完成任务以单人模式进行虚拟仿真平台，完成方案设计；并依照自己制定的方案以调度员、配载员、货车司机的角色分别完成调度、配载、配送等作业。	学生在虚拟仿真平台中尝试自己解决，熟悉方案设计及实施验证的工作流程。
任务总结（10min）	节约里程法方案设计与实施全流程强化训练。	1. 评价总结记录各组得分，明确学生间的差异化学情。 2. 点评提升教师公布方案设计与实施成绩，点评学生表现，分析学生在本环节的不足，帮助学生构建知识体系。	反思总结 1. 优胜学生分享经验； 2. 成绩欠佳学生总结经验，认识不足，并做出提出解决办法。	1. 调动全体同学的课堂积极性和参与度； 2. 引发学生更深层次的思考和能力提升。

教学环节	教学内容	教师活动	学生活动	设计意图
子任务四	配送中心岗位职责（25min）			
任务布置（5min）		布置任务 调度员、配载员、货车司机的岗位职责，小组以思维导图的形式提交至智慧职教讨论平台上。	接受任务 接受任务并做准备。	了解就业岗位的职责。
任务实施（10min）	1. 调度员岗位职责 2. 配载员岗位职责 3. 货车司机岗位职责	巡视指导 巡视各组绘制情况，并记录各组学生的参与积极度。	小组探究 小组成员进行合作，总结实施验证环节中体验过的角色职责； 小组成员上网查询职责说明书； 绘制岗位职责的思维导图并上传平台。	1. 运用所学、合力解决任务，感受团队合作的意义。 2. 拓展思维，熟悉企业实际岗位职责。
任务展示（10min）		1. 组织展示 组织学生展示岗位职责思维导图。 2. 评价总结 点评各组表现，记录各组得分，明确学生间的差异化学情。	1. 方案展示 各组展示自己思维导图，各小组间相互讨论，总结职责。 2. 诊改完善 完善各自的职责说明书。	向他人学习，学会总结。 思政：三人行，必有我师焉。
课程总结提升（5min）	1. 课程内容总结与回顾 2. 引发思考 如果小组竞赛完成方案设计与实施验证，该如何分工配合？	1. 课堂总结 梳理并讲解课程重点； 2. 引发思考 小组竞赛模式，如何快速高效成本低的完成任务？	1. 完成记录 仔细聆听教师总结并进行记录，绘制思维导图，上传至智慧职教平台。 2. 参与讨论 如何快速高效成本低的完成任务？	1. 回忆与总结所学内容，强化记忆与理解。 2. 引发好奇，关注下次课程内容。

续表

教学环节	教学内容	教师活动	学生活动	设计意图
课后巩固：参与式提升				
课后巩固	1. 课后反思； 2. 网络搜索节约里程法在企业应用案例； 3. 网络查询当前物流配送中心配送现状分析。	教师智慧职教平台发布讨论： 1. 课后反思； 2. 节约里程法企业应用案例； 3. 当前物流配送中心配送现状分析。	1. 完成老师的课后作业（课后反思）； 2. 学生传案例资料至智慧职教平台； 3. 学生传物流中心配送现状分析报告至智慧职教平台。	通过阅读大量资料，从行业现状、社会视角多维度思考一点对多点路由规划，感受科学优化对企业运营的作用。

考核评价

评价阶段	评价环节	评价内容	评价方式	分　值
课前	课前学习	微课学习	智慧职教平台（100%）	5
	课前讨论	问题讨论	教师（100%）	10
课中	课堂表现	课堂参与度	教师（100%）	10
	课堂任务	节约里程法原理	平台（50%） 组间（20%） 教师（30%）	50
		方案设计		
		方案实施验证		
		全流程强化训练		
		岗位职责		
	团队合作	任务质量	组内自评（50%） 组间互评（50%）	10
课后	课后反思	反思程度	教师（100%）	5
	案例汇报	汇报质量	智慧职教平台（100%）	10
合　计				100

3　课程思政教学实施成效与反思

3.1　课程思政教学实施成效

（1）价值塑造成效：学生学习围绕绿色低碳发展理念这条思政主线，明确了降本增效对企业的重大意义。教师在教学中不断强化"7S"管理方法、"绿色运输"等思政内容，学生建立了"碳排放"和个人生活、学习的链接，培养了学生借助专业学习理解国家大政方针的思维意识，培育了新青年大局观，增强了新青年历史使命感和时代责任感。

通过虚拟仿真平台，授课班级对"现代运输运营管理"课程产生了浓厚的兴趣，积累了大量企业降低运输成本的知识，这在后续课程"物流企业模拟经营沙盘"中都有所体现，并在"长风学霸赛之运输传奇大战""智慧物流作业方案设计与实施"中取得了优异成绩。

教师在课程设计、授课、反思过程中，提升了课程设计能力，对"7S"、"绿色运输"的内涵理解更加深刻，形成了课程思政教学模式和教学案例集。

（2）知识传授成效：学生掌握了节约里程法的原理与操作步骤，完成了利用节约里程法来解决实际问题的方案。经过教习，学生成绩达到优秀的占比80%以上。

（3）能力培养成效：利用虚拟配送运输运营软件和 Excel 进行线路矩阵分析，感受数据分析工具带来的便利，提升专业技能和创业能力。

3.2　课程思政教学实施反思

（1）课程思政反思：各位同学在理解"7S""绿色运输"意义上存在参差不齐的现象，应加强课前资料导读，并提供多样化资源。

单次课程的思政刺激是瞬时的，达到持续刺激需要体系化的思政浸润，仅仅通过一门课程很难实现，应尽快建设专业课程思政素材库，在整体培养计划中进行润心铸魂。

教师应多与思政课程专业教师交流学习，并多参加专业课程思政的培训。

（2）知识传授反思：受限于个人经验、知识结构、数理思维的限制，每位同学在跟学跟练环节进度参差不齐，接受理解程度不一；有的同学越练越感兴趣，越来越熟练，有的同学遇到困难点或者跟不上进度会放弃。教师应抓住每一个同学的困难点，用足够的耐心帮其树立信心。

（3）能力培养反思：同学使用虚拟配送运输运营软件和 Excel 进行线路矩阵分析时，软件操作水平存在差距，让技能点掌握好的同学，对其进行辅导和讲解，增加团队合作，通过反复练习巩固部分同学的知识技能掌握情况。

《电子商务网站建设与开发》课程思政教学设计

——以"DIV+CSS 网页布局"为例

经贸法务系　梁　肖　等

课程类型：专业课程

专家评注：

《电子商务网站建设与开发》是电子商务专业的核心专业课程，该案例的学习内容为"使用 DIV+CSS 实现网页布局，进行内容制作"。该案例将网页主题定为"我的家乡"和"最美逆行者"，将学生德育教育及技能训练有机地融合到整个教学任务中，有助于增强同学们对社会主义核心价值观、职业精神的情感认同、理论认同和实践认同，从而激发学生的社会责任感和建设祖国的使命感。

南开大学　高通

课程及案例简介：

《电子商务网站建设与开发》是电子商务专业的核心专业课程，要求学生系统地掌握电子商务网站概念、功能、规划设计方法、开发技术、发布与管理方法等进行电子商务网站建设所必需的理论基础与技能。在教学中，以课程内容为依托，将学生德育教育及技能训练有机地融合到整个教学任务中，让学生在提高网站建设实践技能的同时，自身综合素养也得到提升。

案例选取自"DIV+CSS 网页布局"模块，学习内容为"使用 DIV+CSS 实现网页布局，进行内容制作"。通过该内容的学习和实践，让学生能够运用 DIV+CSS 技术进行网页布局，灵活运用 HTML 标记制作网页内容。将理论知识的学习和基本技能的训练有机地结合在一起，在实践中锻炼学生严谨的态度、鼓励学生的创造性，并通过限定主题让学生体会家国情怀、学习正能量。

1　教学与育人目标

1.1　知识传授目标

学会使用 DIV+CSS 进行网页的布局设计，能正确的进行 CSS 样式的定义，会使用正确的 HTML 标记书写代码，代码书写规范。

1.2 能力培养目标

能够根据限定主题选择和制作素材，能独立设计网页布局，并完成网页的内容制作。会使用 Photoshop 对素材进行加工，能进行网页的布局设计，会使用 Dreamweaver 完成网页的制作，页面布局合理、内容充实、设计美观。

1.3 思政育人目标

在网页设计实践中限定两个主题："我的家乡"和"最美逆行者"，要求学生选择一个主题，准备素材，制作完整网页。在这个过程中，不仅提升学生对知识的综合运用能力，锻炼学生在实践中严谨的态度，激发学生的创造性，更是引导学生体会对家国的热爱和对正能量的向往和学习。

2 教学策略与课程思政教学实施过程设计

2.1 教学策略

将学生德育教育及技能训练有机地融合到整个教学任务中，对学生进行爱国主义教育、职业精神的培养、价值观的引领和创新能力的培养，提升学生的职业技能和综合素养。

课前教师根据教学目标进行知识的梳理，确定实践项目和教学案例，整理项目操作过程中的重点难点，挖掘课程中蕴含的思政元素，整理相关拓展资源。通过在线学习平台提前发布课前预习资料、实践项目要求和拓展资源，让学生在课前能够做到理解任务要求、了解相关知识。课堂组织实施过程中，教师通过知识讲解和案例演示，强调关键技能点，同时融入素养的教育，关注学生素质提升。

2.2 课程思政教学实施过程设计

将思政教育融入课程教学与实践中，将课程目标扩充为知识目标、岗位技能目标和德育发展目标，从而整合教学资源，确定教学方法，组织课堂实施，注重教学效果评价和课后反思（见图 1）。

2.2.1 课前教学准备

1. 明确教学目标

在教学中将思政教育融入课程教学与实践中，将课程目标扩充为知识目标、岗位技能目标和德育素质发展目标。

【设计意图】

通过明确知识目标，确定教学内容的主要知识点；明确技能目标，确定学生要达能的技能要求，教师提前把握操作要点；明确素养目标，教师可提前准备相关案例、素质拓展资源。

2. 教师教学准备

图 1　融入思政教育的教学设计

根据教学目标和课程主题，确定课程教学内容。教师做好案例资源的准备、设计实践训练要求、整理相关资料和拓展资源。设计本节课的任务要求为：综合运用 DIV+CSS 进行网页布局制作网页内容，网页主题为"我的家乡"和"最美逆行者"。教师准备的资料包括：常见网页布局案例，所用到主要技术的讲解，案例相关文字、图片和视频资料。

【设计意图】

充分的教学准备，保证教师对课程整体教学资源的把握和运用，同时便于学生进行知识点、技能点的学习，方便学生学习拓展资源。

3. 教学任务发布

在学习通平台提前发布教学实践任务，明确实践要求。给学生发布预习资料，包括实践项目要求和相应的案例，疫情期间正能量人物事迹相关专题报道、河北省各地的介绍视频、文字和图片资料。给学生布置任务，课前收集网页制作相关素材，开始进行网页制作。

【设计意图】

保证学生能够通过教学平台提前进行自主学习，预知学习任务，了解自己的学习情况和教学实践的重点难点。

2.2.2　课堂教学实施

在课堂组织实施过程中要体现技能培养和思政教育的统一，保证实施效果的有效性。教师通过案例引入，给学生演示优秀的案例，激发学生的学习兴趣。组织学生进行网页设计实践活动，除了明确实践中的技能目标还要明确素养目标。教师演示关键技能点，如何根据布局结构设计图使用 CSS+DIV 进行网页的布局。学生根据任务要求进行网页的设计和制作，教师在指导过程中关注学生的技能应用，同时鼓励学生在设计中加入新鲜元素。

【设计意图】

组织课堂教学是整个教学实践中的关键环节。以学生为中心的教学设计，应该是以学生掌握知识、技能，综合素养得到提升为目的。组织好课堂教学是让学生实现知识和技能的贯通、为学生解惑，使学生得到提升的过程。

2.2.3　课后考核和反思

1. 成果考核

学生将作品提交到教学平台后，教师进行打分。从项目的完成水平、主题的表现、整体美感、创新性四个方面综合评价打分，并给出评语，对学生进行激励（见图2）。

图2　学生实践成果展示

【设计意图】

根据教学目标设计考核标准，考核时既关注学生的实践技能水平又要关注学生的素养提升，同时将学生作品的美感和创新性进行综合评价。

2. 教学反思

限定设计主题，要求学生进行网页设计和制作，通过课程的学习实践，既提升了学生的专业技能，又培养了学生的爱国主义情怀。

【设计意图】

每个教学任务的组织实施过程都应包含教学反思，检验通过教学设计和实践是否达成了知识目标、能力目标和素养目标。教学反思的意义还在于教师通过该过程优化教学内容、补充教学资源、改进教学方法。

3　课程思政教学实施成效与反思

3.1　课程思政教学实施成效

1. 价值塑造成效

在课堂中将技能训练和思政教育进行结合，能够使学生在技能上有提升、在思想认识上有感悟，激发学生的社会责任感和建设祖国的使命感。在实践中锻炼学生对所学知识技能的应用能力，在整个实践过程中，也让学生热爱家乡、学习先进模范，在疫情当前的形势下，从我做起、从小事做起，传播正能量。

2. 知识传授成效

在教学设计中，要求学生根据限定主题，设计网页的布局，并能够使用 DIV+CSS 技术完成；能够灵活运用 HTML 标记制作网页中的内容；能正确的使用 CSS 样式设计网页外观和效果。通过教学的组织和实施，知识传授和知识的综合运用成效达成。

3. 能力培养成效

"DIV+CSS 网页布局"是在学生学习完 HTML 常用标记、盒子模型、元素的浮动和定位属性，掌握了 PS 等先修技能的学情下设计的。因此本模块的教学目的是锻炼学生对网页布局、标记的使用及其他相关设计技能的综合运用能力。通过教学实施，学生能够综合运用网页设计开发工具、灵活运用所学技术，提升综合实践能力，提升自身审美，开阔思路提高创造性。

3.2　课程思政教学实施反思

1. 课程思政反思

在专业课程教学中融入思想政治教育，是实现全程育人、全方位育人的重要途径。学生素养的提升是一个日积月累的过程，教师要有使命感，并且不断的实践探索。在今后的课程教学中，教师将不断充实和优化本课程的教学思政资源体系，做到传授知识技能的同时在思想上对学生有潜移默化的渗透。

2. 知识传授反思

该课程根据"网站前端设计"岗位要求，将教学内容进行序化设计。在教学内容设计和知识传授实践中，遵循学生的学习规律，和技能提升的规律。教学实践中，做好新授知识教学，同时也要注意新旧知识的综合运用，让学生的知识和技能不断积累、叠加。

3. 能力培养反思

课程的整体教学设计遵循工学结合的设计理念，对教学内容进行项目化设计，序化教学内容。在学生实践中做到真实情景设计→任务分解→学生实践→教师指导，培养学生综合运用所学知识、分析和解决实际问题的能力，真正提升学生的实际操作能力，同时通过开放性的案例实践，锻炼学生的创造性。

《市场营销理论与实务》课程思政案例

——以市场营销观念为例

经贸法务系　李淑梅　等

课程类型： 专业课程

专家评注：

《市场营销理论与实务》是市场营销专业的专业基础课程，是所有营销类岗位的理论和操作指南。该案例选取的是市场营销观念。在讲授市场营销观念的时候融入企业社会责任和家国情怀的课程思政元素，在讲授市场营销观念演变时融入绿色发展的课程思政元素，这些课程思政建设有助于引导学生树立正确的人生观、价值观，培养学生正确的利益观，增强学生的责任意识。该案例采用课堂讲授、案例教学、课堂讨论相结合的方式，也丰富了课程思政融入的方式，有助于增强同学们的接受度。

南开大学　高通

课程及案例简介：

《市场营销理论与实务》是市场营销专业的专业基础课程，开设在大一的第一学期，为后续课程、职业能力培养服务。该课程是市场营销专业最综合的思维训练课，是所有营销类岗位的理论和操作指南。通过课程学习教育学生遵循道德规范，做到守法、守信、公平、担当；树立以消费者为中心的营销观念，在实践中能以市场为导向，进行产品开发、定价、分销、促销等营销活动，为提高企业经营管理水平，促进经济社会发展服务。

本案例节选于课程第一章第三节市场营销观念，主要讲授市场营销观念的含义及演变过程，各种营销观念的核心内容。市场营销观念是指导企业营销活动的基本思想、基本态度，其决定着一个企业的营销活动方向，是一切市场营销策略制定的指导思想。本次课在帮助学生树立正确的市场营销观念的同时，引导学生树立正确的人生观、价值观；引导学生开展绿色营销、绿色消费，为环境可持续发展尽一份责任。

1 教学与育人目标

1.1 知识传授目标

通过课程学习，让学生理解市场营销观念含义及演变过程；正确区分各种营销观念的内涵及核心内容。

1.2 能力培养目标

通过本次课程学习，构建以消费者为中心，兼顾企业、顾客、社会利益的营销观念，并且能够在后续课程学习及将来工作中践行正确的市场营销观念，以制定恰当的市场营销策略。

1.3 思政育人目标

通过社会市场营销观念学习，看全球环境污染治理中的中国智慧，以增强民族自信和自豪感；加深对"绿水青山就是金山银山"的理解。引导学生开展绿色营销、绿色消费，为环境可持续发展尽一份责任。

通过组织学生开展"自我认知、谋划未来"课堂活动，引导学生树立正确的人生观、价值观，培养学生正确的利益观，增强学生的责任意识。

2 教学策略与课程思政教学实施过程设计

2.1 教学策略

本次课通过课堂讲授、案例分析、课堂讨论等方法将显性、隐性的思政元素融入到知识学习中，引导学生树立正确的人生观、价值观，把知识传授、能力培养、价值引领融为一体。

2.2 课程思政教学实施过程设计

2.2.1 课程导入

思维格局小故事：两个乡下人，外出打工。一个准备去上海，一个准备去北京。在候车时，因为听邻座的人说，上海是一个靠勤奋、努力可以发财的城市；北京人质朴，见吃不上饭的人，送食物、衣服，不愁日子过不下去，结果都又改变了主意，打算去上海的去了北京，打算去北京的去了上海。到了上海的人凭自己的努力不辞辛苦几年后成为了老板，到了北京的人靠别人接济度日，越来越懒惰结果沦为乞丐。

学生思考并回答：故事告诉我们什么。

教师总结：观念决定行为，进而决定命运。

【设计意图】通过讲解小故事，在导入课程的同时，告诉同学们观念决定行为，进而决定命运。人生如此，企业也如此。同时为后面课堂活动做铺垫。

2.2.2 课程内容讲解

1. 市场营销观念含义

教师讲授：市场营销观念就是指导企业营销活动的基本思想、基本态度，核心内容是如何处理企业、消费者以及社会之间的利益关系。通过介绍抗击新冠肺炎疫情期间，很多企业、商会、华侨等社会各界人士纷纷伸出援助之手，捐款捐物，彰显爱祖国爱人民的家国情怀和勇于担当社会责任的事件，融入企业社会责任思政元素。

学生讨论："企业的初心和使命"，学生参考知名企业的使命与愿景，如海尔集团："创中国的世界名牌，为民族争光"，形成自己认可的企业使命。

【设计意图】从热点话题切入，引导学生牢记企业不仅要考虑自身的发展，而且要承担社会责任。

2. 市场营销观念的演变

教师讲授：市场营销观念的演变过程及各种观念的内涵、核心内容。市场营销观念的演变主要经历了生产观念、产品观念、推销观念、市场营销观念、社会市场营销观念。生产观念、产品观念、推销观念统称传统营销观念，都是以企业为中心的，是早期的企业奉行的观念；市场营销观念和社会市场营销观念称现代营销观念，是以消费者为中心的，尤其是社会市场营销观念以消费者为中心，兼顾企业、社会利益，做到多赢。市场营销观念是随时代和市场经济环境变迁而演进的，据此可讲授与时俱进的历史唯物主义价值观。

在讲授由市场营销观念到社会市场营销观念演变的过程中，通过讲南方浙江等地，因为生态环境得到了改善，水质得到了优化，农民茶园中出来的有机茶叶品质也得到了大幅度提升，经济效益提高等事例，引入出话题"全球环境污染治理中的中国智慧""绿水青山就是金山银山"。

学生讨论：对"绿水青山就是金山银山"的理解；生活中如何践行绿色消费、绿色营销。

【设计意图】通过讲授营销观念的演变，引导学生树立实事求是观念，用发展变化的眼光对待营销工作和其他事物。

讲授社会市场营销观念，从全球关注的环境问题出发，看全球环境污染治理中的中国智慧，以增强民族自信和自豪感；加深对"绿水青山就是金山银山"的理解。引导学生开展绿色消费、绿色营销，为环境可持续发展尽一份责任。

2.2.3 知识内化与延伸

市场营销观念是指导企业营销活动的基本思想、基本态度。思路决定出路，观念决定成败。同理于个人，观念决定这一个人的命运。教师组织学生开展"自我认知、谋划未来"活动，课堂上每位同学写出几句话，探讨未来3年如何学习、生活，以达成目标。并且将所写的内容放在课本显著位置，时刻提醒自己为实现目标而努力。布置课后任务，用SWOT分析方法做较为详细的规划，并在日后督促落实（见图1）。

图 1　课堂活动

【设计意图】大一刚入学，一些学生对大学生活感觉很迷茫，本课程开设于第一学期，本次课内容又在第一章，引导学生如何树立正确的人生理念显得尤为重要。通过本次课程学习，引导学生树立正确的人生观、价值观，培养学生正确的利益观，增强学生的责任感。

3　课程思政教学实施成效与反思

3.1　课程思政教学实施成效

（1）价值塑造成效：通过市场营销观念内容的学习，从个人层面引导学生树立正确的人生观、价值观，培养学生正确的利益观，增强学生的责任感。从社会层面，引导学生开展绿色消费、绿色营销，为环境可持续发展尽一份责任。基于将思政课程与课程思政相结合，做到专业课与思政课同向同行，授课班级团支部被评为学院优秀团支部；授课班级开展"光盘行动从我做起"，活动收到良好效果，并影响到学校相关班级、学生；授课班级使用一次性餐具、一次塑料包装的数量明显减少；实现了课程的思政育人目标。

（2）知识传授成效：此次课堂教学内容引用大量相关实例讲解市场营销观念的重要性及核心内容，使学生容易理解掌握，授课班级考核，该知识点正确率达95%以上，本课程考核整体优秀、良好比例达75%。

（3）能力培养成效：通过此次课堂内容学习，为课程后续内容学习奠定了基础，在后续内容学习即制定营销策略时，能以消费者为中心，兼顾社会利益，思考问题全面、有创新性。授课班级就业率高，用人单位反馈评价好。

3.2　课程思政教学实施反思

（1）课程思政反思：本案例通过专业知识引出的思政元素较多，但在结合专业知识讲授中以潜移默化的讲解为主，有的思政内容的讲解不够深入，比如与时俱进未能展开讲解。今后教学过程中继续坚持言传身教、行为示范，通过开展主题活动、志愿服务等途径开展思政教育，要做到润物细无声。

（2）知识传授反思：本案例采用课堂讲授、案例教学、课堂讨论相结合的方式，但学生的课堂发挥需要教师的引导，学生主动性发挥受限，后续的教学改进要充分调动学生的主观能动性，同时仍需要关注时事热点、更新教学案例。

（3）能力培养反思：为进一步提升学生的实践应用能力，后续的教学改进可与本课程的实践教学相结合，适当安排企业参观学习环节，为学生提供兼职信息，提供实践机会，通过实践提高学生专业能力。

"市场营销理论与实务"课程包含诸多的思政元素，如何挖掘这些元素，将其融入到课程教学过程中，达到思政育人与课程育人双重效果，是"市场营销理论与实务"课程思政的主要任务，我们将会努力尝试和探索，真正实现教书和育人的结合。

《广告策划与文案》课程思政教学设计
——以"公益广告文案写作"为例

政治与公共管理系　段　然　等

课程类型： 专业课程

专家评注：

　　《广告策划与文案》是网络新闻与传播专业的专业必修课，属于理论与实践紧密结合的课程。该案例选取的是公益广告文案的写作。公益广告是一类特殊的广告，其中必然涉及到特定人生观、价值观的传递与引导。该案例通过挖掘公益广告中的人生观、价值观，培养学生社会责任感和创新意识，使学生从公益广告中感受到正能量。而且，该案例教学中引入了《一盏灯》《我是谁》《筷子》《早餐店》等优秀的公益广告，更有助于实现课程思政元素的隐性融入。

南开大学　高通

课程及案例简介：

　　《广告策划与文案》是网络新闻与传播专业的专业必修课，属于理论与实践紧密结合的课程。通过本课程的学习使学生理解传播的内涵，掌握广告文案的创作方法。课程的主要内容包括：广告策划的流程与方法、广告文案基本知识、各类广告文案的创作方法等。课程旨在培养和锻炼学生的创意策划能力、内容生产能力、职业道德素养及社会责任感。

　　本节案例通过对央视公益广告的分析与讨论，使学生对公益广告有正确认识，创意的理解，通过技术指导进行校园公益广告的创作，培养学生社会责任感和创新意识，使学生从公益广告中感受到正能量。

1　教学与育人目标

1.1　知识传授目标

（1）能准确说出公益广告的类型及特点。

（2）能用关键词概括各类型公益广告的创意元素。

（3）能简单描述各类型公益广告文案的写作方法。

1.2 能力培养目标

通过探究活动设计公益广告,提高写作及创新能力。

(1)能够运用广告文案理论分析文案结构。

(2)能够根据文案结构分析公益广告的创意元素。

(3)能够根据具体内容写作不同主题类型的公益广告文案。

1.3 思政育人目标

(1)从大家到小家、社会到个人的广告案例中,引导学生深刻领会家国情怀,使学生体会公益广告中所折射的时代精神,培养学生正确的人生观、价值观。

(2)通过公益广告文案的创意设计,提高学生关注社会的意识,培养学生坚守文案工作者的社会责任感。

(3)强化学生的职业理想,培养学生自主创新的良好习惯,创作出符合时代精神的广告文案作品。

2 教学策略与课程思政教学实施过程设计

2.1 教学策略

案例思政教学从公益广告文案的分析入手,在理论概念讲解的基础上,结合多种教学方法,将专业知识应用于实践教学中,嵌入相应思政元素,两者层层递进与深入,紧密结合,循序渐进对学生专业能力、情感态度、价值理念、职业素养层面的引导。

2.2 课程思政教学实施过程设计 (见图1)

图 1

2.2.1 新课导入

以央视公益广告《一盏灯》(主题:善行无迹,留一盏灯温暖他人)引入本节课的主题——公益广告文案写作。通过视频观看，引导学生思考：

（1）什么是公益广告？

（2）公益广告起到什么作用？

【学生活动】学生通过观看公益广告视频，感受"晓之以理，动之以情"的传播效果。

【设计意图】引入本节课主题—公益广告文案写作（传播社会主义核心价值观的情感态度）

2.2.2　授课过程

1. 政治政策类公益广告文案的创作方法

【学生活动】学生观看建党95周年公益广告《我是谁》，并思考文案结构。

【设计意图】引出共产党的理想信念，让学生们了解党史，引导学生通过文案结构分析，总结出第一个知识点——政治政策类公益广告文案的创作方法，并分析其使用了哪些创意元素。

【环节过渡】都说央视公益广告"要上天"，除了政治政策类广告拍得好以外，每年春晚中间插播的广告一样很绝，我们一起来欣赏这则广告《筷子》。

2. 节日类公益广告文案的创作方法

【学生活动】学生观看公益广告《筷子》并思考创意结构。

【设计意图】引出启迪、传承、明礼等中国传统优秀品质，更了解中国传统节日，增强学生民族自信、文化自信，引导学生通过文案结构分析，总结出第二个知识点——节日类公益广告文案的创作方法，并分析其使用了哪些创意元素。

【环节过渡】好的公益广告可以潜移默化地教育公众，可以说是引导社会风气的教科书，因此，社会文明类公益广告是最常见的，我们一起来赏析下一个广告。

3. 社会文明类公益广告文案的创作方法

【学生活动】学生观看公益广告《早餐店》并思考创意结构。

【设计意图】引出"诚信"为主题的公益广告，引导学生通过文案结构分析，总结出第三个知识点——社会文明类公益广告文案的创作方法，并分析其使用了哪些创意元素，运用所学，思考以社会主义核心价值观为主题的公益广告可以如何创作。

2.2.3　实践与应用

根据本节课学习的内容，设计出具有创意特色的公益广告。

【实践内容】制作校园公益广告，小组讨论，并上台分享创意主题，教师指导。

【设计意图】公益广告是社会公益事业的重要组成部分，是引导社会向善、向美的教科书，创作公益广告文案，就应当掌握一定方法，通过创意，改变生硬说教，让公益广告变得有趣、好奇、轻松、耐看，并且让观众发自内心地接受。

3　课程思政教学实施成效与反思

3.1　课程思政教学实施成效

（1）价值塑造成效：学生能够在创作中主动融入思政元素，即便是商业广告的创作中，也在有意识地加入思政元素，因此，对学生的价值观塑造取得了一定效果。

（2）知识传授成效：学生较为深刻地掌握了公益广告文案的创作方法，在参加第十四届大广赛公益广告文案赛道首次获得等级奖，共获得了7个奖项，其中二等奖1项，三等奖1项，优秀奖5项（见图2）。

图2 学生公益广告文案获奖证书

（3）能力培养成效：课赛结合，提升了创意、拍摄与制作公益广告的能力（见图3）。

图3 学生作品

3.2 课程思政教学实施反思

（1）课程思政反思：由于思政时政、案例分析在不断发展，因此，教学内容要紧跟最新的时事、民生热点，引入最新的广告案例。

（2）知识传授反思：学生在学习本节课前，虽然已经具备了一定的知识基础，但本节课内容是在创意设计新内容的角度结合信息技术基础实现公益广告的创意设计，在相关创意元素处理上存在一定的困难，需要加强此处的教学力度。

（3）能力培养反思：在课程教学，尤其是在典型案例分析中，学生在讲述一个清楚明白且能吸引人的故事的能力还有较大的提升空间，还需要着重培养"讲故事"的能力。

《档案管理实务》课程思政教学案例

政治与公共管理系　冯荣珍　等

专家评注：

　　档案管理实务课程思政建设就是通过对档案的分类，探索不同档案背后承载的意义和价值，把档案管理的价值提升到为党管档、为国守史、为民服务的职责和使命。对档案管理课程思政如此的讲授，将会让学生充分认识到档案管理的重要性，从而提升学习的使命感和责任感，并且将原本技术性的档案分类和管理工作充满了知识性和历史性，较为自然的融入了课程思政。课程思政元素挖掘和讲授非常准确。

南开大学　王强军

1　教学整体设计

　　档案管理实务是人力资源管理专业的专业必修课，主要培养学生的文书档案管理、人事档案管理以及档案信息管理的业务素质和能力。档案管理实务课程是学习历史最好的阵地，可为学生的"四史"教育提供坚实的资源支撑。本课程构建了"一二三四"课堂思政教学模式，整体设计如下。

1.1　教学内容

　　本课程根据人力资源档案管理岗位所应掌握的相关的专业知识、核心能力和职业素养，以档案工作任务及其工作过程为依据，来设计学习性工作项目与工作任务，具体整合了 4 大模块，15 个学习性工作项目，在每个工作项目中，利用不同的方式切入课程思政元素，如表 1 所示：

表1

序号	模块名称	项目名称	思政元素	融入方式
1	档案管理概述	认识档案及档案工作	1. 公正、平等、和谐、诚信、友善的品质； 2. 发展的眼光；文化自信等。	1. 利用档案资料进行"四史"教育； 2. 视频案例分析等； 3. 讲解档案管理发展史。

序号	模块名称	项目名称	思政元素	融入方式
2	档案管理工作	档案的收集	1. 为党管档、为国守史、为民服务的职责和使命； 2. 整体思维全局意识；认真做事的态度。	1. 学生分组为某一档案馆制定2020—2021年度档案收集与征集策略。 2. 举行"档案里的'四史'故事"活动，让学生在活动中获取更多的历史知识、更深的历史感悟，汲取继往开来的智慧、勇气和力量。
		档案鉴定工作	1. 爱国主义情怀、诚信教育； 2. 过硬的专业素质，批判思维等。	1. "档案里的四史"案例分析； 2. 学生分组辩论并评论优劣，从而真正理解档案的"真实性"，培养他们的爱国主义情怀，和辨别是非的能力。
		档案整理工作	良好的生活习惯、专业习惯、做事的态度、终身学习、改革创新、奋发有为、实践出真知等。	1. 带领学生参观档案整理流程（或者观看整理视频）； 2. 实际操作整理。
		档案保管工作	全局意识，担当精神，爱岗敬业，知人善用、物尽其用，辩证思维等。	1. 案例分析；参观实体档案保管单位。 2. 举办我来讲讲革命前辈保护档案的故事，来培养民族担当和民族责任意识。
		档案的统计检索工作	1. 正确的读书观、克服困难的精神； 2. 认真仔细的工作态度、"细节决定成败"等。	学生分组做档案统计与登记年表，选择两个小组作汇报，其他小组评议、补充和延伸等。
		档案的编研利用工作	实事求是、与时俱进、开拓创新等。	举办档案"四史"展览活动。
3	人事档案管理	人事档案管理概述	诚实守信、担当意识、认真做事态度、职业操守等	1. 实训活动；到学校人事档案部门了解人事档案管理工作。 2. 通过可以公开的革命家档案资料，来提升学生的担当和责任意识。
		干部档案的整理工作	爱国爱党、忠诚守信、责任担当、遵纪守法、职业操守等。	1. 通过可以四史中的优秀领导人的档案资料，来激发学生爱国爱党、勇于创新的精神。 2. 学生模拟实际操作。

序号	模块名称	项目名称	思政元素	融入方式
3	人事档案管理	人事档案的转递利用工作	认真工作、按照规则办事的态度等。	学生调查人事档案部门转递利用工作。
		企业职工人事档案管理工作	爱岗敬业、责任担当、遵纪守法、职业操守等。	学生走进企业体验职工人事档案的管理工作。
		流动人员档案管理工作	公正公平、和谐诚信、友善互助、认真负责等。	模拟情景。
		企业职工档案信息管理工作	严谨敬业、与时俱进、开拓创新、大数据思维等。	实际操作系统。
		人事档案的查询管理工作	沟通技巧、担当意识、遵纪守法、服务意识等。	1. 走访人社部门 2. 观看视频。
4	其他档案管理工作	1. 声像档案的管理工作 2. 电子档案的管理工作	与时俱进、开拓创新、认真负责、执行力强等。	网上档案展览（包括珍贵的档案文献、照片、实务及影响资料，立体呈现中国共产党带领中国人民进行艰苦卓绝的斗争历程和创造的辉煌成就）；网上讲堂（包括四史讲堂）。
5	实训模块	拓展：校内校外实训	文化自信、沟通能力、组织能力、担当意识等。	1. 参观档案室、图书馆、省档案馆的四史展览； 2. 组织"档案话百年，带你走进她""追寻历史脚步，坚定文化自信"的校内外实训活动。
6		每课分享	档案意识（记忆观、资源观、价值观、文明观），规则意识和诚信意识，专业认同感和社会使命感，正确的价值观、人生观和事业观等。	有关档案的新闻或者小故事。
6	考核	考试+实践整理	整体思维、公平公正、团队精神、担当意识、创新意识。	采用"形成性评价+总结性评价"相结合、"线上线下"线结合的开放式考核方式

1.2 学情分析

2019级人力资源管理专业学生经历了疫情防控的洗礼，其特点是：

（1）求知欲望较强烈，学习动机较强，学习目标较为明确，都希望接本升学；

（2）处在一个新时代，接受思政教育意愿比较强烈，具有一定的爱国意识，人生观价值观具有可塑性；

（3）缺乏自主学习的意识，学习兴趣不高，自我管理能力较差；

（4）缺乏克服困难的能力，敏感、冲动，易受外来的诱惑（或者引导）。

针对学生的特点重点做好引领：

（1）通过多种途径切入爱国主义教育、诚实守信教育、意志养成教育；

（2）利用多种手段，结合先进的多媒体设施，想方设法提高学生的学习兴趣；

（3）科学合理的规划教学各个环节，督促学生，进行个性化教学；

（4）进一步帮助学生做好个人职业生涯规划，引导学生正确应对外来的诱惑；

1.3 教学目标

1. 素质目标（思政目标）

（1）爱国意识：通过深入探究档案资源，进行"四史"教育，传承红色基因和革命精神，进一步培养爱国意识。

（2）职业意识：通过档案管理工作的学习，培养文化传承的使命意识，增强学生热爱档案的感情和高度的责任感和强烈的职业意识。

（3）保密意识：正确理解信息与档案管理的本质属性，自觉遵守国家档案保密制度，增强保密意识。

（4）团队意识：学生通过自由结组，合力报告，增强团队意识和合作精神，提高学生学习的兴趣和自觉性。

（5）严谨意识：通过整理、出版编研成果，培养学生规范、严谨的语言表达意识和能力

（6）诚信意识：遵守纪律、正确做事。

2. 知识目标

（1）档案与档案工作的基本内容；

（2）文书档案的分类方法；

（3）档案鉴定工作的主要内容，确定保管期限；

（4）档案整理工作技能操作标准与流程；

（5）档案利用的基本途径与形式；

（6）档案的检索和统计工作的内容；

（7）人事档案与人事档案工作；

（8）人事档案工作的整理、转递和利用工作的内容、程序和注意事项；

（9）企业职工档案信息管理的内涵和内容；

（10）其他档案的管理知识。

3. 能力目标

（1）能够准确完成各类档案的收集、归档、立卷、编目工作；

（2）能够正确使用档案保管期限表，严格执行档案的鉴定与销毁工作；

（3）能正确挑选和使用档案装具，保管材料，正确地选择档案保管库房；

（4）能够科学实施档案保管措施；

（5）能够合理有效地利用和编研档案；

（6）能够按照人事档案的特点进行分类组卷，按照档案整理的程序做好卷内文件系统化排列工作和利用工作；

（7）能够按照相关文件做好流动人员档案管理的相关工作；

（8）能够借助于信息管理平台进行企业职工档案信息管理，做到标准化和规范化；

（9）能够按照其他档案管理的标准整理其他档案。

1.4　融入方式

1. 修改课程标准完善设计，融入课程思政理念

根据档案管理实务课程的特殊性、课程内容的特点及融入思政元素的契合点，完善了课程标准，增设了课程思政教学目标。在智慧职教 MOOC 平台上，整合了教学内容，设置了"档案给我们自信"课程思政板块，在其他板块，把思政元素无痕融入内容中，是思政教育在专业知识的学习过程中"无声"地渗入每个学生心田。

2. 构建"一二三四"课堂思政教学模式，培植职业情感和道德

"一二三四"课堂思政教学模式是指，重视专业课程第一课堂，融入课程思政教学素材；创建课外活动第二课堂，开展各种和课程相关的思政活动；组织校外实践活动第三课堂，深挖课程独特文化内涵；重视网络学习第四课堂，浸润社会主义核心价值观，做到无痕式课程思政教育。

1.5　教学评价

本课程采用"形成性评价+总结性评价"相结合、"线上线下"线结合的开放式考核方式（见图 1）

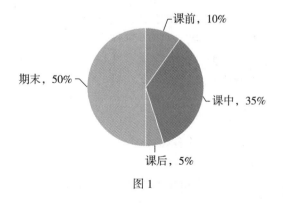

图 1

（1）形成性评价。根据线上线下混合式教学模式分为课前（视频观看、随堂测试、线上讨论等）30%、课中（上课考勤、课堂活动、小组讨论、实操训练）15%、课后反思总结 5%，共占 50%。

（2）总结性评价，采用考试方式，占50%。根据实际情况，可采用线上也可采用线下，主要是知识考核和实践考核相结合。

这样从尊重学生个性发展出发，从全面育人角度入手，科学培养高职人才，采用过程性评价和综合性评价混合，线上评价和线下评价混合的模式，更能检测到学生的主动性和创造性。平时考核中有30%是考核学生个人素养，考核学生的线上线下行为规范，不做与学习无关的事情。

2　教学实施过程及效果

2.1　重视专业课程第一课堂，融入课程思政教学素材

《护持秘密不休年——走进档案工作者》案例介绍：

1. 本案例的导学内容

知识和技能目标：通过本课程的学习讨论，认知档案工作人员的基本素质要求，认知档案工作人员的任职资格；

思政教育教学目标：通过融入课程思政教学素材，培养学生树立文化自信，为人民服务，为现代化建设服务，用发展的眼光看世界的观念；培养学生为真理献身、科学求是的精神；培养学生养成尊重历史、忠于事实、勤奋进取、精益求精、认真细致的工作作风；培养学生公正、平等、和谐、诚信、友善的品质等。

2. 教学实施过程

采用线上线下混合式教学，学生分组完成学习任务。具体如下：

第一个环节：课前预习阶段。在智慧职教MOOC学院档案管理实务课程上发出公告，布置课前预习任务，你知道中国最早的档案共工作者是谁？他们具有什么素质？

第二个环节：课中实施阶段。采用小组作报告，视频案例展示、课堂研讨等形式。

（1）小组作报告，采用开放式课堂讨论：

教师做总结：司马迁是汉代著名的史学家、文学家，也是一位优秀的档案工作者，他为了继承父志和时代赋予的责任使命，在遭受宫刑奇辱和牢狱之灾的情况下，仍然以顽强毅力和鉴定的信念，耗尽毕生心血，最终完成《史记》。司马迁具有志存高远创造辉煌事业的追求精神，具有坚持真理实事求是的务实精神。

（2）观看视频——最美档案人。讨论档案工作者应具备什么样的素质，假如你是一名档案工作者，你应该如何去做？

智慧职教MOOC学院讨论区管理中有精华区、老师答疑区、综合讨论区和课堂交流区共计4个版块。课程组在MOOC讨论区设置思政讨论模块，比如本次讨论就可以在课堂交流区进行设置讨论，图2是学生讨论的图片。

（3）教师做出总结：档案工作人员是档案事业中最重要的决定因素，也是档案机构运行的主体。作为一个优秀的档案工作人员必须具有忠诚于档案事业，为人民服务的较高的政治素质；必须具备档案管理的各项技能的新时期档案工作者的专业素质；新时期档案工作者不仅要精通档案专业知识，而且还必须具有文化科学素质。

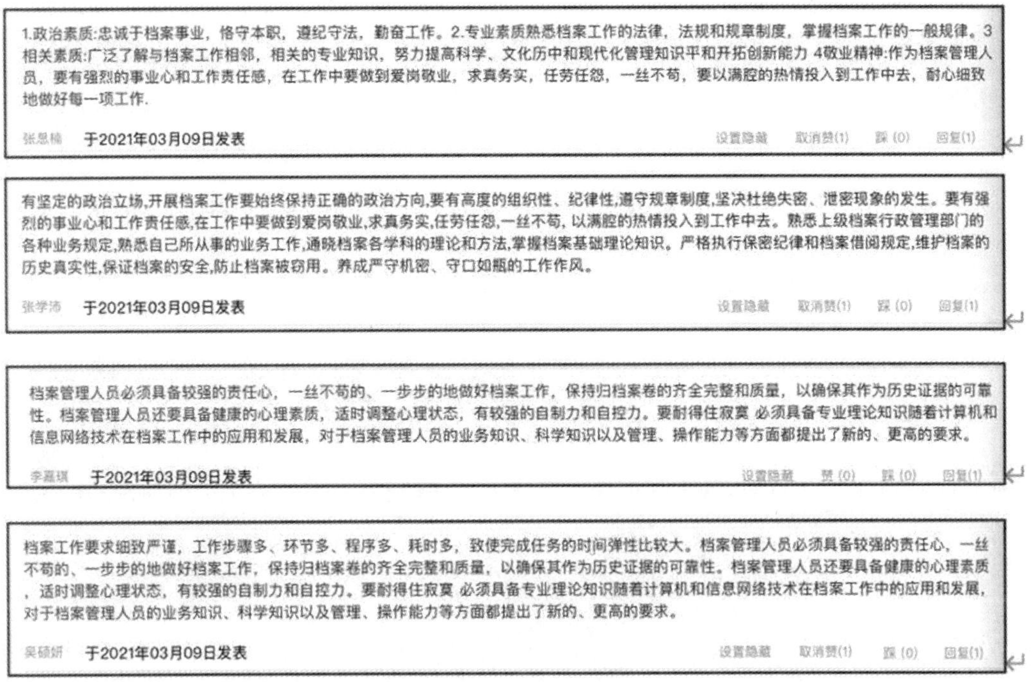

1.政治素质:忠诚于档案事业，恪守本职，遵纪守法，勤奋工作。2.专业素质熟悉档案工作的法律，法规和规章制度，掌握档案工作的一般规律。3 相关素质:广泛了解与档案工作相邻，相关的专业知识，努力提高科学、文化历和现代化管理知识平和开拓创新能力 4敬业精神:作为档案管理人员，要有强烈的事业心和工作责任感，在工作中要做到爱岗敬业，求真务实，任劳任怨，一丝不苟，要以满腔的热情投入到工作中去，耐心细致地做好每一项工作.

张思楠　于2021年03月09日发表　　　　　　　　　　　　　设置隐藏　取消赞(1)　踩 (0)　回复(1)

有坚定的政治立场，开展档案工作要始终保持正确的政治方向，要有高度的组织性、纪律性,遵守规章制度，坚决杜绝失密、泄密现象的发生。要有强烈的事业心和工作责任感,在工作中要做到爱岗敬业,求真务实,任劳任怨,一丝不苟,要以满腔的热情投入到工作中去。熟悉上级档案行政管理部门的各种业务规定,熟悉自己所从事的业务工作,通晓档案各学科的理论和方法,掌握档案基础理论知识。严格执行保密纪律和档案借阅规定,维护档案的历史真实性,保证档案的安全,防止档案被窃用。养成严守机密、守口如瓶的工作作风。

张学沛　于2021年03月09日发表　　　　　　　　　　　　　设置隐藏　取消赞(1)　踩 (0)　回复(1)

档案管理人员必须具备较强的责任心，一丝不苟的、一步步的地做好档案工作，保持归档卷的齐全完整和质量，以确保其作为历史证据的可靠性。档案管理人员还要具备健康的心理素质，适时调整心理状态，有较强的自制力和自控力。要耐得住寂寞 必须具备专业理论知识随着计算机和信息网络技术在档案工作中的应用和发展，对于档案管理人员的业务知识、科学知识以及管理、操作能力等方面都提出了新的、更高的要求。

李嘉琪　于2021年03月09日发表　　　　　　　　　　　　　设置隐藏　赞(0)　踩 (0)　回复(1)

档案工作要求细致严谨，工作步骤多、环节多、程序多、耗时多，致使完成任务的时间弹性比较大。档案管理人员必须具备较强的责任心，一丝不苟的、一步步的地做好档案工作，保持归档卷的齐全完整和质量，以确保其作为历史证据的可靠性。档案管理人员还要具备健康的心理素质，适时调整心理状态，有较强的自制力和自控力。要耐得住寂寞 必须具备专业理论知识随着计算机和信息网络技术在档案工作中的应用和发展，对于档案管理人员的业务知识、科学知识以及管理、操作能力等方面都提出了新的、更高的要求。

吴硕妍　于2021年03月09日发表　　　　　　　　　　　　　设置隐藏　取消赞(1)　踩 (0)　回复(1)

图 2

第三个环节：课后延伸阅读讨论阶段。在智慧职教 MOOC 学院讨论区综合讨论区设置"看档案里的'四史'故事""档案工作中的苦与乐""我来招聘档案工作者""应对疫情，档案人在行动"等一系列个性化讨论活动，鼓励学生去阅读而全面获取档案工作者应该具备的素质，从而完成本次课的思政教学目标。学生在讨论区通过讨论，发表自己的观点，对树立正确的人生观、价值观、职业道德观有着非常重要的促进作用。这样，将思政教学元素无痕融入专业课程之中，寓价值观引导于知识传授之中，使专业课程与思政课程形成协同效应（见图3）。

2.2 开展课外活动第二课堂，拓宽课程思政育人渠道

开展课外活动第二课堂，比如举办课程读书活动、课程文化设计、业内精英讲座等，拓宽课程思政育人渠道。

"档案展览"活动案例介绍：

1. 本案例的活动目标

知识和技能目标：通过本次档案展览活动，能够根据展览主题分成单元板块，并收集有用资料、照片能够撰写前言、结束语和单元简介、撰写图片的文字说明，能进行设计展板，能进行档案解说。

思政教育教学目标：利用档案展览讲述党史，学好、传承好、发扬好中国共产党的光

课程思政小讨论：席世国窃密案例纪实

海南省政府办公厅原助理调研员席世国，被境外情报机构收买，从1996年7月至1997年3月的7个多月时间里，多次利用省政府某些部门保密工作和内部管理存在的漏洞，获取近百份秘密文件和内部材料，提供给境外间谍分子，从中获得美元4300元、台币14万元、人民币6600元情报酬金及其他酬赂。他的行为，给国家的安全和利益造成极大危害，影响十分恶劣。

1996年6月，席世国结识了自称做汽车配件生意的境外间谍分子熊某。此后，两人便开始了频繁的交往，熊某不是请席世国吃饭，就是桑拿、按摩，关系一天天亲近起来。一天晚上，熊某请席世国吃饭时，试探道："我那边有很多朋友想来海南找项目投资，但是他们对你们的政策不太了解，不知道有哪些优惠条件。为了吸引他们投资，中央或省政府的有关经济政策方面的文件能不能让我看一看？"他还谎称其舅在境外开设一家高科技公司，希望请席世国为"公司"提供政策咨询。实际上，所谓的"公司"就是境外情报机构。对于"看看文件"要求，席世国答应"去找一找"。

1.努力学好科学文化知识，提升自身道德修养，树立正确的世界观，人生观，价值观，养成良好的道德操守。 2.各级管理者应该自觉遵守宪法法律，对档案管理流程进行严格把关，定期对档案进行检查更新，建立相应的机制，规范档案管理。

杨效娜　于2020年11月13日发表　　　　　　　　　　　　　取消隐藏　取消赞(1)　踩(0)　回复(0)

1、树立正确的人生观，树立正确的人生观是职业道德修养的前提；2、培养良好的行为习惯，在小事中提升自我；3、学习先进人物的示范，不断激励自我；4、努力学习现代科学文化知识和专业技能，提高自身文化素养；5、经常自我反省，提高自律性；6、提高精神境界，努力做到慎独 首先尊重领导。其次建立内部档案流程和建党制度。第三注意分类更新

席世航　于2020年11月13日发表　　　　　　　　　　　　　取消隐藏　取消赞(1)　踩(0)　回复(0)

一、坚守自己的道德底线，说问看带传记存，守好自己对岗位，铸就保密观念，坚持保密行为。二、首先，领导重视；其次，建立内部档案流程和建档制度；第三，注意分类和更新。

图 3

荣传统和优良作风；利用档案展览展示中国人民抗击疫情史，歌颂"最美逆行者"，学习他们勇敢向前，勇于能够根据担当的爱国精神；利用这次活动，梳理自己的成长经历，培养学生树立文化自信，为人民服务，实事求是、与时俱进、开拓创新精神。

2. 活动实施过程

提前15天发出活动方案。活动以小组为单位，以竞赛的形式进行，分为两个阶段。第一个阶段是班级竞赛，以"回忆过去，展望未来"为主题，以班为单位，评分者是全班同学和任课教师，最后评出优秀展板16个。第二个阶段是年级竞赛，以"一条街展览"为主题，评分者是全校师生，最后评出一等奖2个，二等奖6个，三等奖8个（见图4）。

展览主题：一是建党百年；二是抗击疫情；三是校园人生等。

3. 特色亮点

（1）专业性强：展览的资料的收集，展览的设计和展览的解说，涉及档案展览的专业知识；

（2）时效性强：对接抗击疫情和建党百年，能够使学生在学习专业知识时联系时事，时时处处是课堂，受到教育；

（3）创新性强：本次活动采用层层递进的展览形式，培养了学生的独立思考能力，参与时事的意识，创新性强。

4. 教学效果

活动没有把专业知识和思政教育作为两张皮进行，而是把二者水乳交融为一体，在使学生掌握了档案展览技能的同时，不仅提高了学生的参与度和兴趣，而且使学生在抗击疫情史、党史、个人的奋斗史中游历了一圈，身心受到教育（见图5）。

活动如火如荼。20级人力资源管理协会的同学们热情的向路过的老师和同学们介绍着学长学姐的展板作品，并为老师和同学们发小红花。学院广大师生被多彩的展板所吸引，纷纷驻足欣赏，选出自己喜欢的展板并为其贴上小红花，气氛相当热烈。李君奇副院长还着重对"建党百年"展板给予较高的评价，鼓励此组同学继续加油！

图 4　第二阶段年级档案展览部分图片

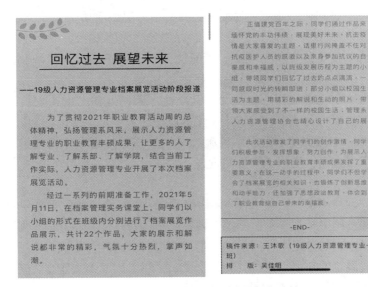

图 5　学生对档案展览活动的部分总结

2.3　组织校外活动第三课堂，深挖课程独特文化内涵

档案管理实务课程走进院档案室、走进河北省档案馆、走进河北博物院等校外实践活动，将行业企业的历史、文化、精神和思政教育有机结合起来，重塑课程独特文化内涵。

"追寻历史脚步，坚定文化自信"参观博物馆活动案例介绍：

1. 本案例的活动目标

知识和技能目标：通过本次活动，能够区分档案和文物；学会布置档案展厅的技能；选取一件文物，会撰写解说词和解说。

思政教育教学目标：利用赏文物，感悟家国情怀，感受河北悠久历史文化的魅力，树立文化自信；利用学党史，了解河北红色历史，激发学生热爱家园、保家卫国的、建设家乡的激情；利用参观活动，坚定文化自信、不忘初心、砥砺前行的时代使命。

2. 活动实施过程

参观前：提前下发活动方案，提出活动内容和要求：

（1）参观三楼的展区，《石器时代的河北》《河北商代文明》《慷慨悲歌——燕国故事》和《慷慨悲歌——赵国故事》，了解河北大地悠久的历史传承，河北先民的文明发展历程；

（2）参观二楼的展区，《战国雄风——古中山国》《大汉绝唱——满城汉墓》，了解河北博物馆最具代表性的文物，感受"中山"国的魅力；

（3）剩余时间，自由参观，选择一件比较喜欢的文物，深入了解这件文物的前世今生，撰写解说词，会解说。

参观中：要求戴好口罩，安全出行；服装整洁，文明用语，不大声喧哗，不乱扔垃圾，活动有序；尊重文化，尊重历史，尊重文物；认真仔细，做好记录。

参观后：撰写参观PPT，进行"我最喜欢的文物"解说活动。

3. 特色亮点

（1）专业性强：展览的资料的收集，展览的设计和展览的解说，涉及档案展览的专业知识；

（2）针对性强：针对参观河北博物馆，让学生了解河北悠久的历史传承和丰富多彩的传统文化，激发爱国、爱家乡、爱传统文化的思想感情，坚定文化自信；

（3）实践性强：本次活动从组织到实施参观，采用教师指导，协会组织的形式，从纪律到专业知识学习方面，增强了学生的责任心和使命感。

4. 教学效果

教学效果用"政法HR"公众号的一段话来说明："河北博物院是展示燕赵文明、文化的地方，是全国爱国主义教育示范基地。博物院里的每一件藏品，都是那个时代最真实的见证。在两个半小时的参观中，同学们在追寻历史脚步同时，不仅解读了档案和文物的关系，学习了档案展览的知识，更重要的是享受了一场丰盛的人文盛宴，感受了历史文化的独特魅力，坚定了文化自信。"（见图6）

2.4 创建网络学习第四课堂，做到无痕课程思政教育

互联网给教育工作带来了变革，同时也给思政教育带来了影响，因此课程思政也可以利用互联网渠道的环境，以丰富的内容和形式打造有吸引力的网络教育阵地。档案管理实务课程通过完善智慧职教MOOC开放平台，设置档案思政板块，开发讨论区，达到"能学""辅教"的目标，使线上教学内容更加合理、科学，从而达到三全育人；通过"河北省档案馆""河北省博物院"等网站的网络知识，学生进行个性化的选择汲取，接受思想

追寻历史脚步 坚定文化自信

——2019级人力资源管理专业档案管理实务校外实训（二）

为了使学生能够比较系统掌握本专业的专业知识和实际操作流程的操作方法，加深对所学专业理论知识的理解，拓宽学生知识面，增加感性知识，增强学生的责任心和使命感，管理系2019级人力资源管理专业167人，在冯荣珍、王学文、沈文竹老师的带领下，于6月11日上午9:00——11:30乘车来到河北省博物院，进行了以"追寻历史脚步，坚定文化自信"为主题的参观学习。

按照防疫要求，大家带好口罩，依次有序地进入博物院。河北博物院以满城汉墓出土文物、河北古代四大名窑瓷器、元青花、石刻佛教造像、明清地方名人字画以及抗日战争时期文物最具特色。在老师的建议下，同学们首选二楼参观。二楼是中山国和满城汉墓，在此同学们见到了入选2019年《国家宝藏》的享有"中华第一灯"的长信宫灯，也见到了另一个"明星文物"——河北满城中山靖王刘胜金缕玉衣，还有造型独特的朱雀衔环杯，……随后各自参观了自己喜欢的展区。每到一处同学们都认真驻足观看，或激烈讨论，或拍照留念。"文物有温度，那是温润如恒的民族精神，是流淌在我们血液中的民族基因！"同学们结合图片和文字，对一件件文物进行细细琢磨，感受着河北这座具有悠久历史、灿烂文化的独特魅力，深切地了解到古代人民的智慧与文化。当然同学们也没有忘记另外一个作业，学习展览的知识和技巧。

河北博物院是展示燕赵文明、文化的地方，是全国爱国主义教育示范基地。博物院里的每一件藏品，都是那个时代最真实的见证。在两个半小时的参观中，同学们在追寻历史脚步同时，不仅解读了档案和文物的关系，学习了档案展览的知识，更重要的是享受了一场丰盛的人文盛宴，感受了历史文化的独特魅力，坚定了文化自信。

稿件来源：管理系人力资源管理协会
排　　版：吴佳明

图6　学生课外实训活动后总结

教育、专业技术；通过管理系公众号、专业公众号"政法 HR"、教师公众号"二冯"，发布有关档案课程思政小文，及时纠正学生思想上的小错误，肯定学生的正确做法；通过课程 QQ 群，发布思政小视频、思政小动态、"软文"等，时时处处把社会主义核心价值观浸润学生心田。

关于网络学习第四课堂的思政教育，还需要进一步进行实践检验，这是本课程下一步重点努力的目标。

3　学生学习成效

3.1　素质目标达成

通过融入课程思政教学素材，培养了学生树立文化自信，为人民服务，为现代化建设服务，用发展的眼光看世界的观念；培养了学生为真理献身、科学求是的精神；培养了学生养成尊重历史、忠于事实、勤奋进取、精益求精、认真细致的工作作风；培养了学生公正、平等、和谐、诚信、友善的品质等。

2019 级人力资源管理专业 3 个班同学学习氛围浓厚，求知欲望强烈，经常和老师"索要"个性化"定制餐包"；积极参加各种活动，比如各种专业技能比赛均能克服重重困难夺冠，勤奋进取、精益求精工作作风发扬光大；互帮互助，不计个人得失，无私奉献运营专业公众号"政法 HR"，已形成和谐共处、诚信友善的氛围。

3.2 知识目标达成

通过"一二三四"课程思政模式的实施，学生从课程思政中学习到内容，既有良好的职业认识和职业道德，还有强硬的专业知识，这在实施过程中已有表述，在此就不多赘述。

3.3 能力目标达成

考核采用过程性评价和总结性评价相结合的方式，在授课的第一第二第三第四课程的学习中，学生通过动手动脑动嘴，进行实践活动，对档案六大环节的操作技能以及人事档案管理的技能已达到优良和合格水平。

4 教学反思改进

4.1 特色与创新

（1）课程思政改革从"网、链、点"三重视角予以加强，构建了"一二三四"课堂思政模式，并付诸实施，效果明显：

①档案管理实务课程从"网"的视角，站在人才培养的长远角度予以统筹谋划，理顺本课程和专业其他课程的逻辑关系，分解学生成长的需求，从课程、教学资料、考核方式等全面"思政"覆盖，实现当下与长远的价值观塑造。

②档案管理实务课程从"链"的视角，链接好第一第二第三第四课堂，协同各种要素资源有效支撑课程思开展，让课程思政既有感性认知又有实践体会。

③档案管理实务课程从"点"的视角，集中力量挖掘每个模块每个项目的思政元素，从教学资料和教法上寻找创新和突破点，退出学生喜欢的又富有成效的课堂教学模式，使思政扎根于学生心里脑里，使其学有所获、学有所感。

（2）构建了职业素养为主题，技能考核为主线的开放式全程考核体系：

采用"形成性评价+总结性评价""线上线下"相结合的方式，效果明显。

4.2 不足与改进

（1）关于网络学习第四课堂的思政教育，还需要进一步进行实践检验，这是我们下一步重点努力的目标。

（2）"三教改革"中的教材改革，做得比较差，虽然课程组参与了教育部规划教材的编写，但是已不属于新型态教材。课程组需要放眼全球，体现人文性、应用性，选用具有思想深度和时代特征的语言材料，课程内容和练习设计中融入思想教育元素，在潜移默化中讲好中国故事，帮助学生树立正确价值观、人生观和世界观，培养家国情怀与全球视野兼备的优秀人才。

《园林工程》课程思政教学设计

——以"块料路面设计与施工"为例

生态工程与法务系　焦会玲　等

课程类型： 专业课程

专家评注：

该课程注重培养学生的职业素养和社会责任感，通过园路施工图设计和制图培养学生严谨细致、一丝不苟的职业道德和职业素养；通过以小组为单位的施工操作培养学生团队协作、敢于担当的责任意识和精益求精的工匠精神。在实操中将课程思政元素有机融入，达到"润物无声"。

齐鲁工业大学　苗旺

课程及案例简介：

《园林工程》课程是生态工程与法务系园林技术专业和风景园林设计专业的专业核心课程，授课对象是该专业大二下学期和大三上学期的学生。课程内容包含六个模块：即土方工程模块、园林给排水工程模块、园路工程模块、水景工程模块、假山工程模块、花坛砌体工程模块等。课堂教学 64 学时，第四和第五学期开设。课程总体目标是通过园林工程理论知识的学习与实践，学生能够绘制一套小游园的施工图，并能够按照施工图纸建造出小游园。本案例选取的章节是园路工程模块中块料路面的设计与施工。园路工程是园林工程建设中经常出现的项目，是园林工程课程教学的重点，块料路面是园林中比较常见的铺装样式，是园路设计与施工的典型。

1　教学与育人目标

1.1　知识传授目标

理解块料路面园路铺装大样与结构设计的原则，掌握典型路面的结构构成和施工工艺流程。

1.2　能力培养目标

学生通过学习与实践，能够绘制块料路面的施工图，并能够运用工具进行正确施工操作。

1.3 思政育人目标

通过园路施工图设计和制图培养学生严谨细致、一丝不苟的职业道德和职业素养；通过以小组为单位的施工操作培养学生团队协作、敢于担当的责任意识和精益求精的工匠精神；在整个设计和施工过程中培养学生安全、生态、环保、节约的意识。教育学生努力践行二十大报告精神，立志做有理想、敢担当、能吃苦、肯奋斗的新时代好青年，为服务国家重大需求贡献自己的一份力量。

2 教学策略与课程思政教学实施过程设计

2.1 教学策略

项目实施前明确实践目的，项目操作中提出严格要求，项目完成后及时反馈总结。

2.2 课程思政教学实施过程设计

2.2.1 施工图设计阶段

园林工程是将园林设计意图转化为现实的保证，掌握工程原理，以工程技术为依据进行设计，才能确保设计的实现并具有可操作性。园林工程施工图就是把设计意图转化为实物的技术依据，在学生绘制园路施工图时，注意培养学生仔细严谨的工作态度，不能有半点的马虎和想当然。哪怕是一个很细微的地方都要找到规范，按规范操作。比如在做小游园园路铺装大样图时，学生设计了 1.2m 的面包砖小路，在图样上进行尺寸标注时应该标出实际尺寸，且以 mm 为单位进行标注，正确数据应该是标 1200mm。有的学生认为 1.2m 和 1200mm 表达的意思是一样的，怎么省事怎么写，但这是不符合制图标准要求的。这种情况教师一定要严肃地指出来，责令改正。因为图纸就是工程界的语言，园林制图标准中明确提出了关于尺寸的正确标注方式，做施工图必须严格按照规范操作，精益求精，对学生形成良好的职业习惯大有裨益。

【设计意图】培养学生制作图纸严谨细致，规范操作的职业习惯和职业素养。

2.2.2 园路施工阶段

园路施工阶段需要到实训场现场铺筑，以小组为单位进行。在施工前和施工过程注意提醒学生要有安全意识，掌握工具的正确使用方法。操作时按块料路面施工的工艺流程一步一步进行。首次动手操作，每个小组按照施工工序都能够完成一个作品，但其中总会有不尽人意之处。这个时候要引导学生互相观摩自己组和别的组的作品，发现其中的问题与不足，找出提升的方法并实践，在重复实操中不仅训练的学生的职业技能，更培养了学生精益求精的工匠精神。

【设计意图】训练学生职业技能的同时培养团队协作、精益求精的工匠精神。

2.2.3 设计与施工全程践行生态环保

园林是人类为了追求更美好的生活环境而创造的，园路是游人游园赏景的保障。在设计时，一方面尽量采用环保的铺装材料，材料本身不能有害；另一方面要尽量采取环保的铺装形式。在满足实用、耐用、美观的基础上，尽量选用透气透水性铺装材料、嵌草铺装等。结合园路施工图设计项目引导学生选择合宜的铺装材料和形式，渗入生态环保理念。

【设计意图】培养学生生态环保节约意识。

3 课程思政教学实施成效与反思

3.1 课程思政教学实施成效

（1）价值塑造成效：团队成员分工明确，严格按照施工工艺操作，不急不躁，能够很好的完成各自负责的部分，吃苦耐劳，工作效率高等，在园路施工全过程配合默契。

（2）知识传授成效：对块料路面的结构构成有了深刻的认识，掌握了块料路面园路施工的工艺流程。

（3）能力培养成效：根据园路施工需要，能正确使用橡胶锤、抹子、激光水平仪、水平尺等工具完成块料路面的铺筑。铺装大样图和结构图中标注规范，且施工图设计具有可操作性，每个小组都能完成一个完整的作品。学生实践成果如图1所示：

图 1

3.2 课程思政教学实施反思

（1）课程思政反思：由于思政教育与教学实践相结合研究时间还不长，在思政元素

"挖潜"上还有待做深入细致的研究和探索，使专业知识与思政元素紧密结合，力求做到"润物细无声"。

（2）知识传授反思：园林工程知识点多，隐蔽工程讲授难度大，真正的工程施工现场视频资源有限。

（3）能力培养反思：学生能力提升是在实操过程中实现的，但受多种因素的限制，有些项目操作存在难度。

《观赏植物》课程思政教学设计

——以"银杏的识别与应用"为例

建筑工程与法务系 崔向东 等

课程类型：专业课程

专家评注：

该案例选取了"观赏植物"课程中"银杏的识别与应用"内容开展了课程思政教学设计。通过设计启发式教学、研讨式教学、实践教学，有机融入吃苦耐劳、辩证思维、热爱科学、环保意识、大局意识、民族自豪感等思想和情感，有意识地引导学生客观地对待周围的事物、遵纪守法、保护生态环境资源、培养家国情怀、树立正确的人生观和价值观。

延安大学 曹殿波

课程及案例简介：

《观赏植物》是建筑工程与法务系和生态工程与法务系相关专业的一门重要的专业基础课程，开设对象为高职一年级学生。通过本课程的学习，使学生了解观赏植物分类的基本理论，学会观赏植物识别和鉴定的基本技能，掌握河北地区常见观赏植物的形态、习性、观赏特性及园林用途，提高合理选择、配置观赏植物的能力，认识和感悟植物在保护生态环境、维护生态平衡中的重要作用，增强环保意识和社会责任感，为《园林规划设计》《园林工程施工与管理》《园林树木栽培》等后续专业课程服务，为今后从事园林设计与施工、植物栽培与养护等工作打下坚实的基础。

在"观赏植物"课程的"河北常见观赏植物"教学设计中，裸子植物是重要的组成部分，而银杏作为裸子植物的重要组成内容，是第一要讲的部分。本案例是关于"银杏的识别与应用"的课程思政教学设计。

1 教学与育人目标

1.1 知识传授目标

（1）掌握银杏的基本识别特征；

（2）了解银杏的分布情况；

（3）理解银杏的生物学特性和生态学习性；

（4）了解银杏在园林绿化中的观赏特性及园林用途；

（5）了解银杏的经济用途。

1.2　能力培养目标

（1）通过实物观察练习，能准确用专业语言描述银杏的茎、枝、叶、花和果的形态特征，具备识别银杏的能力。

（2）通过对银杏的分布情况、生物学特性、生态学习性、园林用途等内容的学习，充分体会植物在保护生态环境、维护生态平衡中的重要作用。

（3）培养学生科学的思维品质，拉高认识问题、分析问题和解决问题的能力，增强环保意识、民族自信心和社会责任感。

1.3　思政育人目标

（1）讲解"银杏的科属分类"时，告诉学生，银杏是现存种子植物中最古老的孑遗植物，植物学家常把银杏与恐龙相提并论，并有植物界的大熊猫之称，其它地区所产者皆已灭绝，仅我国现存1属1种，故称为"活的化石"、植物界的"大熊猫"或"孑遗植物"。我国地大物博、物种丰富，作为中华儿女，我们感到骄傲和自豪。

（2）讲解"银杏的基本形态特征"时，告诉学生，识别植物最基本的要求就是要善于观察和勤于思考，达到"识树、懂树、会用树"的标准，就必须细心、耐心和专心，要不怕吃苦，要认真思考。

（3）讲解"银杏的分布、生物学和生态学特征"时，通过银杏的地理分布广、适应性强的特征，引导学生要像银杏树一样，增强技能，增强适应能力，勇敢战胜艰难困苦，勇于斗争，才能取得最后胜利。

（4）讲解"银杏的观赏价值和在园林绿化中的应用"时，通过对银杏集叶形美（扇形）、树形美（卵形）和内在美（我国特产、病虫害少、寿命长）于一身的特征，引导学生欣赏银杏的叶形美、树形美和内在美，体悟我国人民尊崇银杏为"圣树""神树"的原由。同时也引导学生收集古人对银杏描写的优美诗词、典故等，激发同学们对传统文化的兴趣。

（5）讲解"银杏价值和用途"时，通过分析银杏的生态价值和科研价值，鼓励学生扎实掌握科学技能，勇于开拓，用自己的知识和技能为人类造福。

2　教学策略与课程思政教学实施程设计

2.1　教学策略

课堂采用"课堂启发式"和"观察讨论式"教学相结合的方式，通过课堂讲授、多媒体学习、互动问答、现场观察等多种教学方法，结合相关科研、实践案例，引导学生主动学习、科学思考，进而激发同学们对自然科学的学习兴趣。

2.2 课程思政教学实施过程设计

2.2.1 课前准备

在整个教学过程中，教师要注意"身正为范""言传身教"，严格教学规范和举止行为，用自己的人格魅力和知识体系，感染和吸引学生。课前教师要做如下准备工作。

（1）查阅我国观赏植物学方面所取得的最新研究成果和技术方法，备好本节课的课内容和相关的教学案例。

（2）准备好多媒体课件，针对本节课程内容和教学过程的特点，加强直观教学手段的运用，注意增加实例以激发学生的学习兴趣，并设计好每个授课内容的具体讲授方法。

（3）全面了解学生有关知识储备的特点和不同学生的学习状况，并针对不同类型的学生在学习上存在的问题，尽量制定不同的学习指导方法。

（4）按照分好的学习小组，设计好要求学生分组讨论的问题和课堂互动的问题。

（5）挖掘、提炼本节课的思政元素，并设计好尽量是隐形的切入方法。

（6）准备好课本、教案、学生点名册、平时成绩登记表等，以及干净、得体的衣着。用自己的职业规范、行为规范潜移默化地影响学生养成良好的生活习惯和审美倾向。同时要求学生严格遵守课堂管理规定，这也是课程思政的细节体现。

【设计意图】教师敬业是最基本最恰当的思政。通过课前准备，让学生养成主动学习、举止得体、文明礼貌的好习惯。

2.2.2 课中观察学习

1. 银杏的形态观察

组织学生对校园内的银杏树进行实体观察，包括树体的大小、形状、树体枝、叶、花、果的形态特征等。

【设计意图】

①培养学生的观察能力，做到细心、专心和耐心；

②遵守纪律、小组同学能团结协作。

2. 银杏的基本形态特征

以观察总结法、问答互动法为主，通过银杏真实树体观察，启发和引导学生总结出银杏的基本形态特征（见图1）。

①落叶大乔木，高40米以上，胸径3米以上；

②树冠广卵形或卵形；

③老树皮灰褐色，深纵裂，富有弹性；

④幼枝灰白色，有长、短枝之分；

⑤叶扇形，顶端常二裂，有长柄，在长枝上互生，在短枝上簇生；

⑥雌雄异株，球花生于短枝顶端，花期在4—5月份；

⑦种子椭圆形或圆球形，核果状，被白粉，有臭味，三层种皮，外种皮肉质，中种皮骨质，内种皮膜质。果期在10—11月份。

【设计意图】

①善于观察和勤于思考是识别植物最基本的、也是最重要的能力。对遇到的现象多问

图1

几个"为什么",认真思考并寻找答案,就能达到"识树、懂树、会用树"的教学标准。

②引导学生掌握树木特征描述的顺序一般为:先宏观,后微观;按照枝叶花果的顺序进行。

2.2.3 课中讲授互动

1. 情景导入课程

通过多媒体图像和视频,呈现给学生银杏的相关画面(如北京林业大学校园银杏路、太原晋祠内参天大银杏树等),唤起学生对银杏的好奇和关注,引发同学们的学习兴趣。这些图像和视频,也为后面润物细无声的思政埋下伏笔。

2. 银杏的科属分类

以讲授法为主,配合多媒体教学,让同学们了解银杏的家族背景。

银杏,又名白果,是现存种子植物中最古老的孑遗植物,植物学家常把银杏与恐龙相提并论,并有植物界的大熊猫之称。据山东即墨地区发现的巨大银杏硅化石证实,银杏科发生于古生代的石炭纪末期和二迭纪,至中生代三叠纪、侏罗纪最为繁盛,有15属之多,分布于全球,至白垩纪及新生代第三纪逐渐衰退,至中生代第四纪冰川期后,其它地区所产者皆已灭绝,仅我国现存1属1种。故称为"活的化石"、植物界的"大熊猫"或"孑遗植物"。

【设计意图】我国地大物博,物种丰富,作为中华儿女,我们感到骄傲和自豪。

3. 银杏的分布、生物学特性和生态学习性

以讲授法和小组讨论为主,通过银杏的分布广联想到银杏的适应性强,以便更好地理解银杏的生物学特性和生态学习性。

银杏的垂直分布:一般分布于海拔500米以下,我国西南地区可在2000米左右。

银杏的水平分布:在我国分布很广。我国主要分布于北起沈阳,南至广东北部,西到云、贵、川,东至沿海。现世界各地均有栽培。

银杏的生态学习性:对气候和土壤的适应性很宽,无论气候寒冷干燥的北方地区或温凉湿润的南方地区,都能安全越冬,在夏秋温暖多雨、土层深厚、排水良好的条件下生长旺盛;在高温多雨条件下虽能适应,但生长缓慢,在土壤瘠薄、过度潮湿或盐分过重的壤上生长不良，生长较慢。

银杏的生物学特性：生长慢、寿命长、病虫害少。

【设计意图】通过银杏的地理分布广、适应性强的特征，引导学生联想到个人的成长，要像银杏树一样，增强技能，增强适应能力，勇敢战胜艰难困苦，勇于斗争，练就好的体魄，掌握过硬本领，到祖国需要的地方去，为社会服务。

4. 银杏的观赏价值和在园林绿化中的应用

以讨论互动为主，组织同学们通过网络收集银杏的观赏价值和在园林绿化中的应用，大家共享。

1942 年 5 月，郭沫若老先生写过《银杏》："银杏，我思念你，我知道你为什么又叫公孙树，但一般人叫你是白果，那是容易理解的……你这东方的圣者，你这中国人文的有生命的纪念塔，你是只的中国才有的呀，一般人似乎并不知道。我到过日本，日本也有你，但你分明是日本的华侨，你侨居在日本大约已有中国的文化侨居在日本的那样的久远了吧……"

【设计意图】

①以引导法和小组讨论为主，通过对银杏集叶形美（扇形）、树形美（卵形）和内在美（我国特产、病虫害少、寿命长）于一身的特征，引导学生欣赏银杏的叶形美、树形美和内在美，体悟我国人民尊崇银杏为"圣树""神树"的原因。同时也引导学生收集古人对银杏描写的优美诗词、典故等，激发同学们对传统文化的兴趣。

②增强学生专业学习兴趣，坚定学生用园林知识和技能为社会服务的信念。

5. 银杏价值

讲授法为主，通过对银杏价值的总结，激发同学们对银杏的兴趣。

①银杏的生态价值。银杏抗病虫害，耐污染，对不良环境条件适应性强，是优良的绿化树种。

②银杏的科研价值。银杏是现存种子植物中最古老的孑遗植物，第四世纪冰川以后成为我国独特的树种，在学术界一直被誉为"活化三古"。银杏对于植物胚胎学、古生物学、遗传学及物种进化论的研究都具有生要意义，正越来越引起科学家的重视。

③银杏的木材价值。银杏木材质地优良，干燥容易，速度快，不翘裂，兼有特殊之药香味，素有"银香木"之称，木材价格昂贵。

④银杏树根和树皮价值。银杏树根和树皮除用作做薪柴和制香的配料外，还可以入药，因其含有白果苦内酯 A、B、C、M，性甘，温平，无毒，故可治疗白带、遗精等诸多疾病，亦可制成兽药。

⑤银杏的外种皮价值。外种皮俗称白果"衣子"，味臭，不可食，具有一定的医用价值，前景广阔。

⑥银杏果价值。银杏果为上等干果，营养丰富，味道甘美，药食俱佳。

⑦银杏叶价值。银杏叶茶、银杏叶饮料等，对治疗冠心病、心绞痛、脑动脉硬化、老年性痴呆、高血压等病有神奇疗效。

【设计意图】通过分析银杏的生态价值和科研价值，鼓励学生扎实掌握科学技能，勇于开拓，用自己的知识和技能为人类造福。

2.2.4 课后学习

（1）就课堂上某些理解不透的内容、感兴趣的案例或相关知识，可以继续和教师交流，或查阅资料。

（2）以小组为单位，要求学生们课后继续查阅资料，了解银杏在其他方面对人民生活、生产的影响和利用现状，在下节课准备分组陈述分享。这样有利于培养学生的自主学习能力、团队精神、表达能力。

（3）用适合自己的方法复习、总结本节课讲的主要内容，形成链条式的知识结构。

（4）做好对银杏的物候观察，完成教师布置的小组任务。

【设计意图】培养学生科学的思维品质，分析问题和解决问题的能力，团队合作的精神和严谨的工作作风。

3 课程思政教学实施成效与反思

3.1 课程思政教学实施成效

（1）价值塑造成效：本节课认真挖掘银杏树种识别中的思政元素，并把思政教育这条红线隐含在教学的整个过程中。这使得吃苦耐劳、辩证思维、热爱科学、环保意识、大局意识、民族自豪感等思想和情感潜移默化地影响着学生的思想和言行，有助于学生客观地对待周围的事物、遵纪守法、保护生态环境资源、培养家国情怀、树立正确的人生观和价值观等。

所有同学能按时、按要求上课，大家精神饱满，听课认真。学校疫情封闭期间，班中许多同学积极响应系团总支号召，报名参加了建工系志愿者服务队。

（2）知识传授成效：在思政红线的暗引下，采用"启发式"教学和"小组讨论式"教学的授课方式，并把所讲授的知识、技能与科研、实践案例紧密结合，不仅丰富了课堂的学习信息，开阔了学生眼界和思路，也在很大程度上激发了学生的学习热情，提升了学生的学习参与度，使他们较好地掌握银杏的基本识别特征，了解了银杏的分布情况，理解了银杏的生物学特性和生态学习性，了解了银杏在园林绿化中的观赏特性及园林用途，了解了银杏的经济用途。上课回答问题的正确率达95%，期末考试全部过级，教学效果显著。

（3）能力培养成效：在思政红线的暗引下，同学们通过实物观察练习，能准确用专业语言描述银杏的茎、枝、叶、花和果的形态特征，具备识别银杏的能力；通过对银杏的分布情况、生物学特性、生态学习性、园林用途等内容的学习，充分体会植物在保护生态环境、维护生态平衡中的重要作用；培养学生科学的思维品质，拉高认识问题、分析问题和解决问题的能力，增强环保意识、民族自信心和社会责任感。

3.2 课程思政教学实施反思

（1）课程思政反思：课程思政这项伟大的育人工程，对教师的业务能力、政治觉悟和道德修养提出了更高的要求。围绕"立德树人"的根本任务，把思政教育元素巧妙地融入教学的各个环节,把学生的行为习惯、家国情怀、综合素养等贯穿到教学的全过程,这对每一位学生的健康成长、树立正确的人生观和价值观,成为有理想、有道德、有文化、有纪律的时代新人是非常重要的。"师者,所以传道授业解惑也。""传道"是每位教师的首要任务,这既对每位教师自身的道德修养提出了严格的要求,也明确了教师的育人职责和担当。作为老师,我们有兴趣、有责任、有能力、有耐心、有信心挖掘课程中的思政元素,在深挖每节课思政元素的基础上,精心设计,灵活融入,反复实践,不断探索,坚定地走下去,让课程思政如春风化雨、润物细无声,老师和学生在思政教育的浇灌下一起成长。

(2)知识传授反思:在各个课程思政元素的无声滋润下,学生精神饱满,主动学习和积极思考,既较好地掌握了本节课的知识要点,又开阔了眼界,增强了专业自信,显著提高了课堂教学效率。为了充分发挥课程思政在促进学生主动学习上的积极作用,需要进一步挖掘本学科的科学素养、思政元素,追踪学科发展前沿动态,优化课堂讲授方法,增强师生互动环节,激发学生的学习热情,培养创新性学习习惯。

(3)能力培养反思:通过课程思政,提高了学生的学习兴趣和学习效果,培养了他们认识问题、分析问题和解决问题的能力,以及精诚合作、勇于拓展的精神。还需根据当前国内、国际形势和学科素养的要求,进一步探索切实可行的途径和渠道,培养学生的综合能力。

《大学生心理健康教育》课程思政教学设计

——以"自我意识——天行健，君子以自强不息"为例

思想政治理论教学部　詹　爽　等

思想政治理论教学部　詹　爽　等

课程类型：公共基础课

专家评注：

《大学生心理健康教育》是针对大学一年级各专业学生开设的一门公共必修课程，该案例选取"自我意识——天行健，君子以自强不息"内容，分析探讨了"我是谁""我爱我""做最好的自己"三方面内容。在课程讲授中，该案例较好地融入了社会主义核心价值观、正确的人生观与世界观，同时通过结合中国具体的案例，也有助于激发学生的文化认同感、民族认同感和自豪感。

南开大学　高通

课程及案例简介：

《大学生心理健康教育》是针对大学一年级各专业学生开设的一门公共必修课程，是高校思想政治教育和素质教育的重要组成部分。课程内容包含适应、自我意识、情绪管理、人际交往、恋爱与家庭、挫折应对、人格发展等方面。课程总体目标为引导学生正确认识义和利、群和己、成和败、得和失，培育学生自尊自信、理性平和、积极向上的健康心态，促进学生心理健康素质与思想道德素质、科学文化素质协调发展。

案例选取"自我意识——天行健，君子以自强不息"章节内容，同时结合思政元素，帮助学生正确认识自己，怀抱梦想又脚踏实地；自信自强，敢想敢为；脚踏中华大地，找准自我发展方向，在全面建设社会主义现代化国家的生动实践中绽放绚丽之花。

1　教学与育人目标

1.1　知识传授目标

（1）了解大学生自我意识概念、内容；

（2）掌握培养健全自我意识的途径。

1.2 能力培养目标

（1）运用正确认识和评价自我的方法；
（2）学会悦纳自我，增强自信。

1.3 思政育人目标

（1）提升自信自强、勇于改变、追求卓越的自我意识；
（2）培养文化认同感、奋发向上的社会责任感。

2 教学策略与课程思政教学实施过程设计

2.1 教学策略

本次教学以学生为中心，思政教育贯穿"价值引导+知识传授+能力培养"的理念，采用线上线下混合式教学模式。线上运用智慧职教平台资源等信息化手段，线下采用讲授、案例、启发式、讨论式等教学方法，通过心理游戏、案例分析、身体雕塑、行为训练、冥想等载体，"动""静"结合，注重学生体验与感悟，建立自信自强、勇于改变、追求卓越的自我意识，增强文化认同与社会责任感。在"学、思、悟、行"中培育适应时代发展的新人。

2.2 课程思政教学实施过程设计

课程思政教学设计简表

教学内容	教学过程和方法	思政元素	考核评价
课　前			
新课学习准备	学生在职教云慕课提前学习微课视频，思考四个问题。在课程答疑板块提问。	引导学生自我探索，感悟自信自强的生活态度。	1. 完成微课视频的3个学习任务点；2. 至少参与1次讨论互动。
课　中			
新课导入	师生心理游戏"起立和坐下"互动，思考三个问题。	引导学生责任意识与社会担当。	反馈教师三个问题答案。
第一节　我是谁——路漫漫其修远兮，吾将上下而求索	师生"斯芬克斯之谜"案例互动，感悟其中内涵。	融入个人与集体的关系，自强不息等思政元素。	学生跟随引导感悟3个启发。
	教师创设情境讲授自我认识的方法——萨提亚冰山，学生体验身体雕塑。	引导学生建立自信自强、勇于改变、追求卓越的自我意识。	完成课后作业个人冰山图一张。

教学内容	教学过程和方法	思政元素	考核评价
第二节 我爱我——不要人夸颜色好，只留清气满乾坤	讲授大学生常见的自我意识困扰。	融入树立正确价值观，建立自信自强的自我意识，培养文化认同感、奋发向上的社会责任感等思政元素。	/
	案例分析：赖声川演讲《走自己的路》。组织学生慕课讨论感受，并邀请学生发言。	融入文化认同感、民族认同感和自豪感等思政元素。	学生完成职教云慕课互动讨论。
第三节 做最好的自己——海到无边天作岸，山登绝顶我为峰	【行为训练】告别"自卑"仪式。	融入勇于改变、自尊自信等思政元素。	现场体验告别自卑。
	发展自我的三个方法。	融入锻炼顽强意志力、坚忍力、自制力的品质，自信自强，立志成才等思政元素。	完成课后作业，为接下来的大学三年设立十个目标。
	学生体验萨提亚冥想——"独一无二的你"	融入勇于改变、建立积极品质等思政元素。	/
课后完成作业			

2.2.1 课前——带着问题学习（职教云慕课预习）

（1）我真的认识我自己么？

（2）我拥有什么，我想要得到什么？

（3）我知道自己的性格、气质、兴趣、爱好、习惯吗？

（4）我是否接受自己的过去，是否坦然面对现在，是否对未来充满信心？

【设计意图】

提前布置预习作业，学生带着问题在职教云"大学生心理健康教育"慕课进行预习，有助于更好地消化吸收自我意识相关概念知识，引导学生感悟自信自强的生活态度。教师根据答疑板块中学生的提问，明晰学生在自学过程产生的疑惑，在课堂教学中能更具针对性地讲授、解惑，增强教学效果。

2.2.2 新课导入

"起立和坐下"心理游戏互动导入课程

师生互动"起立和坐下"心理游戏，游戏结束后讨论三个递进问题：

（1）是谁让你起立或者坐下的？

（2）如果我请你做的活动不是起立和坐下，而是要大家躺在地板上，你会怎么样？

（3）请大家再想一想第一个问题，是谁让你起立和坐下的？找到答案了吗？

【设计意图】

通过心理游戏体验，引出新课内容"自我意识"，师生互动讨论引导学生责任意识与社会担当。一切都是"我"的选择，"我"是自己生活的唯一创造者和责任人。"我"是我学习、生活、工作、情绪的主人。"我"对我的幸福与不幸、快乐与痛苦、成功与失败负责！

2.2.3　第一节

我是谁——路漫漫其修远兮，吾将上下而求索

1. 案例故事互动：《斯芬克斯之谜》

同学们，你知道谜底是什么吗？谜底为：人。

师生互动，并谈谈这个谜语有什么启发。

教师引导学生感悟以下启发：

（1）人的一生有三种状态，即婴儿时期-爬，青年时期-走，老年时期-拄着拐杖。指出了人的生命历程的发展、变化性。

（2）"认识自己"，就像马克思所说的："人的本质是一切社会关系的总和"。更进一步，人必须认识到，自己首先需要走一条"人—从—众"的"社会化"之路，然后再走一条"众—从—人"的"个体化"之路。

（3）人们在战胜极大的生命磨难之后，会有一个清楚明了的认识和正确的答案。

【设计意图】

通过案例故事引发学生对自我的进一步思考，同时融入个人与集体的关系、自强不息等课程思政元素。

2. 认识自我的方法——萨提亚冰山（情境演示、身体雕塑体验、师生互动）

认识自我是人在社会实践中，对自己以及自己和周围事物关系的认识。作为新时代的大学生，我们应该从自身实际出发，多反思，多总结。"坚持一切从实际出发，是我们想问题、作决策、办事情的出发点和落脚点。"——《习近平谈治国理政》。

用图示展示冰山图，教师通过故事情境（小明同学，期末考试成绩有一门功课没有及格），一一展示冰山各个层面，师生互动，体验个体在面对困境时，不同应对方式的身体雕塑等。

请参与体验的学生谈谈感受与想法，引导学生积极面对困境，建立自信自强、勇于改变、追求卓越的自我意识（见图1）。

【设计意图】

通过师生互动，学生身体雕塑体验，结合学生实际生活，帮助学生更好地掌握认识自我的方法，体验面对困境时不同的应对方式，引导学生建立自信自强、勇于改变、追求卓越的自我意识。

2.2.4　第二节

我爱我——不要人夸颜色好，只留清气满乾坤

1. 大学生常见的自我意识困扰

（1）过多的自我中心、自我障碍、从众心理（举例：饭圈文化、体育健儿、科技人才）；

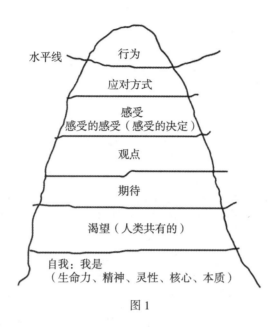

图 1

（2）自傲、自卑、虚荣；

（3）独立感、依赖感、逆反心理；

（4）理想与现实差距过大；

（5）主观需求与客观现实的冲突。

【设计意图】

帮助学生了解自我意识困扰，引导学生树立正确价值观，从自身出发，寻找优势和闪光点。建立自信自强的自我意识，培养文化认同感、奋发向上的社会责任感。

2. **【观看视频】**赖声川《走自己的路》

组织学生在职教云慕课讨论观看视频的感受，并邀请学生发言。

启发 1：赖声川从小到大经历过东西方两种文化的教育，但是在两种文化的冲击下，依旧知道自己的根在哪里，亚洲——中国，创作了一个又一个具有本土特色的戏剧作品。那么在如今多元文化冲击下，你是否在坚守自己的那份文化认同？相信同学们在一个个抗击疫情的故事背后感受到了中国人民万众一心，众志成城的凝聚力和战斗力。抗击疫情的背后，是优秀中华传统文化、高超的国家治理水平和植根于国民心中对生命的敬畏形成的合力，这些都是绵延在血脉里的文化自信。不仅如此，我们还为世界贡献了中国智慧和中国方案。

启发 2：在既定的社会规则下、约定俗成的评价体系中，我们有没有勇气，坚持做自己？走自己的路没错，但走自己的路最大的底气，就是你要知道你是谁，了解到你在这个世界上是个什么位置，你能够做什么事，那你的潜力就可以真正发挥出来。那个时候，你的路就完全属于你，而且是独一无二的。同样，在我们国家，中国共产党带领中国人民坚定不移地走自己的路，沿着中国特色社会主义道路不断开拓前进。

启发 3：悦纳自我就是要坦然地接受自己的一切，好的和坏的，成功的和失败的，并且要培养对自己的价值感、自豪感、愉快感和满足感。能否悦纳自我是发展健康的自我体验的核心和关键。

【设计意图】

激发学生探索自我价值、追求进步。巩固认识自我、深化认识自我意义，引导学生悦纳自我。融入文化认同感、民族认同感和自豪感等思政元素。

2.2.5　第三节

做最好的自己——海到无边天作岸，山登绝顶我为峰

1.【心理训练】告别"自卑"仪式

第一步：请同学们在白纸上写下令自己感到"自卑"的事情或自认为"做不到"的事情，写好后，自己默默地想想原因是什么？从写到想，思考梳理自己存在的自卑问题，把它想清、想透。

第二步：让我们把手中这些"自卑"的想法统统扔入"大海"，与"自卑的我"永远告别！（大家排好队，依次把纸条投入讲台上的袋子里。）

【设计意图】

通过行为训练，帮助学生告别自卑，建立自信。融入自信自强、勇于改变等思政元素。

2. 发展自我的三个方法

（1）树立目标：我想要，明确方向；

百学须先立志。志不立，天下无可成之事。不患才不及，而患志不立。士贵立志，志不立则无成。

（2）自我监控：自我激励，意志努力；

从"捐躯赴国难"的杨靖宇到"深藏功与名"的张富清，从宁死不移志的赵一曼到舍身为扶贫的黄文秀，从"两袖清风来去"的焦裕禄到"万事民为先"的郑培民……在这些感天动地的英雄人物身上，我们看到了"咬定青山不放松"的意志力，哪一步不需要"千磨万击还坚劲"的坚忍力，哪一步不需要"虽饮贪泉心不回"的自制力。

（3）扬长避短：发挥优势。

【设计意图】

通过发展自我的三个方法巩固完善自我的途径，融入锻炼顽强意志力、坚忍力、自制力的品质，自信自强，立志成才等思政元素。

3. 萨提亚冥想——《独一无二的你》

内容部分节选：现在，请送给自己一个欣赏，请对自己说：我爱你，我珍惜你，你是生命力的体现，你的本质是纯洁的，你美好、聪慧、乐观、善良……你是独一无二的存在，你理应受到最深的尊重，你有足够的力量和智慧，去清除那些关于被拒绝和排斥的信息，你有足够的力量和勇气，去处理那些想要改变的行为，我爱你，我珍惜你……（见图2）

【设计意图】

引导学生欣赏自我，发展自我，发现积极品质，同时通过冥想帮助学生将所学知识内

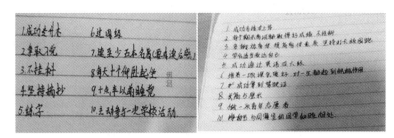

图 2

化整合。融入自信自强、勇于改变等思政元素。

2.2.6 作业

（1）根据自己实际情况，为自己大学三年设定可行的 10 个目标。

（2）课后继续自主学习职教云《大学生心理健康教育》慕课中的自我意识章节未完成的相关任务点以及参与职教云慕课讨论区互动。

（3）根据本周本人发生的一件负性事件绘制萨提亚冰山图。

【设计意图】

复习巩固该章节所学知识，在实际生活中运用，同时加强师生间、学生间互动交流。

3　课程思政教学实施成效与反思

3.1　课程思政教学实施成效

（1）价值塑造成效：本节课帮助学生建立自信自强、追求卓越的自我意识；同时激发学生的文化认同感、民族认同感和自豪感；引导学生树立正确的人生观、价值观、世界观。

（2）知识传授成效：本节课学生通过线上慕课学习相关资源、习题练习及线下课堂参与互动学习，已能够掌握自我意识概念、内容、培养健全自我意识的途径等心理知识，效果良好。

（3）能力培养成效：本节课学生们逐步开始增强自信，能够识别在自我意识发展过程中出现的偏差及原因，并能够对其进行调适，进而在社会实践中加强自身修养，超越自我。通过学生慕课互动情况及课后作业中均能反馈学生吸收掌握情况良好。

3.2　课程思政教学实施反思

（1）课程思政反思：本章节课程思政元素还需继续提炼升华，某些融入点还不够深入透彻，例如案例分析讨论不够深入，接下来将继续组织团队教师研讨课程思政融合方式，同时在课堂中多留一些引导学生思考讨论的时间。

（2）知识传授反思：教师在课堂中讲授以及主导比例较大，学生自主性不够。因此在接下来的教学中适当增加学生翻转课堂环节。

（3）能力培养反思：本节课学生课堂表现展现了强烈的学习热情，有积极的情感体验。但由于学生认识自我的途径与惯常使用的思维模式相比，显得比较陌生，掌握起来难度较大，在今后的教学中，还需创新教学方法，紧贴学生实际，使教学内容更加通俗易懂，提升学生在本课程中的获得感。

以"瑜"载道 体"伽"德美

——以"瑜伽肩颈塑形与应用"为例

体育教学部 张 娅 等

课程类型：公共基础课

专家评注：

瑜伽课程围绕公共基础体育课的特点，围绕"满足兴趣、增强体质、服务专业、提升素养"的课程定位，秉承"体医融合"教学思路，设计瑜伽塑形与应用的教学内容，提出"强体、塑美、修德、善行"的体医融合的课程思政创新体系，在教学组织中采用了线上线下"三融洽、四应用、五融合"，在课堂环节实施"三环三场"的课程思政过程，内容学思用生动鲜活，思政融入如盐入水，教学成效突出，为相关体育类公共课程提供了教学案例设计新范式。

齐鲁工业大学 肖中俊

课程及案例简介：

瑜伽课程是河北政法学院一门公共基础体育课。本课程以"健康第一"为教育理念，以"满足兴趣、增强体质、服务专业、提升素养"为课程定位，以"体医融合"的教学思路，设计瑜伽塑形与应用的教学内容。采用"悟学模式""四应用五融合"的教学策略，建构了"强体、塑美、修德、善行"的体医融合课程思政体系。旨在增强学生体质的同时，塑优美形体、修思想德行、助职业发展。培养学生养成科学运动、智慧运动习惯；知礼用礼、佳言善行品格；遵守规则、团结创新思维；持之以恒、终身体育意识。塑造身心健康、人格健全高素质健康人才，为实现"健康中国"国家战略添砖加瓦（见图1）。

课程内容在调研从业人员体态及体质健康状况的基础上，以提高职业健康水平为主线，以"瑜伽体式矫正练习"新思路来设计内容，构建四个模块，十二个主题。本案例授课对象为20级软件一班。选择模块二中肩颈塑形与应用主题。从认识并分析圆肩驼背、颈肩痛问题及其危害入手，学习评估肩颈不良体态方法、健康自测，体验并学习舒缓肩颈、解决肩颈问题的瑜伽体式及职业体能训练方法。

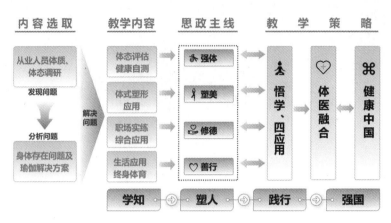

图 1 "强体、塑美、修德、善行"的体医融合课程思政体系图

1 教学与育人目标

1.1 知识传授目标

（1）会肩颈健康自测方法；
（2）会矫正圆肩驼背的瑜伽体式；
（3）会肩颈部位职业体能锻炼方法。

1.2 能力培养目标

（1）能规范完成肩颈瑜伽体式动作；
（2）能制定圆肩驼背肩颈痛改善方案；
（3）能制定改善肩颈问题的日常体能训练方案。

1.3 思政育人目标

（1）培养学生体态美、健康美的审美能力；
（2）培养学生尊师重道、知礼守礼的思想和行为习惯；
（3）培养学生吃苦耐劳、善于应用、守正创新的工匠精神；
（4）培养学生爱国主义情怀和体育强国信念，践行"健康中国"战略。

2 教学策略与课程思政教学实施过程设计

2.1 教学策略

2.1.1 思政教师走进瑜伽课堂协同育人

与思政课教师深度对接，拓展协同育人新路径。由思政课教师做体育思政专题讲座，引领学生从体育观的角度树立健康第一的理念，培养学生顽强拼搏、奋斗有我的信念，激发学生提升全民族身体素质的责任感，对学生进行价值塑造和价值引导。

2.1.2 多元教学课堂合力育人

教学整体设计："寓教于'行'贯全程，线上线下共思政"。即线上每个主题设立了"育美育德"专栏，对所学内容总结提炼思政元素，统领该主题的思政教育；充分开发线上多板块讨论区，激发学生的参与度，育人于润物无声。线下通过借助先进测量工具、信息化教学手段，采用"任务驱动+生活应用"递进式悟学教学模式，建构了"三融洽、四应用"教学体系（见图2）。

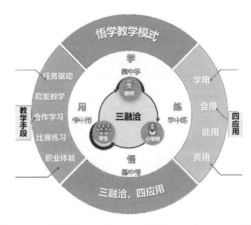

图2 基于"悟学模式"下的"三融洽、四应用"教学策略图

"三融洽"即教师、小学师、小学友形成三方"师友互助"式融洽学习，六人为一合作小组，每组以课前预习得分最高者作为"小学师"，其他为"小学友"。在教师引导下，"小学师"教会本组"小学友"动作，并带领他们精细合作、高效练习突破重难点，交叉辅以任务驱动、自主探究、启发式教学、游戏等多种方法，营造教师、小学师、小学友三融洽的和谐课堂氛围，培养积极、乐观稳定的情绪控制能力和团结合作、坚忍不拔、拼搏向上的团队精神。

"四应用"通过学生学习肩颈问题的危害，使其知身体，居安思危；学会自我肩颈健康快速自测的方法（学用）；知道如何利用瑜伽体式改善疼痛及不良体态的方法，塑造优美健康的肩颈线条（会用）；引导学生将其运用到生活中（能用）。培养瑜伽生活化理念，形成良好的行为生活习惯并终身锻炼（善用）。在此过程中引领学生知晓体悟"知礼仪、会谦卑、能吃苦、行诚信、善运用"的真谛，知礼用礼，嘉言善行，健身修心，促身心健康，实现知行合一。

2.1.3 五融合提升育人成效

教学中以瑜伽与传统文化的融合，了解传统养生文化，增强民族自豪感；以瑜伽与中医经络融合，增强民族自尊心，厚植爱国主义情怀；以职业体能与职业素养融合，预防职业病、建立良好职业形象、提升职业自信；以瑜伽与日常生活融合，培养良好身形姿态及健康生活习惯；以瑜伽学习与共建共享相融合：学会分享、学会感恩，为全民健康添砖加瓦。

2.2 课程思政教学实施过程设计

2.2.1 "三环三场"的课程思政过程，实现时时处处有思政

教学过程深挖思政教育元素，巧妙融于教学，形成课前环节预练场、课中环节竞技场、课后环节云动场，依托"三场"搭建"三环三场"德技并修课程思政全育人过程。

课前"预练场"：通过布置"挖掘瑜伽与传统文化融合"任务，加深学生对传统文化的认识，引领学生在探究中坚定文化自信；通过布置场地和整理器材于无形中进行劳动教育。

课中"竞技场"：始终"以礼始、以礼终"，培养尊师重道、知礼守礼的习惯。红歌舒缓音乐作背景，将爱国情怀、仁爱之心铸入灵魂。瑜伽体式学习柔美平和、细腻精准，学生潜移默化受到体式艺术美、精益求精的熏陶。"悟学式"教学模式，启迪智慧，培养学生创新精神；"师友互助式"、游戏等教学，培养学生仁爱互助、团结协作、诚信守则的团队精神；小组展示、创编表演，培养学生勇于挑战、敢于表现、善于创新的职业自信；体能训练、职场应用训练培养学生吃苦耐劳、拼搏向上的职场能力。

课后"云动场"：充分挖掘瑜伽慕课讨论区功能。增加了学习成果展示区、瑜伽体式大PK、健康知识共分享等栏目，给学生提供展示舞台。比如瑜伽体式大PK：学生可将平时练习的单人瑜伽、双人瑜伽、团体瑜伽动作拍照或拍视频上传到讨论区展示，增强了学生的参与度和获得感，提高了学生的自我表现能力和自信心，培养了学生坚持不懈、善于分享的优秀品质。具体教学流程见图3：

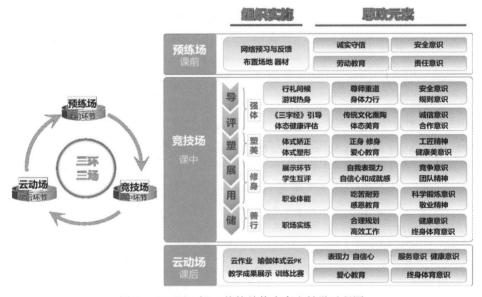

图3 "三环三场"德技并修全育人教学过程图

2.2.2 信息化赋能，多元智能化方式交融

课程借助职教云慕课平台、校园运动世界、动画、智慧打卡等多种信息化教学资源，激发学生学习兴趣，吸引学生主动参与、有效锻炼。利用 X-ONE PRO 体态分析仪帮助学生准确测量身体各项姿态指标，为制定个性化锻炼方案提供参考依据，培养具体问题具体分析的能力；"专业尺子"手机程序，精准辅助学习体式，帮助学生改善动作的规范度，培养精益求精的品质；运动手环监测学生心率及消耗热量，随时掌握学生的体能训练强度和密度，培养智能运动思维（见图4）。

图4 信息化教学手段

2.2.3 评价方式多元化 评价过程全程化

课程注重过程性考核，对学生参与线上线下课程思政活动的实际表现进行评价，即采用学生自评、学生互评、教师评价、线上评价、职教云平台互动等信息化手段，实现评价方式的多元化。

整个评价过程中课前慕课学习情况、课中职教云签到、课堂实施过程评价、课后锻炼打卡量化，全程记录学生各环节的表现；通过职教云、慕课平台以及课堂体式评价、心率检测评价等汇总各环节分数，形成完整的全过程育人评价体系（见图5）。

3 课程思政教学实施成效与反思

3.1 课程思政教学实施成效

3.1.1 价值塑造成效

通过学习，学生在柔韧素质和身体姿态控制方面得到明显提高，学习成绩优秀率提升至85%；心理健康方面：班级95%的学生情绪由原来的烦躁、自我控制力差、不自信、

教学整体过程评价表

评价要素	评价过程	成绩组成	评价环节	评价方式	分值(%)
形成性评估	课前	线上学习	视频观看完成测试	平台100%	10
		课前学练	实践活动	组间50% 教师50%	10
	课中	课堂实施	课堂表现	教师50%	10
			课堂任务	自评30% 组间30% 教师40%	10
			团队合作	自评50% 组间50%	10
	课后	课后实践	应用生活完成作业	教师100%	10
终结评估	学期前/后	体态改善	体态测量与评估	仪器100%	10
	以赛代考	创编套路	展示竞赛	学生50% 教师50%	20
	学期前/后	体质测试	大学生体测	仪器50%	10
合计					100

课堂体式评分总表（2学时）

体式名称 \ 评测点	1	2
摩天式	脚跟离地	肩角
幻椅式	背部平展	膝盖与脚踝的位置
树式	动作腿与身体平面	动作脚位置
新月式	前小腿垂直地面	后大小腿夹角

单个体式评分表（幻椅式为例）

体式总称	幻椅式		分值(10分)			总分
	评分规则		学生自评	学生互评	老师打分	
评测点1	膝盖在脚踝正上方(5分)					
	膝盖超过脚踝2厘米(3分)					
	膝盖超过脚尖(1分)					
评测点2	背部平展且与大腿夹角90°(1分)					
	背部稍塌或稍弓背(3分)					
	背部严重塌陷或严重弓背(1分)					

课堂体式评分结果对比图

图5 教学整体过程评价及课堂体式评价示例

不愿展示自己，到逐渐心平气和、冷静思考、积极向上、礼貌待人，人际关系以及解决困难等能力明显提升。学生积极主动参加学院各项表演活动，在全国及省级大学生瑜伽比赛中取得优异成绩。

通过课程思政融入教学，团队教师教研、科研能力得到提升。"健身瑜伽与健康生活"课程遴选为河北省高等职业教育创新发展行动计划精品在线开放课程项目，团队教师参加河北省教学能力大赛荣获三等奖，发表省级以上科研论文数篇（见图6）。

3.1.2 知识传授成效

瑜伽体式本身蕴含着修德行、艺术美的思政特点，技术学习与品德教育高度契合，实现习技育德。教学过程中处处扑捉教育时机，将"礼、智、信、仁、勇"的思政元素巧妙融入课堂，实现知识传授时时有思政。学生从认知、体验、感受、践行，层层递进完成自我情感升华，实现"体、德、美、行"共育（见图7）。

3.1.3 能力培养成效

教学中落实中央提出的"教会、勤练、常赛"新时代体育教学改革任务。"课内课外、线上线下"多渠道多平台合力培养学生各方面能力。课内创设学、练、赛的"竞赛场"氛围；课外开展瑜伽比赛、以赛促练；线上"瑜伽体式大PK"，线下教学表演赛。形成线下以演促赛、线上成果云端绽放。既为学生提供自我展示的平台又对其进行欣赏美、热爱美、创造美的美育教育，实现合作、创新、执行、审美能力共赢。

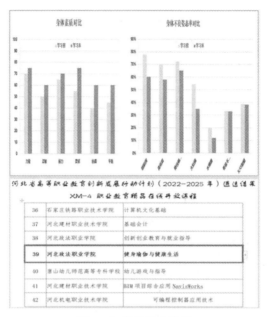

图 6 知识传授成效图

图 7 知识传授成效图

3.2 课程思政教学实施反思

3.2.1 课程思政反思

在教学过程中，应更多精细教学设计，以教师情感带动学生情感产生共鸣，引领学生将科学的锻炼观念、健康的生活态度、浓厚的民族文化情怀内化于心。

3.2.2 知识传授反思

中国传统健身内容与课程内容紧密联系，起到了良好的效果，
应进一步挖掘课上可以利用的素材，增强学生民族自信。

3.2.3 能力培养反思

部分体式与职业和生活的联系不够紧密,挖掘不够深入,需要继续挖掘。教学中充分调动学生的积极性,与教师一起探讨深挖瑜伽融入生活的方式方法,增强学生学思用的能力。

《应用写作》课程思政教学设计
——以"计划的制作"为例

基础部 梁 慧 等

课程类型：公共基础课

专家评注：

本课程思政建设，通过应用写作中"计划制定"来进行。在课程设计过程中，通过对国家五年规划的制定为例，说明计划制定的重要性，以及在制定过程中应当具有的高瞻远瞩、设立目标、确定路径以及保障措施等全方位的内容。通过计划制定让学生掌握科学的思考问题的思维和方法，具有系统化、整体性的思维，为未来的人生发展奠定思维的基础。

南开大学　王强军

课程及案例简介：

《应用写作》是我院的公共必修课程，面向一年级各专业开设，共32学时。课程围绕应用文的基本知识、党政公文及其他常用文书的写作方法、技巧和要领展开教学，内容分为八个模块，包括应用写作工作准备、报请工作文书、会务工作文书、告知工作文书、商洽工作文书、事务工作文书等。

课程融入"价值引领、知识探究、能力建设、人格养成"四位一体育人教育。目的是提高学生应用文写作技能，培养"内在素养"和"外显能力"兼具的复合型人才。

案例选取"第七章事务工作文书——项目一：计划的制作"中计划的定义、类别、写作要点。通过展示第一个五年计划的制定、实施、成就，以及解析"十四五"规划纲要的标题、内容，使学生掌握"计划"文书的写作要点。以公文知识为载体，让学生深入学习党史国史，了解国家政策，在潜移默化中坚定学生理想信念、厚植爱国主义情怀、增长知识见识、培养奋斗精神、规范意识、严谨作风，提升学生综合素质。

1　教学与育人目标

1.1　知识传授目标

（1）了解计划的属性和适用范围；

（2）掌握计划的不同分类；

（3）熟悉计划的写作特点。

1.2　能力培养目标

（1）灵活自如地开展计划文本的写作；

（2）在解析党政公文写作要点的过程中，了解国家的大政方针、具体政策，提升对社情的判断能力。

1.3　思政育人目标

（1）引导学生关注国家各阶段的发展计划，感悟党的百年奋斗伟大成就，自觉爱党爱国、奋发图强；

（2）通过党政公文的学习，树立规范意识、严谨作风。

2　教学策略与课程思政教学实施过程设计

2.1　教学策略

《应用写作》课程教学坚持立德树人目标，授课内容始终关注社会热点和发展前沿，注重将学生的关注点与社会问题进行有效融合。以教师知识讲授为引导，学生课堂练习为重点，强调应用文知识的实践应用。采用"在学中练""在练中学"的方式培养学生的自学能力、知识拓展能力和创新能力。选取蕴含家国情怀、重大政策、党史、国史，并且和教学内容相契合的公文作为课堂教学案例。以公文知识为载体，在潜移默化中坚定学生理想信念、厚植爱国主义情怀、加强品德修养、增长知识见识、培养奋斗精神、规范意识、严谨作风，提升学生综合素质。

课程实施"项目导向、任务驱动、讲练结合"的教学模式，遵循"夯实理论基础、提升写作技能、融入课程思政"的授课思路，在教学过程中，按照"案例导入、理论讲授、例文分析、写作练习"的具体步骤，充分利用智慧职教 MOOC 平台的省级精品在线课程的优质资源，结合使用头脑风暴、抢答、课堂小测验等多样化教学手段，丰富课前、课中、课后教学形式，提高学生学习兴趣，引导学生顺利完成"计划"文书的写作练习。

2.2　课程思政教学实施过程设计

课程思政的教学设计按照"隐形、融合、精准"的原则，合理运用信息技术，将应用文写作与思政元素巧妙、合理、自然、高效地融合起来，形成潜移默化、润物细无声的效果。具体表现为"三个结合"，即思政元素和公文案例相结合、思政元素和互动讨论相结合、思政元素和练习作业相结合。

将课程思政融入课堂教学全过程，贯穿于课堂授课、案例展示、互动讨论、作业练习各环节；同时，推进现代信息技术在课程思政教学中的应用，激发学生学习兴趣，引导学生深入思考；在课堂上紧密联系中国国情，通过实践练习，揭示国家公共事务的复杂性，培养学生学习应用文写作的兴趣。

教学设计流程图（见图1）：

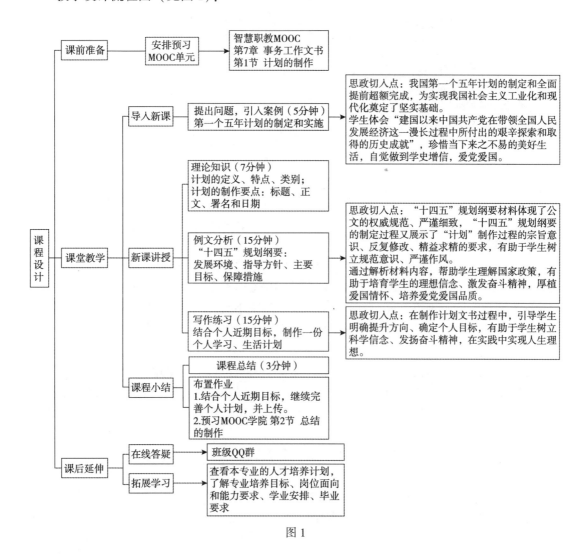

图1

2.2.1 导入新课

1. 提出问题，引入案例——第一个五年计划的制定和实施

提问：从2021年开始至2025年，是我们国家实施的第几个五年计划？同学们知道我们国家的第一个五年计划是哪一年制定的吗，时间跨度是哪个五年呢？

案例：第一个五年计划的制定、实施、成就（见图2）

"一五"计划制定背景。新中国成立初期，面临以美国为首的西方国家的孤立和封锁。当时，工业基础特别是重工业基础十分薄弱，现代工业不到国民经济的10%，钢产量只有15.8万吨，且相关人才匮乏。如何在短时间内改变贫穷落后面貌，把中国建设成为一个工业化的富强的社会主义国家，是共和国领导人殚精竭虑思考和解决的主要问题。

图 2

第一个五年计划的制定和实施，是中国共产党实现过渡时期的总路线的重大步骤，是中国大规模的有计划的社会主义建设开始的标志。从 1951 年春天开始，在周恩来、陈云主持下，中央财政经济委员会即着手编制"1953—1957 年中国发展国民经济的第一个五年计划"（亦称"一五"计划）。1954 年 4 月，1954 年 4 月，中共中央成立了由陈云、李富春、邓小平、邓子恢等人参加的编制五年计划纲要小组。经过多次修改后，由陈云向中共中央作出汇报后，第一个五年计划轮廓大体确定。1955 年 3 月，中国共产党全国代表会议一致通过了《关于中华人民共和国发展国民经济的第一个五年计划的决议》。

第一个五年计划的任务主要有两个：一是集中力量进行工业化建设，二是加快推进各经济领域的社会主义改造。到 1957 年底，"一五"计划超额完成各项指标，建成了"长春第一汽车制造厂""沈阳第一机床厂、沈阳飞机制造厂""武汉长江大桥""克拉玛依油田"等重要工业项目，取得了巨大成就。

中国共产党带领中国人民以奋斗表达爱国情怀。

【设计意图】

①选取的案例内容通过展示第一个五年计划的制定过程、主要任务、实施成就，使学生了解"计划"文书的性质、特点、主要内容，国家制定的重大计划对经济社会发展起到的重要作用。

②用"党的实践创造和历史经验"来启迪学生的智慧，增强学生对"计划"文书写作特点的理解和把握，让学生体会"建国以来中国共产党在带领全国人民发展经济这一漫长过程中所付出的艰辛探索和取得的历史成就"，感悟"只有中国共产党才能领导中国、才能发展中国"这一真理，懂得"无论在任何发展阶段奋斗都是时代主题"，从而使学生珍惜当下来之不易的美好生活，自觉做到学史增信，践行爱党、爱国、爱社会主义、爱人民、爱集体这一基本素质要求。

2.2.2 新课讲授

1. 讲授理论知识，分析例文——"十四五"规划纲要的发展环境、指导方针、主要目标、保障措施。

计划的定义，是党政机关、社会团体、企事业单位和个人，为了实现某项目标和完成某项任务而事先做的安排和打算。制订计划的目的，在于全面、合理、有序地安排工作，增强工作的预见性、目的性和各环节之间的协调性。

计划的特点，明确性：无论制订哪类计划都必须有明确的针对性，明确每一项工作要达到的目标。预见性：计划是事先对活动所作的安排与打算，必然要对活动过程中的情况进行预估。规范性：计划根据内容不同有不同写法，但必须要具备任务、措施、时间三个要素。可变性：计划还可以根据现实中变化的情况作一些增删处理。

提问：前面我们学习了十五种法定的公文文种的名称，"计划"这一文种则不在其中，因此可以判定，"计划"是非法定的公文文种，请同学们思考在日常应用中，关于"计划"还有哪些不同的叫法呢？

请思考之后在智慧职教云课堂平台参与投票（见图3）。

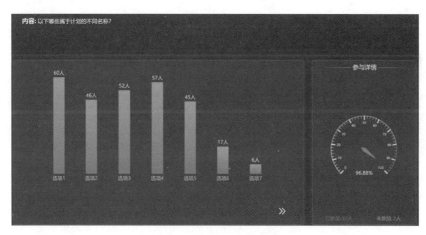

图3

计划的类别，因为计划涉及内容和期限的不同，计划文书还有不同叫法：规划、纲要、方案、安排、设想、打算等。

计划的标题：计划单位+计划期限+事由+文种，

　　　　　　　计划期限+事由+文种；事由+文种。

计划的正文：

①前言。计划的前言不宜写长，应简明扼要写清楚如下内容：制订计划的指导思想；分析现时形势的要求；本单位的基本情况，计划的总任务；计划的目的要求。

②目标和任务。计划要明确写明在一定期限内，必须完成哪些任务，实现什么目标，做哪些事，数量和质量上有什么要求等，使计划执行者一看便知道准备做什么，做多少，什么时间完成，由什么部门负责执行等，使之心中有数。

③步骤和措施。步骤是指工作的程序和时间安排。措施主要是指达到既定目标需要采取什么方法，动员哪些力量，创造哪些条件，排除哪些困难等。

④结语：这一部分是总结全文，在正文的末尾提出希望和号召。也有的计划不写结语，计划事项写完之后，自然结束。是否写结语，要根据计划的具体情况而定。

署名和日期：计划的结尾要写上制订单位的名称与制订日期两项内容。如果标题中已标明单位名称，结尾可省去单位署名，写明制订日期即可。

案例："十四五"规划纲要：发展环境、指导方针、主要目标、各方面保障措施

"十四五"时期是我国全面建成小康社会、实现第一个百年奋斗目标之后，乘势而上开启全面建设社会主义现代化国家新征程、向第二个百年奋斗目标进军的第一个五年，"十四五"规划纲要编制对我国经济社会发展具有非常重要的历史意义。全国人大常委会围绕"十四五"规划纲要编制若干重要问题开展专题调研，在调研的基础上形成 22 份专题调研报告，涉及民族、国家安全、财政经济、教科文卫、侨务、环境保护、"三农"、社会保障等诸多领域。同时，中国共产党第十九届中央委员会第五次全体会议深入分析国际国内形势，就制定国民经济和社会发展"十四五"规划和二〇三五年远景目标提出了众多建议（见图4、表1）。

图 4

表 1　　　　　　　　　　"十四五"时期经济社会发展主要指标

类别	指　标	2020 年	2025 年	年均/累计	属性
经济发展	1. 国内生产总值（GDP）增长（%）	2.3	—	保持在合理区间、各年度视情提出	预期性
	2. 全员劳动生产率增长（%）	2.5	—	高于 GDP 增长	预期性
	3. 常住人口城镇化率（%）	60.6*	65	—	预期性

续表

类别	指　标	2020 年	2025 年	年均/累计	属性
创新驱动	4. 全社会研发经费投入增长（％）	—	—	>7、力争投入强度高于"十三五"时期实际	预期性
	5. 每万人口高价值发明专利拥有量（件）	6.3	12	—	预期性
	6. 数字经济核心产业增加值占 GDP 比重(％)	7.8	10	—	预期性
民生福祉	7. 居民人均可支配收入增长（％）	2.1	—	与 GDP 增长基本同步	预期性
	8. 城镇调查失业率（％）	5.2	—	<5.5	预期性
	9. 劳动年龄人口平均受教育年限（年）	10.8	11.3	—	约束性
	10. 每千人口拥有执业（助理）医师数（人）	2.9	3.2	—	预期性
	11. 基本养老保险参保率（％）	91	95	—	预期性
	12. 每千人口拥有 3 岁以下婴幼儿托位数（个）	1.8	4.5	—	预期性
	13. 人均预期寿命（岁）	77.3*	—	〔1〕	预期性
绿色生态	14. 单位 GDP 能源消耗降低（％）	—	—	〔13.5〕	约束性
	15. 单位 GDP 二氧化碳排放降低（％）	—	—	〔18〕	约束性
	16. 地级及以上城市空气质量优良天数比率（％）	87	87.5	—	约束性
	17. 地表水达到或好于Ⅲ类水体比例（％）	83.4	85	—	约束性
	18. 森林覆盖率（％）	23.2*	24.1	—	约束性
安全保障	19. 粮食综合生产能力（亿吨）	—	>6.5		约束性
	20. 能源综合生产能力（亿吨标准煤）	—	>46		约束性

注：①〔　〕内为 5 年累计数。②带 * 的为 2019 年数据。③能源综合生产能力指煤炭、石油、天然气、非化石能源生产能力之和。④2020 年地级及以上城市空气质量优良天数比率和地表水达到或好于Ⅲ类水体比例指标值受新冠肺炎疫情等因素影响，明显高于正常年份。⑤2020 年全员劳动生产率增长 2.5％为预计数。

　　"十三五"规划目标任务胜利完成，我国经济实力、科技实力、综合国力和人民生活水平跃上新的大台阶，全面建成小康社会取得伟大历史性成就，中华民族伟大复兴向前迈出了新的一大步，社会主义中国以更加雄伟的身姿屹立于世界东方。

　　当前和今后一个时期，我国发展仍然处于重要战略机遇期，但机遇和挑战都有新的发展变化。当今世界正经历百年未有之大变局，新一轮科技革命和产业变革深入发展，国际力量对比深刻调整，和平与发展仍然是时代主题，人类命运共同体理念深入人心。同时，国际环境日趋复杂，不稳定性、不确定性明显增加，新冠肺炎疫情影响广泛深远，世界经济陷入低迷期，经济全球化遭遇逆流，全球能源供需版图深刻变革，国际经济政治格局复杂多变，世界进入动荡变革期，单边主义、保护主义、霸权主义对世界和平与发展构成威胁。

　　我国已转向高质量发展阶段，制度优势显著，治理效能提升，经济长期向好，物质基础雄厚，人力资源丰富，市场空间广阔，发展韧性强劲，社会大局稳定，继续发展具有多方面优势和条件。同时，我国发展不平衡不充分问题仍然突出，重点领域关键环节改革任务仍然艰巨，创新能力不适应高质量发展要求，农业基础还不稳固，城乡区域发展和收入分配差距较大，生态环保任重道远，民生保障存在短板，社会治理还有弱项。

　　必须统筹中华民族伟大复兴战略全局和世界百年未有之大变局，深刻认识我国社会主要矛盾变化带来的新特征新要求，深刻认识错综复杂的国际环境带来的新矛盾新挑战，增强机遇意识和风险意识，立足社会主义初级阶段基本国情，保持战略定力，办好自己的事，认识和把握发展规律，发扬斗争精神，增强斗争本领，树立底线思维，准确识变、科学应变、主动求变，善于在危机中育先机、于变局中开新局，抓住机遇，应对挑战，趋利避害，奋勇前进（见表2、表3）。

表2	制造业核心竞争力提升
01	高端新材料 推动高端稀土功能材料、高品质特殊钢材、高性能合金、高温合金、高纯稀有金属材料、高性能陶瓷、电子玻璃等先进金属和无机非金属材料取得突破，加强碳纤维、芳纶等高性能纤维及其复合材料、生物基和生物医用材料研发应用，加快茂金属聚乙烯等高性能树脂和集成电路用光刻胶等电子高纯材料关键技术突破。
02	重大技术装备 推进CR450高速度等级中国标准动车组、谱系化中国标准地铁列车、高端机床装备、先进工程机械、核电机组关键部件、邮轮、大型LNG船舶和深海油气生产平台等研发应用，推动C919大型客机示范运营和ARJ21支线客机系列化发展。
03	智能制造与机器人技术 重点研制分散式控制系统、可编程逻辑控制器、数据采集和视频监控系统等工业控制装备，突破先进控制器、高精度伺服驱动系统、高性能减速器等智能机器人关键技术。发展增材制造。

04	航空发动机及燃气轮机
	加快先进航空发动机关键材料等技术研发验证，推进民用大涵道比涡扇发动机 CJ1000 产品研制，突破宽体客机发动机关键技术，实现先进民用涡轴发动机产业化。建设上海重型燃气轮机试验电站。
05	北斗产业化应用
	突破通信导航一体化融合等技术，建设北斗应用产业创新平台，在通信、金融、能源、民航等行业开展典型示范，推动北斗在车载导航、智能手机、穿戴设备等消费领域市场化规模化应用。
06	新能源汽车和智能（网联）汽车
	突破新能源汽车高安全动力电池、高效驱动电机、高性能动力系统等关键技术，加快研发智能（网联）汽车基础技术平台及软硬件系统、线控底盘和智能终端等关键部件。
07	高端医疗装备和创新药
	突破腔镜手术机器人、体外膜肺氧合机等核心技术、研制高端影像、放射治疗等大型医疗设备及关键零部件。发展脑起博器、全降解血管支架等植入介入产品，推动康复辅助器具提质升级。研发重大传染性疾病所需疫苗，开发治疗恶性肿瘤、心脑血管等疾病特效药。加强中医药关键技术装备研发。
08	农业机械装备
	开发智能型大马力拖拉机、精量（免耕）播种机、喷杆喷雾机、开沟施肥机、高效联合收割机、果蔬采收机、甘蔗收获机、采棉机等先进适用农业机械，发展丘陵山区农业生产高效专用农机。推动先进粮油加工装备研发和产业化。研发绿色智能养殖饲喂、环控、采集、粪污利用等装备。研发造林种草等机械装备。

表 3	"一老一小"服务项目
01	特殊困难家庭适老化改造
	支持 200 万户特殊困难高龄、失能、残疾老年人家庭实施适老化改造，配备辅助器具和防走失装置等设施。
02	社区居家养老服务网络建设
	支持 500 个区县建设连锁化运营、标准化管理的示范性社区居家养老服务网络，提供失能护理、日间照料以及助餐助浴助洁助医助行等服务。
03	养老机构服务提升
	支持 300 个左右培训疗养机构转型为普惠养老机构、1000 个左右公办养老机构增加护理型床位，支持城市依托基层医疗卫生资源建设医养结合设施。
04	普惠托育服务扩容
	支持 150 个城市利用社会力量发展综合托育服务机构和社区托育服务设施，新增示范性普惠托位 50 万个以上。
05	儿童友好城市建设
	开展 100 个儿童友好城市示范，加强校外活动场所、社区儿童之家建设和公共空间适儿化改造，完善儿童公共服务设施。

【设计意图】

①通过解析"十四五"规划纲要的标题、发展环境、指导方针、主要目标、各方面保障措施,使学生掌握"计划"文书的拟定方式,熟悉"前言""目标任务""步骤措施"这三大部分内容的写作方法、要点。

②"十四五"规划纲要材料体现了公文的权威规范、严谨细致,"十四五"规划纲要的制定过程又展示了"计划"制作过程的宗旨意识、反复修改、精益求精的要求,有助于学生树立规范意识、严谨作风。

③新中国成立后,建设社会主义现代化国家,成为几代中国共产党人接力奋斗的具体实践。从1953年开始实施第一个五年计划为起点,迄今为止已经走过了将近七十年的奋斗历程。对此,习近平总书记总结指出:"从第一个五年计划到第十四个五年规划,一以贯之的主题是把我国建设成为社会主义现代化国家。"

从"一五"计划到全面建设社会主义现代化国家新征程的第一个五年规划——"十四五"规划,两个"计划"文书案例不仅使学生了解国家经济发展历史、理解当下及未来的国家政策,也有助于学生对于建国以来的历史成就产生由衷的自豪感,还有助于培育学生的理想信念、激发奋斗精神,厚植爱国情怀、培养爱党爱国品质。

2. 写作练习——结合个人近期目标,制作一份个人学习、生活计划

(1)知识巩固。智慧职教云课堂平台发布"投票",强化要点。

投票一:计划的四个特点投票界面如图5所示。

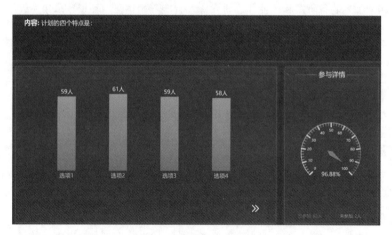

图5

投票二:计划的正文必然会出现的部分投票界面如图6所示。

(2)在智慧职教云课堂平台发布头脑风暴。

请你思考近期的目标,并同大家分享(见图7)。(可以是学习目标、生活目标等……)

(3)针对学生发布的近期个人目标,指导学生进行目标任务分解,引导学生尝试制定详细的实施措施,为练习个人目标实施计划书做准备。

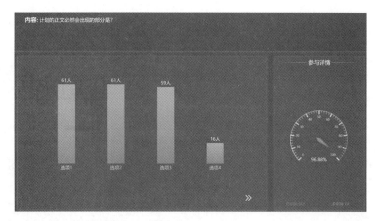

图 6

图 7

（4）梳理"计划"文书的标题拟定规范、制定背景、目标任务、实施步骤的写作方法、要点。重点强调"实施措施"的重要性。

每项目标和任务，在完成过程中都有其阶段性，先做什么，后做什么；主干什么，次干什么；每一步在什么时间，达到何种程度；人财物力如何调配、布局；各阶段如何配合、衔接等，都必须写得合情合理，环环紧扣，步步落实。

（5）布置课上练习。

结合个人近期目标，制作一份个人计划。

要求：格式参照应用文的规范格式，要点齐全，落款位置合理（见图8）。

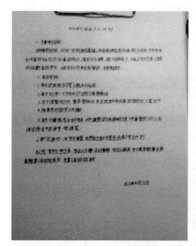
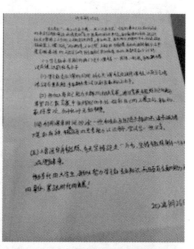
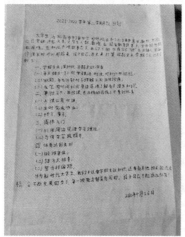
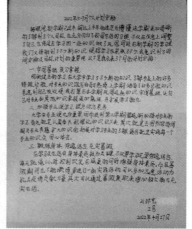

图 8

【设计意图】

①以实现学生个人近期目标为写作目的，安排学生进行计划文书的写作练习，既便于学生掌握计划文书的写作要点、使用较为熟悉的规范化语言开展文本写作、提高写作技能，又能够满足学生个性化的提升需要，使计划文书的制作更加有针对性。

②在制作计划文书过程中，引导学生明确提升方向、确定个人目标、量化任务、保障计划的可行性，有助于学生树立科学信念、发扬奋斗精神，在实践中实现人生理想。其中，特别强调计划中措施的可执行性，在撰写应用文过程中培养严谨作风。

3. 课堂小结及课程延伸——查看本专业的人才培养计划，了解专业培养目标、岗位面向和能力要求、学业安排、毕业要求。

【设计意图】

①在制作近期个人计划的基础上，让学生进一步阅读专业人才培养计划，使其理解本专业制定的培养目标，统筹好近期目标和中远期目标之间的关系，立足长远目标，制定提升计划。

②使学生熟悉专业培养目标、学业安排、毕业要求，有助于激发其追求进步的特质，所谓"方向明，才能进步大"（见图9）。

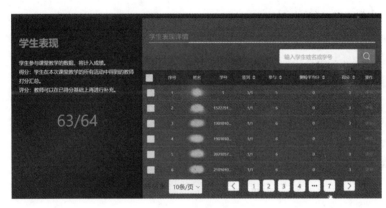

图9

3 课程思政教学实施成效与反思

学生参与智慧职教云课堂平台活动的情况：

3.1 课程思政教学实施成效

1. 价值塑造成效

学生的表现对本课程的课程思政进行了肯定，总体来看，课程的价值塑造成效显著，主要表现在：①学生积极参与课堂活动、完成计划文书练习作业，活动参与度高、计划文书制作完成度和完成质量都较高。学生在课堂上表现出"不甘落后、奋勇争先、追求进步"的学习劲头。②从学生提交的计划文书可以看出，多数都符合应用文通用格式的规范要求，体现出学生制作计划文书的严谨作风。③在计划文书的内容中，也可看出学生对于当下就业形势的准确研判，对于提升自身能力、端正学习态度，制定学习计划来督促自己、勉励自己的决心。

2. 知识传授成效

学生能够较为熟练的完成计划文书制作的练习作业，说明对于"前言""目标任务""步骤措施"这三大部分内容的写作方法和要点都可熟练掌握。同时，能够区分不同类型的计划对于步骤措施的精度要求有所不同。比如，在制作个人计划的实施措施时，能做到详细具体，安排合理，能够同有关国家大政方针的"规划""方案"中的措施相区别。

3. 能力培养成效

学生能够使用规范化语言，灵活的开展计划文书文本写作，同时能够结合社会形势和职业能力要求，确定个人目标、制定具体实施措施。

3.2　课程思政教学实施反思

1. 课程思政反思

教师是实施课程思政的主体，提升自身课程思政设计能力非常重要。教师只有不断提升自身育人能力，才能引领学生成长；只有自身具有高尚的道德情操，才能感化学生的心灵；只有自身具有扎实的学识，才能激励学生成才。结合到具体的课程，如广泛选取蕴含思政元素的公文案例，在深入挖掘、细致解读上下功夫。

2. 知识传授反思

课程教学借助信息化手段和创新道具，将知识内容可视化、故事化。在应用文写作指导中，考量不同学生的思维和能力偏好，将教学内容与学生关切的兴趣点相结合，引导学生自觉加深对相关内容的学习拓展。

3. 能力培养反思

注重对学生使用应用文语言的规范性、流畅性的培养，使学生具备写出语言得体、格式规范的应用文的能力。

《大学语文》课程思政教学设计

——以《正气歌》为例

基础部　付　卉

课程类型： 公共基础课

专家评注：

《大学语文》是一个充满课程思政元素的课程，本课程设计以大学语文的"正气歌"单元。通过对正气歌内容的讲述，培养学生充满正义，并且无论在何种逆境下都要充满斗志，积极同困难和挫折做抗争，而不能被困难打倒。通过对正气歌作者和写作背景的讲授，让学生树立拳拳爱国之心，将小我融入大我，为中华民族伟大复兴而做出自己的贡献。

南开大学　王强军

课程及案例简介：

《大学语文》是我院全部专业学生限制选修的一门公共课，它是为切实改善大学生文化素质，培养和提高大学生语文知识、文化知识、写作能力、鉴赏能力而设置的一门综合性文化素养课。本课程囊括了文学、历史、哲学、艺术等人文知识的精华，着重培养学生综合素养，强调将思政教育与人文教育相结合，加强职业意识渗透和教学内容整合，按培养目标主线串联教学内容，使学生较好地掌握基本语文素养的同时，培养道德情操，激发爱国热情，在潜移默化中提高青年学子的人文情怀。《正气歌》是本课程第一单元人生·正气第一节的学习内容，旨在开篇涵养学生内在的浩然正气。

1 教学与育人目标

1.1 知识传授目标

了解文学基础知识的内涵和特点。

了解中国经典作品作者的生平及经历。

掌握中国经典作品的创作背景及鉴赏方法。

1.2　能力培养目标

掌握古代诗歌的分类。

了解《正气歌》所涉及的历史典故及所蕴含的中华民族的浩然正气。

1.3　思政育人目标

能够传承中华传统文化。

能够学习各文学大家的爱国情怀。

能够从经典作品中体悟爱国热情和人文情怀。

2　教学策略与课程思政教学实施过程设计

2.1　教学策略

了解作者的创作背景，掌握中国古代诗歌的基本内涵和特点。

在授课过程中，通过内容讲授、视频教学、问题导向、经典诵读等方法，感受《正气歌》中所蕴含的中华民族的浩然正气。体会"浩然之气"是大义大德造就的一种人生气质，更是一种难得的精神境界。人生在世要有浩然之气，这种英雄气概的获得是要在学习和日常言行中予以培养的。

通过课程学习及心得交流，让同学们认识到要想让人生丰富而多彩，就要努力培养自己的德操与品格，树远大理想，守道义公理，明是非邪正，行仁心善举，远污秽粗鄙，使自己成为拥有浩然之气的正人君子。

2.2　课程思政教学实施过程设计

本教学共分为八部分，每一部分都按照授课内容有意识地出具体的思政教学目标，并以传统教学方式+创新教学方法展开，使学生在潜移默化中吸收中国古代诗歌的内涵、分类等基础知识，并能够通过文天祥的《正气歌》感受中华民族的浩然正气。

（1）通过观看"喀喇昆仑英勇战斗"视频，道出人生在世要有浩然之气。利用职教云、MOOC平台翻转课堂，让同学们谈谈什么是"浩然正气"。

【设计意图】

经过讨论得出浩然正气，乃正大光明之气，是万物之源，宇宙之本。正气融到人的生命中，才称之为"浩然之气"。"浩然之气"是大义大德造就的一种人生气质，更是一种难得的精神境界。这一环节有意识地帮助学生树立正确的价值观念，提高学生的民族自信心及对中华文化的认同感。

（2）当前全球新冠疫情肆虐，国际形势严峻，请同学们结合当下思考讨论我们生活在和平祥和的国家是何其幸运，人民英雄的英雄气概是不是与生俱来的。

【设计意图】

经过大家畅所欲言，得出我们能享受这份岁月静好，是因为有众多的像钟南山、张伯

礼等人民英雄为我们负重前行。通过讨论，同学们感受到英雄气概的获得是要在学习和日常言行中予以培养的。因为浩然之气不是天生的，它是在面临困境时，以坚韧不拔的毅力逐渐养成的；它是在面对国家利益和个人利益的抉择时，以国家利益至上的觉悟不断增强的；它是在面对社会发展变化时，以勇于创新的担当精神逐步提升的；它是在面对人类前途命运的重大问题时，以坚守真理的决心不断根固的。追溯历史，1281 年，文天祥在燕京狱中历尽了各种折磨与利诱。但他始终威武不能屈，富贵不能移，并坚定地选择了杀身殉国的道路。为了表达对故国的忠诚，对理想的追求，写下了浩气长存的诗篇《正气歌》。

（3）利用职教云、MOOC 网络平台学习中国古代诗歌的基础知识。了解中国古代诗歌的内涵、分类，并能够诵读不同类型的古代诗歌作品。

【设计意图】

感受中国是诗的国度，中华文明史册上优秀的诗歌灿若繁星。诵读古代优秀诗歌，可以让我们心灵得到滋润和净化，情感变得丰富，从而激发对中华优秀传统文化的热爱。

（4）聆听并诵读《正气歌》原文。

【设计意图】

通过聆听泛读让学生注意读准字音，读出节奏，读出诗韵，从而感受诗歌的声韵美，体会文天祥的浩然正气。

（5）观看视频资料，利用职教云、MOOC 网络平台进行讨论，文天祥作为南宋状元郎为什么弃笔从戎？《正气歌》是在什么背景下创作出来的？

【设计意图】

同学们通过讨论感受文天祥的爱国精神，代代相传，已经成为中华民族共同的精神财富。

（6）《正气歌》中引用了大量历史人物，这是掌握这篇诗歌的难点，需要明白所指，才能更深入地理解诗歌的意义。

利用职教云、MOOC 网络平台进行头脑风暴，分析文中引用了哪些历史典故，分别讲述了什么历史故事？

在齐太史简：指史官临难不苟，敢于秉笔直书的典实。

在晋董狐笔：董狐是春秋晋国太史，亦称史狐。董狐为史官，不畏强权，坚持原则。

在秦张良椎：张良祖上五代人都做韩国的丞相，韩国被秦始皇灭掉后，他一心要替韩国报仇，找到一个大力士，持120斤的大椎，在博浪沙伏击出巡的秦始皇，未击中。后来张良辅佐刘邦建立汉朝，封留侯。

在汉苏武节：汉武帝天汉元年，苏武以中郎将使持节出使匈奴，单于留不遣，欲其降，武坚贞不屈，持汉节牧羊于北海畔十九年，始元六年得归，须发尽白。后以"苏武节"用作忠臣的典故。

在严将军头：三国志记载张飞至江州，破璋将巴郡太守严颜，生获颜。张飞呵斥严颜曰：我们大军破城，你为什么不投降还奋起抵抗？严颜答曰：卿等无状，侵夺我州，我州但有断头将军，无有降将军也。后以"严将军头"作为坚强不屈、大义凛然精神之典实。

在嵇侍中血：晋惠帝永平元年发生了西晋皇族内部争夺政权的"八王之乱"。在这场斗争中，侍中嵇绍以身护帝，被杀身死，血溅帝衣。事定后，左右欲为帝洗衣，惠帝不使洗去嵇侍中血迹，以表永怀不忘之意。后因用为咏忠勇牺牲精神气质的典故。

为张睢阳齿：安禄山叛乱时，睢阳太守张巡誓死守城四个多月，每战大呼，眦裂血流，齿牙皆碎。后以"张睢阳齿"以为忠义的典型。

为颜常山舌：唐代安禄山叛乱，常山太守颜杲卿因城陷被俘，骂不绝口，禄山割其舌，问："复能骂否?"杲卿乃不屈而死。后以"常山舌"指他的英勇行为，为宁死不屈之典。

辽东帽：三国时魏国管宁学行皆高，避乱辽东，常著皂帽，布襦袴。却拒绝征聘，甘守清贫。后以"辽东帽"指清高的节操。

出师表：三国时期蜀汉丞相诸葛亮在北伐中原之前给后主刘禅上书的表文，阐述了北伐的必要性以及对后主刘禅治国寄予的期望，言辞恳切，写出了诸葛亮的一片忠诚之心。

渡江楫：祖逖率兵伐石赵，渡江于中流，祖逖手敲船桨向众人发誓说："祖逖此去，若不能平定中原，驱逐敌寇，则如这涛涛江水，一去不返!"后遂以"渡江楫"指祖逖统兵立誓收复中原之事。

击贼笏：唐德宗时，朱泚谋反，召段秀实议事，秀实以笏击泚，大骂，被杀。后以"击贼笏"作为称颂忠贞或正气凛然的典实。

【设计意图】

通过查找资料，了解历史典故，使学生较好地掌握基本语文素养的同时，培养道德情操，激发爱国热情，在潜移默化中提高青年学子的人文情怀，感受中华民族的浩然正气。

（7）利用职教云、MOOC 网络平台进行讨论：请你联系实际，谈谈《正气歌》中引用到的孟子的"我善养吾浩然之气"这句话在当今社会还有怎样的积极意义。

【设计意图】

通过学习《正气歌》，体会"经典作品"所传达的浩然正气，帮助学生树立远大理想，培养爱国情操。

（8）课后完成职教云、MOOC 网络平台测试及作业。

【设计意图】

利用网络平台完成课后测试及作业，及时对本讲内容进行复习巩固。让学生养成坚持原则、不畏困难、勇敢前行的精神。

3　课程思政教学实施成效与反思

3.1　课程思政教学实施成效

（1）价值塑造成效：作为"大学语文"课程第一讲，通过《正气歌》的学习，强调将思政教育与人文教育相结合，帮助同学树立了正确的价值观和民族自豪感。

（2）知识传授成效：通过中国古代诗歌基础知识的学习，让同学们了解了中国传统文化的精髓，提高了自身文化修养，增强了文化自信。

（3）能力培养成效：通过本节内容的学习增强了学生的使命感、责任感，提高了学生的民族自信心及对中华文化的认同感。

3.2　课程思政教学实施反思

本次教学活动通过教师问题导向、观看视频资料、利用网络平台等多种教学方式进行课堂教学，能够较好地调动学生的学习主动性，激发学生的学习兴趣，授课效果良好。但在实践教学中也发现一些需要进一步改进的地方，主要要以下几个方面：

（1）课程思政反思：实践教学中发现学生对《正气歌》中的一些字音字义没有预期那么熟悉，需要在接下来的学习中进行引导预习。

（2）知识传授反思：在授课过程中发现学生对《正气歌》中的历史典故不是很熟悉，需要利用较多时间进行查找，这一部分内容可以放到课下提前进行学习整理。

（3）能力培养反思：在教学第七环节中，请同学联系实际，谈谈《正气歌》中引用到的孟子的"我善养吾浩然之气"这句话在当今社会还有怎样的积极意义。很多同学能够各抒己见，但也有部分同学存在抄袭现象，谈论内容过于空洞，不能完全联系实际。在今后教学中，授课教师可以进一步引导同学进行讨论，能够结合当下实际进行讨论。

《中国文化精粹》课程思政教学设计
——以"中国传统书法"为例

基础部　解晓丽　等

课程类型： 公共基础课

专家评注：

中国文化精粹课程思政建设，以"中国书法"为例，中国书法是古代文人思想的一种表达，而且这种表达是以中国书法的形式呈现出来。这样就存在两个方面的课程思政元素，既有中国书法本身的美和韵味，让学生通过书法的韵味的掌握，树立文化自信。同时书法作品本身也是作者的思想的表达，多是表达对于国家、民族的情感，同时也表达自己积极向上的心态。书法的内容能够让学生培养求职的欲望和为国家而努力的决心。

南开大学　王强军

课程及案例简介：

"中国文化精粹"是为了深入推进高职院校人文素质教育工程，全面落实立德树人根本任务，引导学生增强道路自信、理论自信、制度自信、文化自信，培育和践行社会主义核心价值观而设立的一门公共基础必修课，开设对象为大一学生，共32学时。课程内容主要包括诸子百家、中国传统礼仪文化、中国姓氏文化、中国艺术文化、中国服饰文化、中国民俗文化、中国饮食文化、中国节庆文化。本案例选取的章节为中国艺术文化中的中国传统书法，共2学时。

1　教学与育人目标

1.1　知识传授目标

（1）了解中国书法艺术的渊源及发展简史；
（2）掌握草隶篆楷行等字体的主要特征；
（3）了解历代书法名家及其代表作品。

1.2　能力培养目标

（1）能够辨识主要书法字体；

（2）能够欣赏优秀书法作品。

1.3　思政育人目标

（1）激发学生的民族自豪感；
（2）增强学生的文化自信；
（3）提升学生的人文素养。

2　教学策略与课程思政教学实施过程设计

2.1　教学策略

遵循"学生为主体 教师为主导"的教学理念，依据课程特点及学生学习规律，依托丰富的教学资源，借助多种信息化工具及手段，创建"课前启化、课中内化、课后深化"的"三阶段四环节"阶梯递进式教学模式，课程思政元素贯穿始终，利用信息技术手段，突破教学重难点。

2.2　课程思政教学实施过程设计

利用视频、图片等手段向学生展示书法名家代表作品并加以介绍。
【设计意图】
引导学生欣赏著名书法作品，体会其艺术性，增强学生的文化自信，提升其文化素养（见图1、图2）。

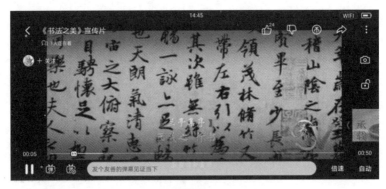

图 1

借助新闻报道及短视频介绍颜真卿的事迹及其代表作品《祭侄文稿》的创作背景。
【设计意图】
引导学生在欣赏颜真卿的书法作品之外，体会其爱国情怀和忠义气节以及中华民族自强不息的精神，激发学生的民族自豪感和爱国主义精神（见图3、图4）。

图 2

【台北故宫博物院向日本出借颜真卿《祭侄文稿》引争议 学者：纸寿千年，展一次伤一次】1月16日起，台北故宫博物院将出借馆藏国宝级文物颜真卿《祭侄文稿》给东京国立博物馆展出，该举动引发两岸巨大争议。文化学者孙沛阳表示：《祭侄文稿》已达纸张寿命上限，每一次展出，打开、运输、换一个环境温度，对它来说都是伤害！ □微辣Video的秒拍视频

图 3

图 4

3　课程思政教学实施成效与反思

3.1　课程思政教学实施成效

（1）价值塑造成效：学生在欣赏了知名书法作品后对中国传统文化有了更深了解，文化自信得到进一步增强，人文素养得到进一步提升；学生在了解颜真卿代表作《祭侄文稿》的创作背景及其生平事迹后，对爱国主义精神有了更深的感受和体会。

（2）知识传授成效：学生在了解中国传统书法艺术发展过程后，掌握了常见书法字体特征。

（3）能力培养成效：学生通过了解欣赏不同字体书法作品，具备了辨识主要书法字体的能力。

3.2　课程思政教学实施反思

（1）课程思政反思：需要进一步发掘传统书法艺术中的思政元素，更加贴合学生的学习实际和生活实际。

（2）知识传授反思：需要结合学生专业确定知识点。

（3）能力培养反思：需要创造条件培养学生动手书写毛笔字的能力。

《现代礼仪》课程思政教学设计
——以"商务接待礼仪"为例

基础部　李　娜

专家评注：

　　《现代礼仪》旨在学生入学之初即塑造学生职业意识与行为习惯，该案例选取的是商务接待礼仪，讲授商务交往活动中应当注意的礼仪规范。在课堂教学中，该案例融入规则意识和尊重意识，能够引导学生理解"礼者，敬人也"的真正含义；该案例通过周总理外交案例及美国与中国外事活动案例的对比，有助于同学们树立对中华传统礼仪文化的自信心和自豪感。在课程思政元素融入方式上，采用直接融入、案例融入、实操动作融入等多种方式，较好地实现了课程思政元素的隐性与深度融入。

南开大学　高通

　　《现代礼仪》课程是河北省精品在线开放课程，也是学院文化素养公选课程。本门课程在一年级第一、二学期开设，旨在学生入学之初即塑造学生职业意识与行为习惯。课程全面贯彻党的二十大精神和新时代中国特色社会主义思想，落实立德树人根本任务，发挥育人作用，针对现代社会人际交往过程的需要，通过理论知识与行为规范的具体介绍和学习实践，推进全员全过程全方位育人体系的构建。

　　现代礼仪课程共设计八个教学模块，本讲是模块五商务接待礼仪，通过对乘车礼仪、引领礼仪、电梯礼仪、座次礼仪、奉茶礼仪等礼仪知识的讲解，强调商务交往活动中应当注意的礼仪规范。本单元旨在塑造学生职业意识、规范意识、尊重意识等核心理念，充分挖掘现代礼仪与中华传统礼仪文化的传承关系，创新教学方式方法，激发学生的文化兴趣点，引导学生树立民族文化自豪感。

1　教学与育人目标

1.1　知识传授目标

了解商务接待工作的基本流程，掌握不同接待环节应当遵守的礼仪规范，熟悉接待工作相关礼节形式。

1.2　能力培养目标

能够合理安排商务接待活动，塑造良好的企业及个人形象。

1.3　思政育人目标

在二十大会议精神的引领下，我们努力做到用习近平新时代中国特色社会主义思想武装头脑、指导实践、推动教学工作的开展。着重培养学生的职业道德意识、责任意识、尊重意识、规范意识，形成积极的人生态度和工作态度，完善道德人格，将传统礼仪与现代礼仪相融合，在构建和谐社会中发挥调控作用（见图1）。

图1　课程单元模块展示图

2　教学策略与课程思政教学实施过程设计

2.1　教学策略

现代礼仪课程在教学设计中注重思政元素的全面融入，具体而言主要采用知识点直接融入法、案例融入法、实操动作融入法。在课堂教学中，教师针对商务接待活动的各项环节和具体知识点进行讲解，展开内容拓展知识，在讲解中融入规则意识和尊重意识，引导学生明白"礼者，敬人也"的真正含义；通过周总理外交案例及美国与中国外事活动案例对比，学生进行课堂研讨，感受中外接待礼仪的异同，树立对中华传统礼仪文化的自信心和自豪感；教师为学生进行礼仪动作示范，学生进行实操练习，从实操中感受礼仪文化之美（见图2）。

2.2　课程思政教学实施过程设计

1. 课前预习，布置任务

学生通过观看微课视频完成预习，并掌握本节课的基本知识；教师为学生发布任务，提出问题。通过课前学习任务，吸引学生兴趣，促使学生主动学习，主动思考。

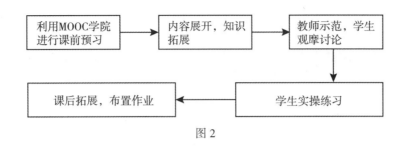

图 2

【设计意图】学生通过 MOOC 学院前期预习，了解我们中国自古以来被称为"礼仪之邦"的由来，中国人历来注重宾客往来的礼仪规范，传统"五礼"中的宾礼即为待客之礼。通过对微课视频的学习提起学生对于中国传统礼仪文化的兴趣，树立民族自豪感。

2. 内容展开，知识拓展

通过周总理外交案例及美国与中国外事活动案例对比，强调接待工作中的尊重意识，让学生意识到在接待活动中礼仪的重要性，掌握商务接待活动的各项环节要求；教师通过提问、小组讨论等形式进行知识面拓展，使学生了解东西方文化的异同。

【设计意图】通过课堂小组研讨等活动使学生加深对民族礼仪文化的理解，推动学生深入思考中国传统礼仪文化的价值及意义，树立民族自信心及自豪感。

3. 教师示范，学生观摩

针对具体知识点教师进行讲解、示范展示，学生现场观摩。在讲解示范的过程中使学生感受礼仪的规范性。

【设计意图】通过教师的知识点讲解和亲身示范使学生感受掌握具体礼仪动作的实施要点，感受礼仪之美，引导学生深刻理解职业精神及职业规范的重要性。

4. 实操练习，加深理解

学生分小组进行实操练习，从而加深对于商务接待活动中相关礼仪要求的理解。

【设计意图】通过学生的实操练习促使学生形成职业意识，培养爱岗敬业的职业品格和行为习惯，把社会主义核心价值观外化为具体行动。

5. 课后拓展，布置作业

课后布置作业，学生设计礼仪接待方案并提交到 mooc 作业区，教师通过单元教学评价给予学生认可与鼓励。

【设计意图】通过礼仪接待方案的设计，潜移默化中培养学生的责任心、敬业精神和耐心细致的品质。强化学生对于工作任务的综合协调能力和礼仪知识实践运用能力。

3 课程思政教学实施成效与反思

3.1 课程思政教学实施成效

1. 价值塑造成效

本单元的思政教育不流于表面，融汇于教学的全过程，充分发掘了礼仪知识背后的文

化因素与民族定位，让学生了解了礼仪规范形成的"本土根源"，树立了文化自信与制度
自信。同时学生在职业道德意识、责任意识、尊重意识、规范意识方面得到培养与提高，
呈现出积极的人生态度和工作态度，能够将传统礼仪与现代礼仪相融合，完善个人道德人
格，为构建和谐社会发挥作用（见图3）。

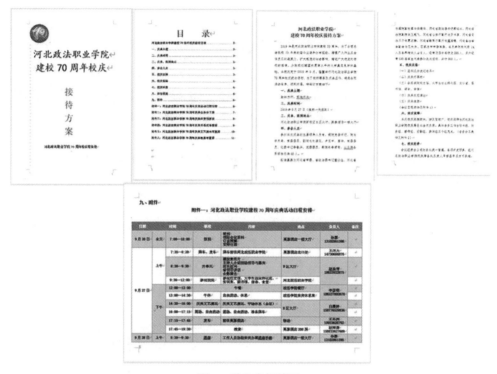

图3　学生实操练习

2. 知识传授成效

学生能够了解商务接待工作的基本流程，掌握不同接待环节应当遵守的礼仪规范，熟
悉接待工作相关礼节。

3. 能力培养成效

能够设计出合理的礼仪接待方案并组织人员付诸实施。

3.2　课程思政教学实施反思

1. 课程思政反思

现代礼仪课程的思政建设还处在初步摸索阶段，存在一些不足之处。作为学院的文化
素养公选课，现代礼仪课程以在线课程教学为主，缺少师生互动的平台，评价方式比较单
一，对学生学习主动性、人文素质等方面的考核难以实现，因此学生成绩上缺乏思政方面
的评价。今后我们将增加线下课程比例，加强师生互动交流，在拓展考核评价体系，增加
思政考核项目与环节。

2. 知识传授反思

课堂设计存在模式化倾向，缺乏新意，学生学习兴趣不易点燃。今后应创新课堂设计，深刻了解不同专业学生的兴趣点，多采用学生感兴趣的案例，将生硬的知识讲解转化成生动的价值引领。

3. 能力培养反思

现代礼仪课程对上课场所要求比较高，在教室上课不利于学生实操，难以达到全员练习的效果；校内第二课堂活动开展数量较少，学生难以全部参与。因此学生还存在纸上谈兵，理论知识难以转化的不足。对此我们将丰富教学方法与手段，利用校内资源开拓实操空间，鼓励学生承揽校内文化活动的接待与组织工作，发挥学生主体作用，提高实际动手能力。

《教育学》课程思政教学设计
——以"教师职业的性质与特点"为例

教务处　刘乐乐　等

课程类型：专业课程

专家评注：

本课程重构宏观教育理论、中观教育系统、微观教育实践三大模块，将"爱国守法、爱岗敬业、关爱学生、教书育人、为人师表、终生学习"的教师职业道德规范和教师应具备的"爱心、细心、耐心、责任心、同理心"等职业素养贯穿于教学之中，全面培养学生思政素养。课程基于 OBE 理念，形成了"课前、课中、课后三融通"的思政教学模式，并运用克伯屈设计教学法完成课堂教学五步法设计，课程思政有效融入了教学组织过程，较好地支撑了教学育人目标。

齐鲁工业大学　肖中俊

课程及案例简介：

《教育学》是应用英语专业一门必修课程，也是该专业核心课程之一。通过学习本门课程，学生可掌握基本教育教学理论，为学生考取小学教师资格证书和从事教育教学活动提供理论指导。本课程参照《小学教师资格考试笔试大纲》，将教学内容重构宏观教育理论、中观教育系统、微观教育实践三大模块。参赛作品选自模块二"中观教育系统"中的第三个子任务"教师职业的性质与特点"。本节课程将"爱国守法、爱岗敬业、关爱学生、教书育人、为人师表、终生学习"的教师职业道德规范和教师应具备的"爱心、细心、耐心、责任心、同理心"等职业素养贯穿与教学之中，使学生在体验教师职业特点的同时，养成教师职业道德素养。

1　教学与育人目标

1.1　知识传授目标

记忆教师职业的性质、特点以及劳动特点，理解教师劳动特点的表现。

1.2　能力培养目标

通过案例分析、任务实施使学生能够分析出具体案例中所体现的教师劳动特点。

1.3 思政育人目标

（1）形成"爱国守法、爱岗敬业、关爱学生、教书育人、为人师表、终生学习"的教师职业道德规范。

（2）养成"爱心、细心、耐心、责任心、同理心"等职业素养。

（3）倡导遵循学生发展规律，提倡因材施，教帮助学生树立职业信念、养成良好的职业行为习惯。

2 教学策略与课程思政教学实施过程设计

2.1 教学策略

遵循思政教育规律和国际交流与文化艺术系学生学情，坚持立德树人，以习近平新时代中国特色社会主义思想为指导。课程组基于 OBE 理念，以小学教师岗位能力需求为导向，以专业教学标准为依据，对接小学教师岗位技能规范，对"教育学"课程深入挖掘提炼所蕴含的思政要素和德育功能，将社会主义核心价值观、教师职业道德素养、教师行业精神、教师法律法规、国学教育思想等思政要素融入课程教学过程，按照知识所属维度重构教育学知识内容体系，并在此基础上形成了"课前、课中、课后三融通"的思政教学模式（如图 1 所示）。

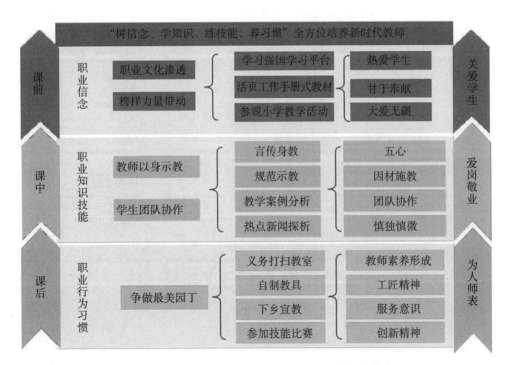

图 1 "课前、课中、课后三融通"的思政教学模式

"课前、课中、课后三融通"的思政教学模式是以促进学员"树信念、学知识、练技能、养习惯"全方位新时代教师为核心，学习过程分为"课前职业信念树立、课中职业知识技能学习、课后职业行为习惯养成"三个教学阶段，在学习过程中又构建了"关爱学生""爱岗敬业""为人师表"三个层次的思政内容，并运用克伯屈设计教学法的"设置思政问题情景、确定思政问题或课题、拟定解决思政课题方案、执行计划、总结与评价"五步骤进行教学组织，最终达到"以智育为本，怀师者仁心；以智育为重，练精湛技艺；以体育为基，养强健体魄；以美育为魂，做最美园丁；以劳育为荣，铸工匠精神"的德智体美劳全面发展的培养目标。

2.2 课程思政教学实施过程设计

本课程在教学实施过程中秉承 OBE 理念，坚持以学生发展为中心，以产出为导向，以持续改进为保障，构建"教育学"课程思政教学"逆向反推"和"学生兴趣中心"的思政实施路径，构建了"一中心两条线三阶段四部分五步骤"的思政教学实施模式，即以学生为中心；按照隐性和显性两条路线；课前、课中、课后三个阶段；教学内容、教师活动、学生活动、思政元素四个部分；设置思政问题情景、确定思政问题或课题、拟定解决思政课题方案、执行计划、总结与评价（克伯屈设计教学法）五个步骤开展教学（见图2）。

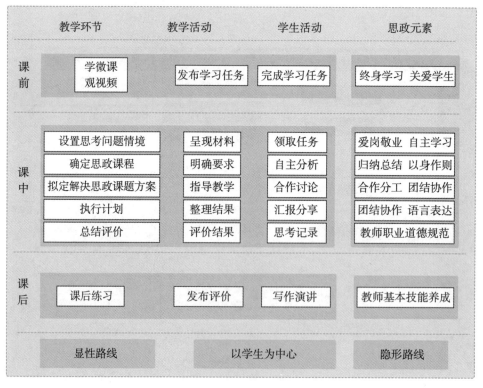

图2　课程思政教学实施过程设计图

2.2.1 课前

教师通过学习通发布学习任务和学习资料，学生认领学习任务，观看张桂梅教师事迹，学习教师职业的性质与特点微课

为任务的实施做准备。

【设计意图】

第一，通过让学生课前自主学习，培养学生终身学习和目标意识。

第二，通过张桂梅教师事迹的观看，渗透大爱无疆、甘于奉献、热爱学生的教师职业信念。

2.2.2 课中

1. 设置思政问题情景

呈现孔子因材施教案例、北京师范大学校训：学为人师，行为世范、"十年树木，百年树人"等学习材料，设置思政问题情景。

【设计意图】

第一，学习以身作则、因材施教等爱岗敬业行为。

第二，设置问题情景，引导学生自主学习和终身学习的习惯。

2. 确定思政问题或课题

根据上述材料，学生分小组讨论教师劳动具有哪些特点。

【设计意图】

组织学生在材料中提取有效信息，培养学生归纳总结能力。同时也加强了对以身作则、因材施教等爱岗敬业行为的理解。

3. 拟定解决思政课题方案

学生通过小组分析、讨论，教师给予有针对性的指导，每组形成思政问题答案。

【设计意图】

组织学生小组讨论解决问题，培养学生团队协作意识。

4. 执行计划

引导学生对小组分析结果进行分析讲解。

【设计意图】

组织学生对小组讨论结果进行阐述，培养学生语言表达能力和培养学生分工合作意识。

5. 总结与评价

教师对任务完成情况进行总结和评价，对任务实施过程中的共性问题进行重点解读，学生进一步完善解决方案。

【设计意图】

第一，形成"爱国守法、爱岗敬业、关爱学生、教书育人、为人师表、终生学习"的教师职业道德规范。

第二，养成"爱心、细心、耐心、责任心、同理心"等职业素养。

2.2.3 课后

准备"我心目中的教师"演讲稿，对教师的形象及特点进行阐述。将演讲视频在学

习通平台进行分享。

【设计意图】

第一，以我心目中的教师为题，渗透关爱学生、爱岗敬业、为人师表的教师基本素养。

第二，组织学生进行演讲，锻炼教师基本技能。

3　课程思政教学实施成效与反思

3.1　课程思政教学实施成效

（1）价值塑造成效：第一，通过孔子、张桂梅等案例的引入及讲解培养了学生为人师表、关爱学生、爱岗敬业等教师职业素养，更激发了他们的爱国热情，深受教育先驱的鼓舞，更加爱岗敬业，极大调动了工作的积极性、主动性和创新性。

第二，通过小组合作、演讲联系等教学活动的组织培养了学生团结协作精神，锻炼了教师基本技能。

（2）知识传授成效：通过课前任务、课上知识总结、课后演讲锻炼，总结并加深了学生对教师性质和劳动特点的记忆和理解。

（3）能力培养成效：通过从孔子事迹、北京师范大学校训等材料中总结教师劳动特点，锻炼了学生分析总结能力，掌握了提炼教师劳动特点的能力。

3.2　课程思政教学实施反思

（1）课程思政反思：采取理论与实践相结合的课程思政教学模式，多维度、多路径实现思政目标，但课程思政实践教学融入较少，受疫情影响，学生难以走出校门，在教学实践中养成教师职业素养和教师职业行为的路径较少。

（2）知识传授反思：知识的传授上采取克伯屈设计教学法，以学生为中心，倡导学生从做中学，发挥学生的积极主动性，但也存在个别学生积极主动性差的现象。

（3）能力培养反思：在教师基本技能的培养上，本案例设计演讲方式、模拟教学等锻炼教师基本技能，在下乡宣教等实践能力的培养上有所欠缺。